Thomas Heinze · Medienanalyse

WV studium   Band 159

Thomas Heinze

Medienanalyse

Ansätze zur Kultur- und Gesellschaftskritik

Westdeutscher Verlag

Der Westdeutsche Verlag ist ein Unternehmen der Verlagsgruppe Eertelsmann International.

Umschlaggestaltung: Horst Dieter Bürkle, Darmstadt

ISBN 978-3-531-22159-5   ISBN 978-3-322-95690-3 (eBook)
DOI 10.1007/978-3-322-95690-3

Inhalt

Einführung

Die hochentwickelten Industriegesellschaften befinden sich in einem Prozeß der Ablösung des gesprochenen sowie des gedruckten Wortes durch das „elektronische Wort". Ähnlich wie einmal Telegraf und später Telefon die alte Briefkunst verdrängt haben, so beeinträchtigen heute die elektronischen Medien das Alltagsleben erheblich. Die von einer breiten Öffentlichkeit beifällig aufgenommene Kulturkritik von N. Postman (1985) gipfelt in der zentralen These vom Fernsehen als „Leitstelle der neuen Epistemologie" sowie in der Feststellung, „dem surrealistischen Rahmen der Fernsehnachrichten" liege eine „Theorie der Anti-Kommunikation zugrunde, die einen Diskurstyp" propagiere, der „Logik, Vernunft, Folgerichtigkeit und Widerspruchslosigkeit preisgegeben" (S. 130) habe. Wenn ein Volk sich von Trivialitäten ablenken lasse – so resümiert Postman resignativ seine phänomenologischen Ausführungen zur Unterhaltungsindustrie in den USA –, „wenn das kulturelle Leben neu bestimmt wird als eine endlose Reihe von Unterhaltungsveranstaltungen, als gigantischer Amüsierbetrieb, wenn der öffentliche Diskurs zum unterschiedslosen Geplapper wird, kurz, wenn aus Bürgern Zuschauer werden und ihre öffentlichen Angelegenheiten zur Varieté-Nummer herunterkommen, dann ist die Nation in Gefahr – das Absterben der Kultur wird zur realen Bedrohung" (S. 190). In Ansätzen ist eine Entwicklung zur „totalen Fernsehgesellschaft" (Fletscher 1985) auch in der BRD zu beobachten. Die Dominanz und Totalität einer sich massiv ausbreitenden Fernsehkultur[1] bedrohen – wenn man den Protagonisten eines „kritischen" Zeitgeistes glauben soll – insbesondere die Lebenswelt unserer Kinder und Jugendlichen. Ist Fernsehen – so stellt Bachmair (1985) provozierend die Frage – die „Brille der Kinder, durch die sie ihre begrenzte Schul- und Spielzeit-, Auto- und Wohnzimmer-Welt sehen"? (S. 93). Das Fernsehen fügt sich – so Lindner (1976) – als „institutionalisierte Abwechselung" in das Alltagsleben nicht lediglich als eine neue Variante ein, sondern

„es verändert Alltäglichkeit unter der Hand, indem es sie neu strukturiert. Es setzt bestimmte Orientierungs- und Fixpunkte, teilt Tage, Wochen, Monate, ja unter Umständen Jahre in spezifische ‚Ereignisse‘ auf, und es braucht nicht auf die klassischen Beispiele der Durbridge-Krimis, der Karnevalsübertragungen und der Fußball-Livesendungen verwiesen zu werden, um diese strukturierende Kraft anschaulich zu belegen" (S. 11). Das Fernsehen wird zum „täglichen Ritual", resümiert Mikos (1985) seine Überlegungen zur „Erforschung des Veralltäglichungsprozesses der Medien Hörfunk und Fernsehen": „Der Nachmittag endet und der Abend beginnt mit der ‚Tagesschau‘. Dienstags ist ‚Dallas-Tag‘, mittwochs ‚Denver-Tag‘ und donnerstags ist ‚Quiz-Tag‘. Das Fernsehen reiht sich in die Vielzahl der alltäglichen Rituale ein. Zur Tagesschau-Zeit werden Millionen Bundesbürger vor dem Fernseher versammelt und zur ‚Fernsehgemeinde‘, einer neuen Art von Sozialität" (S. 31/32).

Rapide verschärft hat sich die Situation seit Beginn der achtziger Jahre durch die Entwicklung auf dem Computersektor, die parallel mit der Verwirklichung eines erheblich umfassenderen (auch tageszeitlich), teilweise auch computerisierten (Videospiele) elektronischen Unterhaltungs- und „Flucht"-Angebots einhergeht. Damit stellen die „neuen" Medien[2] ein totales Phänomen dar, das den ganzen Menschen erfassen und seine Persönlichkeitsstruktur, seine Lebensumstände verändern dürfte.

Die „Verödung der kommunikativen Kapazitäten der Lebenswelt (Habermas), die Verdinglichung kommunikativ strukturierter Handlungsbereiche scheinen nicht zuletzt auch Ursache expandierender Medientechnologien zu sein, über deren destruktive Momente wir uns Klarheit verschaffen müssen. Bekanntlich werden in den nächsten fünf bis zehn Jahren eine ganze Reihe neuer Informations- und Kommunikationstechniken zur Anwendung kommen. Das zeichnet sich etwa im Ausbau der Netzinfrastruktur ab bzw. in der geplanten, wenngleich umstrittenen Installierung eines breitbandigen Fernmeldenetzes, das außer Sprach-, Daten- und Textkommunikation auch noch Bewegtbilder im Dialogverkehr zu übertragen erlaubt. Parallel damit kommt es zur Verbreitung neuer Gerätegenerationen im Sektor der Massenkommunikation, nicht zuletzt auch der Unterhaltungselektronik, von der Erich Mohn vermutet, daß sie als Köder angeboten wird, um die privaten Haushalte anzuregen, die infrastrukturellen und finanziellen Voraussetzungen für die zentralisierte Informationsvernetzung zu schaffen. Das bevorstehende ‚Zeitalter der Telematik‘ beschreibt Claus Koch als ‚Informationsfellachentum im elektronischen Gehäuse der Hörigkeit‘ (Koch 1984, S. 791). Wenn man von den kulturkritischen Untertönen solcher Schreckensvisionen absieht, so ist daran richtig, daß die Telekommunikationsdienste und Unterhaltungselektronik in der Tat eine weitere Mediatisierung und Instrumentalisierung menschlichen Zusammenlebens zur Folge haben. Wir wissen aus der Fernsehforschung, daß steigender Mediengebrauch mit einer Abnahme der unmittelbaren verbalen und interaktiven Kontakte einhergeht und zur Verarmung der Sprache, des Gefühlslebens, der Kreativität und Phantasietätigkeit führen kann. Zu Recht wird vor diesen Konsequenzen im Zwischenbericht der Enquete-Kommission ‚Neue Informations- und Kommunikationstechniken‘ im Abschnitt über die sozialen Folgekosten der medientechnologischen Innovationen explizit gewarnt (vgl. S. 157 ff.) und trotz aller Zurückhaltung der Expertenkommission wird folgende Feststellung getroffen: ‚Es ist sicher, daß sich die Zugriffsmöglichkeiten auf die unterschiedlichen Medienangebote in jeder Hinsicht (Angebotserweiterung, individuelle Verfügbarkeit) erheblich erhöhen, ohne daß sich die Voraussetzungen für begründete Auswahlentscheidungen bei den Menschen verbessert haben. Es zeichnet sich die Situation ab: Mehr Wissen, aber weniger Sinnverstehen. Die Schere zwischen Informationsgeschwindigkeit und Sinnbildung, deutendem Verstehen, wird sich in Zukunft noch weiter öffnen‘ (S. 159).

Jenseits einer allgemeinen Technologiefeindlichkeit oder maschinenstürmerischen Einstellung scheint ein Großteil der Bevölkerung den neuen Informations- und Kommunikationstechniken mit Skepsis gegenüberzustehen. Aus Akzeptanzuntersuchungen geht hervor, daß jene Techniken um so mehr abgelehnt werden, je mehr Kenntnisse darüber vorhanden sind (Beyer 1983).

So scheint es kaum übertrieben, wenn behauptet wird, daß uns die Telekommunikationsdienste von den drei zentralen Interessengruppierungen aufgenötigt werden, die jene Techniken aus ökonomischen Verwertungsgründen und als politisches Steuerungsmittel um jeden Preis einzuführen gedenken: Es sind dies die fernmeldetechnischen und datenverarbeitenden Industrien, die Gerätehersteller sowie das politisch-administrative System (Mettler-Maibom 1984, S. 21).

Das Gewaltsame der neuen Medien wird deutlich, wenn man sich die Kontroll- und Überwachungsmöglichkeiten vergegenwärtigt, die dadurch gegeben sind, daß mit ihrer Hilfe praktisch unendlich viele Informationen über den einzelnen auf Datenbanken gespeichert werden können. Der überzeugte Datenerfasser Horst Herold, ehemals Präsident des Bundeskriminalamtes, weiß, wovon er spricht, wenn er vor dem Bedrohlichen der unendlichen Registrier- und Speicherkapazitäten der Informationsverarbeitung warnt, denn sie ermöglichen es, ,das Individuum auf seinem gesamten Lebensweg zu begleiten, von ihm laufend Momentaufnahmen, Ganzheitsbilder und Profile seiner Persönlichkeit zu liefern, es in allen Lebensbereichen, Lebensformen, Lebensäußerungen zu registrieren, zu beobachten, zu überwachen und die so gewonnenen Daten ohne Gnade des Vergessens ständig präsent zu halten'.

Auch bei der Anwendung der neuen Medien im Produktions-, Dienstleistungs- und Verwaltungssektor sind gravierende Eingriffe durch Rationalisierungseffekte zu erwarten, die einen weiteren Arbeitsplatzabbau zur Folge haben. Darüber hinaus wird sich die Qualität der Arbeit durch Zunahme von Monotonie und weiterer Kontaktarmut ändern. Schließlich werden der Mikroelektronik psychologische und neurophysiologische Auswirkungen zugeschrieben. Die zunehmende Visualisierung im Zuge der Ausbreitung der neuen Medien beeinflußt die menschliche Gehirnaktivität: ,Ein sogenannter Hemisphären-Shift von der linken zur rechten Gehirnhälfte vollzieht sich. Das bedeutet eine Verlagerung der Weltsicht und Problemverarbeitung von der logisch-rational arbeitenden Hälfte des Gehirns zur intuitiv-assoziativen. Das sich in jeder Sekunde aus mehreren tausend Lichtpunkten auf- und abbauende Bildmuster ist für unser Auge und unsere linear verarbeitende linke Gehirnhälfte nicht entzifferbar — erst die rechte Hemisphäre schafft es, das Lichtpunkt-Puzzle sinnvoll zusammenzusetzen. Während die rechte Gehirnhälfte geradezu in einem mediativen Zustand die Fernsehbilder aufnimmt, geht die kritische linke Gehirnhälfte in eine Art Halbschlaf über' (Lutz 1983, S. 20).

Zusammengefaßt nennt Mettler-Maibom fünf Problemfelder im sozialen Bereich, die je nach Anwendungstyp der Medientechnologie deren gefährliches Potential für die kommunikativen Strukturen der Lebenswelt sichtbar machen (Mettler-Maibom 1984, S. 28):

Anwendungstyp	Schwerpunkt der sozialen Probleme
1 Verlagerung von Menschenarbeit auf Maschinenarbeit im Dienstleistungssektor (insb. Bürobereich)	Freisetzung von Arbeitskräften; Dequalifizierung von Arbeit
2 Verlagerung von Mensch-Mensch-Kommunikation auf Mensch-Maschine-Kommunikation und Maschine-Maschine-Kommunikation	Abnahme der personalen Kommunikation
3 Veränderung der Raum-Zeit-Komponente in der Telekommunikationsstruktur	Zentralisierung von Versorung/ Dienstleistung und Verwaltung bei dezentralem Zugriff; Computerisierung der Privathaushalte, globale Risiken, Datenschutzrisiko
4 Schaffung neuer Vertriebswege für Fernsehen und kabelgebundene Verteilung von Bewegtbildern	Kommerzialisierung des Fernsehens mit Programmnivellierung und Vielseherei
5 Schaffung von Möglichkeiten des Bewegtbilddialogs durch kabelgebundene Vermittlung von Bewegtbildern	Maschinenvermittelter Unterricht mit Entpersonalisierung, Uniformierung und Manipulationsmöglichkeiten von Bildungsinhalten"

(Müller-Dohm 1985a, S. 101–103).

Da die Verhältnisse „so sind" bzw. sich so entwickeln können, muß mit Nachdruck darauf hingewiesen und -gearbeitet werden, daß Entwicklungen auf dem Gebiet der Informations- und Kommunikationstechniken („Bewußtseinsindustrie") einer sozialstrukturellen und sozialdynamischen Legitimation und Erklärung bedürfen. Dringend notwendig ist also eine Sinnverständigung darüber, „wie ... die heute noch naturwüchsige Beziehung zwischen technischem Fortschritt und sozialer Lebenswelt reflektiert und unter die Kontrolle einer rationalen Auseinandersetzung gebracht werden kann" (Habermas 1969, S.

107). In einer Gesellschaft, in der der technische und ökonomische Fortschritt sich anschickt, zur zentralen Legitimierungsinstanz für soziale Institutionen zu werden, fällt insbesondere den Sozialwissenschaften die Aufgabe zu, *grundsätzliche* Überlegungen darüber anzustellen, welche neuen *humanen* Arbeits- und Lernmöglichkeiten die zu erwartende Entwicklung technischer Medien zu erschließen vermag. Dabei ist zu bedenken, wie das Potential technologischen Wissens und technischer Kapazität in die praktische Lebenswelt handelnder Menschen eingeholt und über alternative Verwendungsweisen kommuniziert werden kann. Wenn wir die sozialwissenschaftliche Phantasie für die Technologie von heute und morgen nicht entwickeln, wird die Technologie die Notwendigkeiten der Gesellschaft diktieren[3]. Zur theoretischen Fundierung einer solchen Sichtweise soll in dieser Arbeit relevante Literatur zum Thema „Massenmedien" gesichtet werden. Auswahlgesichtspunkt aus der sehr umfangreichen Literatur[4] ist der mögliche Stellenwert, der jeweiligen medientheoretischen Analysen für eine Kultur- und Gesellschaftskritik sowie für die Entwicklung einer kritischen Medienerziehung zufallen kann. Drei Problembereiche entstehen in diesem Zusammenhang:
— Kritische Theorien über die gesellschaftspolitischen Funktionen von Massenmedien.
— Kritische Theorien und (qualitative) Methoden zur Codierung und Decodierung von Produkten der Massenkultur („popular culture").
— (Fall-)Studien zur „popular culture".

I. Kritische Theorien über die gesellschaftspolitischen Funktionen von Massenmedien

Wohl alle Theorien, die den gesellschaftlichen Stellenwert von Massenmedien thematisieren, befassen sich mit der Bedeutung der Medien für die *Integration* der „industriekapitalistischen" Gesellschaften. Dieses Interesse teilen Soziologen, die vom Standpunkt des strukturellen Funktionalismus ausgehen, mit Autoren der Kritischen Theorie (z.B. Horkheimer, Adorno, H. Marcuse, Habermas) und der marxistischen Politökonomie (z.B. Baran und Sweezy, Haug). Selbst die sozialistische Medientheorie eines Enzensberger, die in Nachfolge von Brecht und Benjamin die provokante These von der systemsprengenden Kraft der elektronischen Medien formuliert, bleibt den Integrationstheorien in der Negation verbunden.

Die folgende Darstellung beschränkt sich auf die gesellschaftskritischen Ansätze der Medientheorie. Ich gehe davon aus, daß diese Ansätze zur Selbstreflexion und theoretischen Legitimierung einer kritischen Medienerziehung beizutragen vermögen[5].

Die kritischen Medientheoretiker fassen den Gegenstand unter Begriffen wie „Kulturindustrie" (Horkheimer und Adorno), „Bewußtseinsindustrie" (H.M. Enzensberger) und „Illusionstheorie" (Haug). Die Begriffswahl hat symbolische Bedeutung. In ihr verrät sich zum einen die gemeinsame Frontstellung gegen die Gesellschaftsinterpretation, die den Begriff der Massenkommunikation trägt. Man akzeptiert weder das Masse-Elite-Schema noch die Unterstellung, hier fände wechselseitige Kommunikation statt. Demgegenüber konzentrieren sich diese Medientheoretiker auf den industriellen Charakter der „kapitalistischen" Produktion geistiger Waren. Das deutet auf den Ursprung der Theorien aus der intellektuellen Tradition des Marxismus hin — ein Ursprung, der in einigen dieser Ansätze allerdings metaphorisch verblaßt.

Eine Einschränkung ist an dieser Stelle zu treffen: Mit Bonß/Honneth (1982) bin ich der Meinung, daß sich die „Aktualität der Kritischen Theorie durch eine hermeneutische Selbstauslegung der ‚klassischen' Texte allein kaum retten läßt" (S. 7). Die historischen Erfahrungen, unter denen die hier referierten „Klassiker" kritischer Medientheorie ihre Analysen vorgenommen haben, haben sich so gravierend verändert, „daß die Texte als solche unsere Situation kaum mehr erhellen. Will man eine bloße Traditionsbeschwörung vermeiden, ist deshalb eine erweiterte Rekonstruktion notwendig" (ebd.). Eine solche Rekonstruktion hat die technologischen Veränderungen im Kulturbereich sowie die „Akzentverschiebungen der gesellschaftlichen und wissenschaftlichen Erfahrungsverarbeitung" zu berücksichtigen (ebd.). In diesem Sinne argumentiert auch Müller-Dohm (1985), wenn er feststellt, die Kritische Theorie habe die „Telematisierung" der Gesellschaft zwar nicht „in ihren konkreten technischen Bedingungen und Mitteln, aber in ihrer sozialen Bedeutung für den Reproduktionsprozeß der Gesellschaft und für die Subjekte vorausgesehen. Insofern mag es durchaus nützlich sein, für die Konzeptualisierung von Untersuchungen über das moderne System der Massenmedien in gegenwärtigen Gesellschaften auf die älteren Analysen der Kritischen Theorie zurückzugreifen" (S. 70).

Auch heute, in einer Zeit, in der Aufklärung und Moderne von vielen für obsolet erklärt werden, ist z.B. Adornos Konzeption einer „aufgeklärten Aufklärung, die das Recht einer ästhetischen Erfahrung anerkennt, in der Rationalität nicht abdankt, sondern zu aktiver Rezeptivität geschärft ist, eine produktive Herausforderung" (Wiggershaus 1987, S. 8).

Gegenüber großen Massenmedien, die Fernsehen betreiben, kann Kulturkritik – so Kluge (1985) – nur wirksam werden, wenn sie in Produktform auftritt. „Ideen können nicht gegen materielle Produktion kämpfen, wenn diese die Bilder okkupiert" (S. 125). Dem ist zuzustimmen. Deshalb wird eine theoretisch fundierte Kulturkritik, wie sie in dieser Arbeit vorgetragen werden soll, nicht mehr (aber auch nicht weniger) leisten können, als den interessierten Rezipienten zu einem reflektierten Umgang mit den Produkten der Massenkultur anzuleiten und damit – zumindest partiell – einer „Industrialisierung" des Bewußtseins gegenzusteuern.

Diese Funktion der Kulturkritik wird auch von Eco (1984) betont; der Kulturkritiker stehe vor einer Forschungsaufgabe, „der er weder mit Stimmungen noch mit neurotischer Nachsicht beikommen kann" (S. 32). Er hat sich mit der neuen „anthropologischen Situation" der „Medienzivilisation" theoretisch und empirisch auseinanderzusetzen.

„Innerhalb dieser Zivilisation werden alle Angehörigen der Gemeinschaft in unterschiedlichem Maße zu Adressaten einer intensiven, ununterbrochenen Produktion von Botschaften, die industriell in Serie gefertigt und in den kommerziellen Kanälen eines Konsums übermittelt werden, den das Gesetz von Angebot und Nachfrage steuert. Sind diese Produkte einmal als Botschaften definiert ..., bedarf es ihrer Strukturanalyse, die nicht bei der Form der Botschaft verweilen oder innehalten darf, sondern die auch klären muß, wie stark die Form von den objektiven Bedingungen der Sendung determiniert ist (die somit auch die Bedeutung, die Informationskapazität der Botschaft bestimmen). Hat man erkannt, daß diese Botschaften sich an eine vielzählige und vielfältige Totalität von Empfängern wenden, müssen zweitens auf empirischem Weg die unterschiedlichen Rezeptionsweisen, je nach den historischen oder soziologischen Umständen und nach der Differenzierung des Publikums, erkundet werden. Drittens (und dies betrifft die Geschichtsforschung und die Formulierung politischer Hypothesen): Wenn feststeht, in welchem Grade die Sättigung mit den verschiedenen Botschaften Massenverhalten durchsetzen hilft, sind die Möglichkeiten und die Grundbedingungen kultureller Intervention in diesen Zustand zu ermitteln" (S. 33/4).

1. Kulturindustrie und Massenkommunikation

1.1. Vorbemerkung

Die Kritik der Massenmedien bei Horkheimer und Adorno[6] steht im Kontext einer grundsätzlichen Kritik an der historischen Entwicklungstendenz der kapitalistischen Gesellschaft. Die Kritik versucht, den Widerspruch zwischen dem utopischen Versprechen, mit dem diese Gesellschaft früh-kapitalistisch begann und das sie im Zuge der Entwicklung der Produktivkräfte (Technik) zusehends einzulösen scheint, nämlich die totale, rationale Beherrschung und Kontrolle natürlicher und gesellschaftlicher Umwelten durch die Menschen, und der zunehmenden Verdinglichung, „Naturverfallenheit der Menschen" (*Dialektik*, S. 9) in seinem ganzen Umfang theoretisch auszuloten. Die Analyse erhält bei Horkheimer und Adorno ihren Ernst und tiefen Pessimismus aus dem historischen Erlebnis des Faschismus, des Weltkrieges und des anscheinenden Fehlens systemsprengender Alternativen. Die faschistisch-totalitäre Entwicklungsrichtung der kapitalistischen Gesellschaft wird von Horkheimer und Adorno unter dem Begriff Dialektik der Aufklärung gefaßt, worin sich eine bestimmte idealistische Grundauffassung ausspricht. Der Idealismus Kritischer Theorie impliziert dabei keine enge Spezialisierung auf die „reine" Bewegung von Ideen und Ideologien. Der „Rückfall von Aufklärung in Mythologie" (*Dialektik*, S. 3) wird auch materiell verstanden.

„Beide Begriffe sind dabei nicht bloß als geistesgeschichtliche, sondern real zu verstehen. Wie die Aufklärung die wirkliche Bewegung der bürgerlichen Gesellschaft als ganzer unter dem Aspekt ihrer in Personen und Institutionen verkörperten Idee ausdrückt, so heißt Wahrheit nicht nur das vernünftige Bewußtsein, sondern ebenso sehr dessen Gestalt in der Wirklichkeit" (*Dialektik*, S. 3).

Mit der Institutionalisierung der Massenmedien kann der Umschlag von Aufklärung in Mythologie hervorragend demonstriert werden. „Der Abschnitt ‚Kulturindustrie' zeigt die Regression der Aufklärung an der Ideologie, die in Film und Radio ihren maßgebenden Grund findet. Aufklärung besteht dabei vor allem im Kalkül der Wirkung und der Technik von Herstellung und Verbreitung; ihrem eigentlichen Gehalt nach erschöpft sich die Ideologie in der Vergötzung des Daseienden und der Macht, von der die Technik kontrolliert wird" (*Dialektik*, S. 5, vgl. *Prolog*, S. 80).

Adorno und Horkheimer interpretieren die gegenwärtige kapitalistische Gesellschaft als eine totalitäre. Ihr Interesse gilt der Totalität von Repression und eindimensionaler Geschlossenheit (wie es Marcuse später artikulieren sollte) im Kapitalismus — man kann die Kritische Theorie als direkte Antithese zu der sich gleichzeitig ausbildenden Systemtheorie (Parsons) verstehen. Entsprechend sehen Adorno und Horkheimer die Massenmedien als ein System in einem gesellschaftlichen Systemzusammenhang; sie sind auf die funktionalen Bezüge der Kulturindustrie aus. Systemcharakter kommt, erstens, der Kulturindustrie selbst zu. „Film, Radio, Magazine machen ein System aus" (*Kulturindustrie*, S. 108). „Die einzelnen Sparten gleichen der Struktur nach einander oder passen wenigstens ineinander. Sie ordnen sich fast lückenlos zum System. Das gestatten ihnen ebenso die heutigen Mittel der Technik wie die Konzentration von Wirtschaft und Verwaltung" (*Résumé*, S. 60). Systemintegrierend erweist sich, zweitens, der „Zirkel von Manipulation und rückwirkendem Bedürfnis", der Produzenten und Konsumenten des Systems Kulturindustrie „immer direkter zusammenschließt" (*Kulturindustrie*, S. 109).

Die Systemeinheiten Kulturindustrie bzw. Kulturindustrie-Massenpublikum werden ihrerseits wiederum als Teil totalisierender Integrationstendenzen im Kapitalismus gedeutet. „Die rücksichtslose Einheit der Kulturindustrie bezeugt die heraufziehende der Politik" (*Kulturindustrie*, S. 110).

1.2. Fusion von Kultur und Unterhaltung

Sehr eingehend thematisieren Adorno und Horkheimer die „rücksichtslose" Integration dessen, was im frühen Kapitalismus Kultur bedeutete, in den Medienbetrieb (sie führen damit Überlegungen Benjamins über die radikale Zerstörung des Begriffs und der Sache der Kunst durch die Entwicklung der Produktivkräfte fort). Die Integrationstätigkeit ist eine doppelte. Zum einen zwingt die Kulturindustrie „die jahrtausende lang getrennten Bereiche höherer und niederer Kunst zusammen, zu ihrer beiden Schaden" (*Résumé*, S. 60). Die Zwangsgemeinschaft zerstört genau die gesellschaftstranszendierenden Momente, die den beiden Bereichen der Kultur als getrennten möglich war.

Die „höhere" Kunst verliert beim Übergang von der Auch-Ware zur Nur-Noch-Ware den Grad an Autonomie, der ihr kritischen Ernst — allerdings um den Preis des Ausschlusses der Arbeiterklasse — gestattete; „die niedere (wird) durch ihre zivilisatorische Bändigung um das ungebärdig Widerstehende (gebracht), das ihr innewohnte, solange die gesellschaftliche Kontrolle nicht total war" (*Résumé*, S. 60).

Die Antinomie der Kultur habe das Entstehen der kulturindustriellen Kultur erst möglich gemacht. Weil die traditionelle Kultur durch die Autonomiesetzung des Geistes um der Erhaltung der Reinheit solcher Autonomie willen den Raum gesellschaftlich-geschichtlicher Praxis sich selbst überlassen und freigeben müsse, bringe sie aufgrund solcher Autonomiesetzung in sich selbst zugleich auch das entgegengesetzte Moment der Anpassung an die empirische Wirklichkeit hervor: Jene habe die durch die Autonomiesetzung des Geistes freigelassene Leerstelle der gesellschaftlich-geschichtlichen Praxis zu besetzen, um deren Auseinanderbrechen ins „Chaotische" gegenzusteuern (Schmucker 1977, S. 85). Adorno bezeichnet den Zerfall der Bildung und Kultur als Kennzeichen des nachliberalistischen Zeitalters. Dies bedeute die Zerstörung eines gesellschaftlichen Bereichs, in dem Raum für die Entstehung autonomen Denkens und Fühlens, des Widerstandes gegen „die verhärteten Verhältnisse naturverfallener Naturbeherrschung" war (Wiggershaus 1987, S. 85). Dieser Zerfallsprozeß wurde beschleunigt, weil die Kultur auch zu einer „Angelegenheit von Großkonzernen und Verwaltungen wurde, die Kultur in Regie genommen und als in Regie genommene in Übereinstimmung einerseits mit dem Profitmotiv, andererseits mit dem Interesse an der Stabilisierung autonomiefeindlicher gesellschaftlicher Verhältnisse standardisiert und homogenisiert" (ebd.) haben.

Dieser Prozeß wird in dem Kapitel „Kulturindustrie" aus der 1947 erstmals in Amsterdam publizierten „Dialektik der Aufklärung", das die Autoren Adorno/Horkheimer selbst als fragmentarisch bezeichnet haben, eingehend thematisiert. Hinsichtlich der Aktualität der Studien über die Kulturindustrie ist nicht zu übersehen, daß sie auf relativ frühe kulturindustrielle

Erscheinungen Bezug nehmen und insofern historischen Charakter haben. Es geht Adorno/Horkheimer weniger um Detailanalysen, als um die Dechiffrierung eines geschichtlichen Trends, nämlich um die Folgen der expandierenden Dominanz des Kapitals über die Kultur. Was an die Stelle der traditionellen Kultur getreten ist, bezeichnet Adorno als den „kategorischen Imperativ der Kulturindustrie": „Du sollst dich fügen, ohne Angabe worein; fügen in das, was ohnehin ist und in das, was als Reflex auf dessen Macht und Allgegenwart, alle ohnehin denken" (Adorno 1967, S. 67). Kulturindustrielle Kultur manifestiert sich als Synthese unterschiedlichster Erscheinungen: Sie hat sowohl Elemente der Volkskunst, der oppositionellen Subkulturen, als auch der autonomen Kunst in sich vereinigt (Kübler 1977). Sie hat sich zu einer Massenkultur par excellence entwickelt, an der alle Bildungsschichten partizipieren. Die Konsumenten der Kulturindustrie suchen der Langeweile zu entgehen, sind aber nicht willens und nicht fähig, die Anstrengung und den Ernst aufzubringen, die nötig sind, um neue und mehr als flüchtig interessierende Erfahrungen zu machen. Dem kulturbeflissenen Bewußtsein geht es – so Adorno – nicht mehr um den immanenten Gehalt der Werke, sondern nur um „Dabeisein", „Bescheid wissen", „Prestigegewinn". Traditionelle Kultur werde unter den Bedingungen der kulturindustriellen Produktion und Verwertung so sehr von diesen aufgesogen, daß von ihr nichts bleibe als der ökonomisch gewinnreich verwertbare Ruf ihrer großen Vergangenheit. Der Kulturkonsument begnüge sich dabei und finde subjektive Befriedigung daran, „zu betrachten, zu bewundern, am Ende blind und beziehungslos zu verehren, was da alles einmal geschaffen und gedacht wurde, ohne Rücksicht auf dessen Wahrheitsgehalt" (Adorno 1970, S. 385).

Die „Industrialisierung der Kultur" hat die Grenzen zwischen gehobener Kultur und Volkskultur verwischt, zugleich auch die Substanz beider neutralisiert und entqualifiziert. „In der am Modell des streamlining ausgerichteten Interpretation des Sängers Heino hat das Volkslied seine Sprödigkeit ebenso verloren, wie etwa auch in der Interpretation von James Last Beethovens Musik ihre Substanz. Neutralisierung all dessen, was der Tendenz der Kulturindustrie zur Glätte, zur polierten Oberfläche und ihrem Prinzip der Konformität widerspricht, ist ein entscheidendes Charakteristikum der kulturindustriellen Kultur" (Kübler 1977, S. 185). Adorno bezeichnet als die „Physiognomik" der Kulturindustrie das „Gemisch aus streamlining, photographischer Härte und Präzision einerseits und individualistischen Restbeständen, Stimmung, zugerüsteter, ihrerseits bereits rational disponierter Romantik andererseits" (*Résumé*, S. 64).

Die „Fusion von Kultur und Unterhaltung heute" beinhaltet eine „Deprivation der Kultur" und eine „Vergeistigung des Amüsements" (*Kulturindustrie*, S. 129): Die gesellschaftskritische Wahrheit, die in der Spaltung lag, wird unterdrückt. Es kommt nicht mehr zu Spannungen zwischen den Polen; Extreme existieren nicht mehr als solche, sondern gehen in eine „trübe Identität" über (*Kulturindustrie*, S. 116), d.h. sie verlieren ihre gesellschaftskritische Aussagekraft. Nichts zeichnet sie mehr als Besondere aus. Die Opernarie wird zur Unterhaltungsmelodie, die man mitsummt. Der Schlager, als ebenso bekanntes Musikstück, kann direkt neben sie treten. Daß die Opernarie, von ihrem Kontext isoliert und in einem „Potpourrie" („Die schönsten Arien") auf Platte gepreßt, zur bloßen Erkennungsmelodie wird und damit einiges von ihrer Bedeutung einbüßt, leuchtet unmittelbar ein. Der umgekehrte Fall ist schwerer verständlich: Ein Schlager ist systemtranszendierend insofern, als auch er auf das Vorhandensein einer bestimmten Rezeptionsweise (Gefallen an banalen Reimen etc.) hinweist und damit über sich selber hinausweist (über das, was er im Text explizit aussagt). Denn banal kann er nur erscheinen in Kontrast zu einer von ihm verschiedenen Form der Musik. Den jeweils unterschiedlichen Rezipientengruppen wird also direkt deutlich, daß unterschiedliche Klassen (hier gekennzeichnet durch Bildungsunterschiede bzw. unterschiedliche Gewohnheiten) existieren. Die Erscheinungsformen „Kunst und Zerstreuung" unter dem Begriff „Kultur" zusammenzubringen, so meinen nun Adorno/Horkheimer, bedeute, sie zu neutralisieren. Kultur sei eben nicht einheitlich, sondern gewissermaßen Ausdruck verschiedener Betroffenheiten unter einem Herrschaftssystem, und diese seien prinzipiell „unversöhnlich". Das Mittel, das die Verschmelzung von Amüsement und Kultur herbeiführt, ist die stereotype Wiederholung, durch die das Wiedererkennen den Vorrang vor dem Gedanken gewinnt, was es mit dem Gehörten oder Gesehenen auf sich hat. Das gleiche am Albernen und Ernstgemeinten ist ihre Unterstellung unter einen Zweck: den

Profit. Im Zuge dieser Gedanken ist es auch folgerichtig, daß anstelle inhaltlicher Aussagen das technische Interesse tritt („Das gigantische Faktum, daß die Rede überall hindringt, ersetzt ihren Inhalt"; um beim musikalischen Beispiel zu bleiben: Die Frage, wieviele und wie leistungsstarke Lautsprecher eine Anlage hat, überwiegt).

Am Beispiel der Kulturindustrie haben Horkheimer und Adorno den Doppelcharakter des Fortschritts dechiffriert. Einerseits sei ein Fortschreiten auf der Ebene des technischen Niveaus der medialen Apparaturen sowie des Designs der Waren zu verzeichnen, andererseits bleiben die mit Hilfe der neuen Medien und Mittel transportierten Inhalten die gleichen: Sie sind die „Akkumulation der repräsentativen Ideologien". Die Fortschritte der kulturindustriellen Kultur reduzieren sich auf gleichsam den „alten Wein in neuen Schläuchen". Gefragt werde nicht nach der Stimmigkeit des Produzierten, sondern nach dessen Chance, auf dem Markt einen Käufer zu finden.

1.3. Verdoppelung gesellschaftlicher Wirklichkeit

Als Oberbegriff für die herrschaftsstabilisierenden Systemfunktionen der Kulturindustrie geben Adorno und Horkheimer die illusionäre Verdoppelung der gesellschaftlichen Realität an. Die Verdoppelungsfunktion der Medien wird vor allem nach zwei Richtungen hin analytisch verfolgt: in Richtung der Bedürfnis- und Triebstruktur der Massen im Kapitalismus und in Bezug auf die Rationalisierung der gesellschaftlichen Existenz mit Hilfe ideologischer Systeme. Besonders einleuchtend sind hierfür die beiden folgenden Zitate: „Der enttäuschten Aussicht, man könnte selber die Angestellte sein, die eine Weltreise gewinnt, entspricht die enttäuschende Ansicht der exakt photographierten Gegenden, durch welche die Reise führen könnte. Geboten wird nicht Italien, sondern der Augenschein, daß es existiert" (*Kulturindustrie*, S. 133). „... so erblickt der, dem der Genius der Naturbeherrschung gewährt, das Ferne zu sehen, einzig das Gewohnte, bereichert um die Lüge, es wäre verschieden" ... (*Prolog*, S. 80).

Dahlmüller, Hund und Kommer (1973) weisen — in diesem Zusammenhang — darauf hin, daß der Kommentar von Fernseh-Nachrichten auf sonderbare Weise mit Bildern belegt wird, z.B.

mit dem Anblick einiger Herren im grauen Anzug, die sich auf ein Gebäude zubewegen, wenn es um Abrüstungsverhandlungen o.a. geht. So belegt das Bild, das vermeintlich nichts aussagt, daß es die genannten Politiker wirklich gibt, und in einem Zuge überträgt es diesen Wahrheitsgehalt auf die Äußerungen des Nachrichtensprechers; es wird nicht nur bestätigt, daß sich die Politiker getroffen haben, sondern auch zu welchen Ergebnissen sie gekommen sind und daß sie guten Willens sind.

Ein weiteres Beispiel für die Verdoppelungsfunktion der Medien ist die Sendung (23.09.1985) über Bhagwan und seine Anhänger, in der besonders auf das Phänomen des „Verrats" durch die Geschäftsführerin „Sheela" eingegangen wurde. Es wurde ein kleiner Raum abgefilmt, spärlich möbliert, nicht durch persönliche Gegenstände besonders gekennzeichnet. In diesem Zimmer habe die Dame auf ihrer „Flucht" in die Schweiz noch einmal übernachtet. Sie sei dann mit ihrem Gepäck vom Flughafen (.?.) abgeflogen: Zu sehen sind einige Koffer auf einem Gepäckwagen. Was ereignet sich, wenn nur das abgebildet wird, was auch im Wort gesagt wird? Die banale Verknüpfung hat eine Wirkung: Man soll sich vorstellen, genau dieses seien ihre Koffer. Über diese Leistungen der Vorstellungskraft versäumt der Zuschauer es leicht, sich Gedanken über die sachlichen Motive der betreffenden Person zu machen oder die Frage nach den geschäftlichen Zusammenhängen zu stellen usw. Auch bedarf es einiger Anstrengung, sich beim schnellen Wechsel der Bilder zu vergegenwärtigen, daß es sich um eine Beglaubigungsstrategie handelt, zunächst, auf den ersten Blick − zu mehr kommt es beim Fernsehen im Allgemeinen nicht, da sofort das nächste Bild einsetzt − meint man, eine Verständnishilfe und Unterstützung im Bild zu finden, um dem gesprochenen Wort besser folgen zu können.

Unter peinlicher Beachtung inhaltlicher Faktentreue und Authentizität der empirischen Details erzeugen − so Adorno/Eisler − die Gehalte des Fernsehens ein Sinnsurrogat, das sowohl auf selektiver Information wie auf formaler Komposition beruhe. Der Effekt des Fernsehens basiere auf der tendenziellen Verwischung der Grenze zwischen Leben und Bilderfolge. Die eigentliche Verblendung, die aus dieser Verschiebung entstehe, liege in der falschen Unmittelbarkeit, mit der Gesellschaft abgebildet und wahrgenommen werde. Die diffuse Atmosphäre dieser falschen Unmittelbarkeit lebe vom Widerspruch zwischen universaler Nähe und unüberbrückbarer Ferne (Adorno/ Eisler 1969). Die Distanz zwischen Betrachter und Produkt werde — und dies sei das Ergebnis der Produktionsweise der Mediensysteme — sowohl dadurch eingeschliffen, daß die Reproduktion „fertig", ohne sichtbare Spuren der Herstellung übermittelt werde als auch in der Weise, daß durch die unmittelbare Gegenwart der Reproduktion das Reproduzierte gegenwärtig scheine.

Die wesentliche herrschaftsstabilisierende Möglichkeit von Medien besteht nicht so sehr darin, ideologische Inhalte einer Vielzahl von Menschen zu übermitteln, sondern darin, die vorfindliche gesellschaftliche Erscheinungswelt im Medium täuschend echt und verwirrend als Bild direkt zu reproduzieren und damit der sprachlich artikulierten Kritik zu entziehen. „Je vollständiger die Welt als Erscheinung, desto undurchdringlicher die Erscheinung als Ideologie" (*Prolog*, S. 71). Die Ideologie der Kulturindustrie ist folglich weniger in der expliziten Aussage zu finden (der Mangel an humanem Gehalt, den die gegenwärtige Gesellschaft nach Adorno und Horkheimer anzubieten hat, läßt ohnehin nur eine leere Ideologie zu), als in dem positivistischen Beharren auf der bloßen Faktizität. „Kulturindustrie hat die Tendenz, sich zum Inbegriff von Protokollsätzen zu machen und eben dadurch zum unwiderlegbaren Propheten des Bestehenden. Zwischen den Klippen der nennbaren Fehlinformation und der offenbaren Wahrheit windet sie sich meisterlich hindurch, indem sie getreu die Erscheinung wiederholt, durch deren Dichte die Einsicht versperrt und die bruchlos allgegenwärtige Erscheinung als ideal installiert wird. Die Ideologie wird gespalten in die Fotografie des sturen Daseins und die nackte Lüge von seinem Sinn, die nicht ausgesprochen, sondern suggeriert und eingehämmert wird. Zur Demonstration seiner Göttlichkeit wird das Wirkliche bloß zynisch wiederholt. Solcher fotografischer Beweis ist zwar nicht stringent, aber überwältigend.

... Die neue Ideologie hat die Welt als solche zum Gegenstand. Sie macht vom Kultus der Tatsache Gebrauch, indem sie sich darauf beschränkt, das schlechte Dasein durch möglichst genaue Darstellung ins Reich der Tatsachen zu erheben. Durch solche Übertragung wird das Dasein selber zum Surrogat von Sinn und Recht" (*Kulturindustrie*, S. 132/133). Die Wirksamkeit des Positivismus der Kulturindustrie wird von den Autoren anhand des psychologischen Ausgeliefertseins des Konsumenten an die überwältigende Illusionsszenerie erläutert. Tonbildschauen sind „so angelegt, daß ihre adäquate Auffassung zwar Promptheit, Beobachtungsgabe, Versiertheit erheischt, daß sie aber die denkende Aktivität des Betrachters geradezu verbieten, wenn er nicht die vorbeihuschenden Fakten versäumen will" (*Kulturindustrie*, S. 114). Dadurch wird der Ausgelieferte indirekt geschult, sich mit der dargebotenen Wirklichkeit zu identifizieren. Die Wirksamkeit der positivistischen Botschaft, die die Kulturindustrie ausstrahlt, ist eng mit ihrer Struktur als Reklame verknüpft. Die Einsicht, daß die Funktionsweise von Massenmedien mit ihrer Existenz als Träger von Werbung eng verknüpft sei, wird von den Autoren verallgemeinert und radikalisiert: Kulturindustrie *ist* Werbung. „Kulturindustrie geht über in public relations, die Herstellung eines good will schlechthin, ohne Rücksicht auf besondere Firmen oder Verkaufsobjekte. An den Mann gebracht wird allgemeines unkritisches Einverständnis, Reklame gemacht für die Welt, so wie ein jedes kultur-industrielle Produkt seine eigene Reklame ist" (*Résumé*, S. 62; vgl. *Kulturindustrie*, S. 145 ff.).

Verdoppelung erfährt durch die Kulturindustrie vor allem auch das kollektive Unbewußte der kapitalistischen Gesellschaft. Die Kulturindustrie arbeitet zielgerecht daran, die auf bestimmten Verdrängungen einer spezifischen Zurichtung der Triebstruktur basierenden Anpassungsleistungen der Massen im Dienst des Systems zu stabilisieren: „Der Druck, unter dem die Menschen leben, ist derart angewachsen, daß sie ihn nicht ertrügen, wenn ihnen nicht die prekären Leistungen der Anpassung, die sie einmal vollbracht haben, immer aufs neue vorgemacht und in ihnen selber wiederholt würden. Freud hat gelehrt, daß die Verdrängung der Triebregungen nie ganz und nie für die Dauer gelingt, und daß daher die unbewußte psychische Energie des Individuums unermüdlich dafür vergeudet wird, das, was nicht ins Bewußtsein gelangen darf, weiter im Unbewußten zu halten. Diese Sisyphusarbeit der individuellen Triebökonomie scheint heute ‚sozialisiert', von den Institutionen der Kulturindustrie in eigene Regie genommen, zum Vorteil der Institutionen und der mächtigen Interessen, die hinter ihnen stehen" (*Prolog*, S. 70/71).

Die Techniken der vergesellschafteten Verdrängungsarbeit beruhen auf Ersatzbefriedigung und planmäßiger Verführung zur Regression (vgl. *Prolog*, S. 69). Die Kulturindustrie setzt bei den verdrängten oder einfach unbefriedigten Triebregungen der Massen an und suggeriert herrschafts-, sprich: konsumkonforme Bearbeitungsmöglichkeiten. „Indem erweckt wird und bildlich repräsentiert, was in ihnen vorbegrifflich schlummert, wird ihnen zugleich vorgemacht, wie sie sich benehmen sollen" (*Prolog*, S. 77).

„Die permanente Versagung, die Zivilisation auferlegt, wird den Erfaßten unmißverständlich in jeder Schaustellung der Kulturindustrie nochmals zugefügt und demonstriert ... Das Prinzip gebietet, ihm zwar alle Bedürfnisse als von der Kulturindustrie erfüllbare vorzustellen, auf der anderen Seite aber diese Bedürfnisse vorweg so einzurichten, daß er in ihnen sich selbst nur noch als ewigen Konsumenten, als Objekt der Kulturindustrie erfährt" (*Kulturindustrie*, S. 127).

Medien gewähren keine Erfüllung, appellieren aber an Wünsche und schreiben die Entsagung damit fest. Denkt man an amerikanische Spielfilme, so wird deutlich, wie die Entsagung zur Tugend wird. Denn natürlich ist die oder der Filmschöne, die oder den der Zuschauende begehrt, nicht für ihn bestimmt, sondern für einen weiteren Filmhelden. Damit hat sich der Zuschauer schon vor Beginn der Vorstellung abgefunden, dennoch werden in ihm Anteilnahme, Lust usw. wach. An diese Regungen hat er sich noch nicht gewöhnt, wohl aber daran, daß sie nicht erfüllt werden. Es wird so die gesellschaftliche Forderung nach Triebverzicht bzw. Triebaufschub, bei gleichzeitigem Appell an den Trieb, der konsumanregend weiterhin wirken soll, zum persönlichen, privaten Problem, zur subjektiven Gefühlslage.

Am Phänomen des Starkults hat Adorno die Selbstaffirmation der Gesellschaft durch die Produkte der Kulturindustrie hindurch analysiert. Der kulturindustrielle Starkult habe seine gesellschaftliche Voraussetzung im Fehlen eines sozialen und geistigen Kosmos, der allen gemeinsam und verbindlich wäre und sie zugleich miteinander versöhnte. Die Sehnsucht nach dem versöhnten Ganzen nehme heute die falsche Gestalt des Verlangens nach „Leitbildern" an. Die Kulturindustrie habe dieses Verlangen aufgegriffen und es zu einer ihrer zentralen Aufgaben gemacht, solche Leitbilder bereitzustellen. Nachdem es den Massen jedoch zunehmend schwerer falle, „sich mit dem Millionär auf der Leinwand zu identifizieren", müssen ihnen ihre Leitbilder geschickter präsentiert werden. Es darf nicht der Eindruck entstehen, als ob dem Publikum etwas vorenthalten würde. Die Stars werden als dem Zufall entsprungen vorgestellt, denn das Zufällige an ihrer Karriere stimmt versöhnlich. Jeder könne Star oder Starlet sein, so wird dem Einzelnen vorgegaukelt, wenn nur zufällig die Agenten der Kulturindustrie auch auf ihn gestoßen wären. Und doch weiß jeder um den bitteren Unterschied, daß eben der Zufall nicht auf seiner Seite war, sondern auf der Seite dessen, der nun als Star präsentiert wird. Doch vermag dieses Wissen — so Schmucker 1977 — nicht zu kritischer Wirkung zu gelangen. Es werde durch jenen von der Kulturindustrie erzeugten Glauben selbst neutralisiert, der da vom Zufall sein Glück erwarte. „Was die Kulturindustrie als objektive Möglichkeit für alle verspricht, wird im gleichen Augenblick mit dem Hinweis auf das notwendig Zufällige in der Auswahl unter den unzählig Vielen zurückgenommen" (ebd., S. 99). „Nur eine kann das große Los ziehen, nur einer ist prominent, und haben selbst mathematisch alle gleiche Aussicht, so ist sie doch für jeden Einzelnen so minimal, daß er sie am besten gleich abschreibt und sich am Glück des anderen freut, der er ebenso gut selber sein könnte und dennoch niemals selbst ist" (*Dialektik*, S. 154).

Adorno und Horkheimer rechnen vor allem mit der Verteidigungsideologie der Produzenten ab, wonach die Sendungen der Massenmedien sich nach den Bedürfnissen der Massen richten und folglich ebenso unaufgeklärt wie diese sein müßten. Sie versuchen nachzuweisen, daß die Rede von den Konsumenten und deren Unbewußtem zur raffiniert getarnten Ideologie der Medien gehöre: In Wahrheit gehe es den Produzenten nicht um diese, sondern um die Verkündigung des Status quo. Die Kulturindustrie sucht den Konsumenten zu suggerieren: „Werde was du bist"; „ihre Lüge besteht gerade in der wiederholenden Bestätigung und Verfestigung des bloßen Soseins... Anstatt dem Unbewußten die Ehre anzutun, es zum Bewußtsein zu erheben und damit gleichzeitig seinen Drang zu erfüllen und seine zerstörende Kraft zu befriedigen, reduziert die Kulturindustrie, an ihrer Spitze das Fernsehen, die Menschen mehr noch auf unbewußte Verhaltensweisen, als die Bedingungen einer Existenz zuwege bringen, die den mit Leiden bedroht, der sie durchschaut, und dem Belohnungen verspricht, der sie vergötzt" (*Prolog*, S. 78).

Eines der zentralen Motive der Kulturindustrie ist die Darstellung des Bewirkens von Leiden und Gewalt. Diese werden dramaturgisch zugerichtet als Affekte, die aus der privaten Sphäre (z. B. Liebeskummer) resultieren. Im kulturindustriellen Film — den Italo-Western oder Karate-Filmen — werde nicht die kritische Wendung gegen das Leiden, sondern die aggressive Wendung gegen das Subjekt vollzogen. In der Darstellung von Gewalt und Destruktion in Film und Fernsehen, wo die Leiden zu einem Vehikel des Amusements und Gelächters reduziert werden, werde das ambivalente Verhältnis der kulturindustriellen Kultur zum Körper deutlich. Dieser sei sowohl Objekt der Gewalttätigkeit, als auch Quelle zur Stimulierung sexueller Reize, das Begehrliche und zugleich das Abstoßende (Kübler 1977, S. 200). In der Solidarität mit den Gewalttätigen im Film ebenso wie etwa auch in der Identifikation mit dem fußballspielenden Kollektiv „feiert der vom gesellschaftlichen Zwang Deformierte die erbärmlichen Siege, die ihm die eigene Niederlage in der Gesellschaft erträglicher erscheinen lassen" (ebd., S. 197).

Eine andere Frage ist die nach der Begründung dessen, was Adorno als „positivistisches Beharren auf der bloßen Faktizität" bezeichnet. Man erinnere sich an die Berichterstattung der Ereignisse im Brüsseler Fußballstadion (1985). Die Sendedauer, die eigentlich für den Fußball vorgesehen war, wurde, da statt dessen Massenkrawalle sich ereigneten, eben mit diesen gefüllt unter ständiger Beteuerung des Sprechers, es sei für ihn schrecklich, dem Publikum diese Bilder präsentieren zu müssen. Die Betroffenheit des Kommentators ist keinesfalls anzuzweifeln, allerdings kann die Notwendigkeit nicht nachvollzogen werden, mit der die Nachrichten sowie spätere Kommentare zu dieser Katastrophe in schnellem Zusammenschnitt noch einmal die schrecklichsten Phasen der Gewalttaten und Massenhysterie vorstellten. „Tragik", so Adorno, „schützt vor dem Vorwurf, man nähme es mit der Wahrheit nicht so genau". Die Haltung, das sogenannte Wahre zu präsentieren und dabei das Bedauern auszusprechen, es nicht ändern zu können, ist „zynisch" zu nennen.

1.4. Effekte der Kulturindustrie

Zu den *Effekten* der Kulturindustrie äußert Adorno, es handele sich um eine Antiaufklärung, „die die Bildung bewußt urteilender und sich entscheidender Individuen verhindert" (*Résumé*, S. 68). Diese Unterscheidung von Effekten im Gegensatz zu einer manipulativen Absicht ist sicherlich sinnvoll. Zu schnell erscheint bei der Lektüre der oft polemischen Ausführungen Adornos die Kulturindustrie als eine kleine konspirative Gruppe von Managern, die ihre gesamte Einfallskraft darauf richten, wie sie die Bevölkerung zu einer Geisteshaltung bewirken können, von der sie ein genaues Bild hätten. Das folgende Beispiel macht deutlich, daß weniger die Aussagen selbst im plump demagogischen Sinne verdummend wirken, sondern daß dies ein indirekter Vorgang ist: „Ermahnt ein Astrologe seine Leser, sie sollten an einem bestimmten Tag vorsichtig Auto fahren, so wird das gewiß niemandem schaden, wohl aber die Verdummung, die in dem Anspruch liegt, der jeden Tag gültige und daher blödsinnige Rat hätte des Winkes der Sterne bedurft" (*Résumé*, S. 69).

Die Ursachen für die hier diskutierten Phänomene der Kulturindustrie sind in erster Linie ökonomischer Art; Profitmaximierung ist das vorrangige, handlungsbestimmende Interesse der Konzernleitungen. Dies macht die Suche nach dem „Schuldigen", als jemand mit eindeutig „bösen" Absichten schwer.

Verdoppelung durch die Medien stiftet auch Verwirrung: „Das Reich des Steinadlers" und direkt im Anschluß dann ein Filmbericht über China mit dem Untertitel „Erinnerungen". Dem sagenhaften Grabfund des 1. Kaisers von China sind vier Minuten gewidmet. Die wenigen Tonfiguren, die im Ostasiatischen Museum (Köln) zu sehen waren, ermöglichen nicht den Nachvollzug von Geschichte – und sei es auch nur die Geschichte der Ausgrabung. Die Erlebnisfähigkeit wird auf eine harte Probe gestellt. Man kann nicht überall „hautnah" dabei sein. Allein, das Museum und natürlich auch das Fernsehen spielen darauf an, tun so, als ob es möglich sei. Die rasche Abfolge von Sendungen, wie auch die Informationen innerhalb einer Sendung verhindern im allgemeinen „sprachlich artikulierte Kritik".

Ein weiterer Effekt ist die Verschmelzung von Arbeitswelt und Freizeit (Freizeitindustrie als Teil der Kulturindustrie). Die Auswirkungen, die die Kulturindustrie auf den einzelnen kon-

28

kret hat, lassen sich an diesem Bereich eindrucksvoll beschreiben.

Das sogenannte Freizeitangebot ist sichtlich auf Stereotypisierungen aus. Man denke an die entsprechende Ausrüstung für jedwedes Hobby: Der Aerobic- und Jogginganzug; der Camper darf auf eine Unzahl von Spezialgeräten zurückgreifen (z.B.: der Spezialabfallkorb für Grillkohle und Kristallschalen-Imitate aus Plastik; der Angler bedient sich eines kleinen Tischchens, das spezielle Fächer für Zigarettenschachtel, Mehlwürmer und für das Sortiment an Angelhaken hat... usw.).

In den Medien wird eine Pseudoindividualität produziert. Dies wurde an den Freizeitbeispielen bereits deutlich. Zu erinnern wäre auch an die Sparte einer Modezeitschrift: ,,Machen Sie das Beste aus Ihrem Typ". Diese impliziert, daß das Beste einer Person in dem zu suchen ist, was sie anderen ähnlich macht, eben das Typische, nicht etwa das, was sie unterscheidet und dementsprechend als Individuum kennzeichnen würde... Die Fotobeispiele nach dem Schema ,,Vorher—Nachher" zeigen eine Angleichung von Frisur, Make-up etc.

Wie soll man sich eine Lebensgeschichte vorstellen, die den genannten Phänomenen ausgesetzt ist? In Adornos und Horkheimers Text über die Kulturindustrie wird dazu ausgeführt (S. 64/65): Wer den Einfluß der Medien leugnen wollte, wäre naiv. ,,Aber die Ermahnung, sie ernst zu nehmen, schillert. Ihrer sozialen Rolle willen werden lästige Fragen nach ihrer Qualität, nach Wahrheit und Unwahrheit, nach ästhetischem Rang des Übermittelten unterdrückt, oder wenigstens aus der Kommunikationssoziologie ausgeschieden." Zunächst, so die Autoren, sei der Doppelsinn des Wortes ,,Bedeutsamkeit" genauer zu bezeichnen. D.h., die faktische Bedeutung der Medien (hohe Einschaltquoten etc.) darf sie nicht als unentbehrlich erscheinen lassen. Neben die inhaltliche Analyse, die nicht abbrechen dürfe, müsse immer wieder die Frage treten, warum es Medien überhaupt gibt. Mit anderen Worten, das Nachsinnen über die Funktionen der Medien darf nicht die Frage nach ihrem Ursprung vergessen lassen. Nur ihre Auswirkungen zu beobachten, bedeute, ,,sich vor ihrem Monopol zu ducken".

Die Wirkung der Medien am Individuum in seinen Tiefen aufzuzeigen, war nicht Adornos Anliegen; schließlich führte er die Aufhebung des Individuums als eine Funktion der Kulturindustrie an: Als gesellschaftlich integriertes sei es eben kein

Individuum mehr. Sich aber in Gegensatz zur Gesellschaft zu begeben, sei nahezu unmöglich geworden. An die Stelle des Widerspruchs zur Gesellschaft, so wurde an dem Beispiel der Werbung sowie der Freizeitgestaltung, die zunehmend Züge des Arbeitsprozesses trägt (Leistungsprinzip, Konkurrenz etc.), deutlich, ist die industriell verwaltete und zum Verkauf angebotene Pseudoindividualität getreten. Obwohl also Adorno nicht an einer „individuellen Wirkungsbeschreibung" interessiert ist, finden sich Andeutungen in dieser Richtung.

„Der Hausfrau gewährt das Dunkel des Kinos (...), ein Asyl, wo sie ein paar Stunden unkontrolliert dabeisitzen kann, wie sie einmal, als es noch Wohnungen und Feierabend gab, zum Fenster hinausblickte" (*Kulturindustrie*, S. 125).

Man ahnt, welcher Zustand der Seele gemeint ist, wenn von der Zeit die Rede ist, da die Hausfrau am Fenster sitzen kann, ohne daß jemand sie dabei beobachtet — das Hinausschauen, das keinen Zweck verfolgt.

Ohne eine nostalgisch verklärte Rückschau auf eine historisch genau datierbare Zeit anzustimmen, weisen Adorno und Horkheimer auf eine Veränderung in der Lebensführung hin, und zwar am Beispiel der kurzen Pausen am Tag, in denen keine Erwartungen an uns gestellt werden. Die Frage ist, welche Veränderung es bedeutet, wenn die Hausfrau statt am heimischen Fenster zu sitzen, für eine kurze Zeit im Kino „untertaucht" (*wenn* sie es tut): Man stelle sich einen Moment vor, da diese Person zur Entlastung der Sinne abwesend ist. Es ist vielleicht schwieriger, das zu erreichen, während einem etwas vorgeführt wird (ein Film). Eher tritt dann die Vorführung an die Stelle des Alleinseins mit sich. Die Filmmusik untermalt die eigenen Gedanken, die inneren Stimmen, oder sie ersetzt sie.

Adornos Überlegungen aus den *Minima Moralia* über das Türenöffnen und -schließen lassen das Problem noch deutlicher erscheinen: Es macht — so Adorno — einen Unterschied, ob eine Tür automatisch vor einem aufspringt oder ob man eine Klinke hinunterdrücken muß, damit sie sich öffnet. Und kommt man auch zu dem Schluß (wie Adorno hier), daß die Erfahrung insgesamt abnimmt, weil die Momente der Besinnung ganz und gar mit Handlung angefüllt sind, dann gilt es vielleicht doch, diesen Prozeß genau zu beobachten, etwa: Wie gewinnt die „Aktion" schrittweise immer mehr Raum?

„Nicht anklopfen. Die Technisierung macht (...) die Gesten präzis und roh und damit die Menschen. Sie treibt aus den Gebärden alles Zögern aus, allen Bedacht (...). Sie unterstellt sie den unversöhnlichen, gleichsam geschichtslosen Anforderungen der Dinge. So wird etwa verlernt, leise, behutsam und doch fest die Tür zu schließen. Die von Autos und Frigidaires muß man zuwerfen, andere haben die Tendenz, von selber einzuschnappen und so die Eintretenden zur Unmanier anzuhalten, nicht hinter sich zu blicken, nicht das Hausinnere zu wahren, das sie aufnimmt. Man wird dem neuen Menschtypus nicht gerecht ohne das Bewußtsein davon, was ihm unablässig, bis in die geheimsten Innervationen hinein, von den Dingen der Welt widerfährt. Was bedeutet es fürs Subjekt, daß es keine Fensterflügel mehr gibt, die sich öffnen ließen, sondern nur noch grob aufzuschiebende Scheiben, keine sachten Türen, sondern drehbare Knöpfe, keinen Vorplatz, keine Schwelle gegen die Straße, keine Mauer um den Garten? (...) Am Absterben der Erfahrung trägt Schuld nicht zum letzten, daß die Dinge unterm Gesetz ihrer reinen Zweckmäßigkeit eine Form annehmen, die den Umgang mit ihnen auf bloße Handhabung beschränkt: So gibt es keinen Überschuß, sei's an Freiheit des Verhaltens, sei's an Selbständigkeit des Dinges, der als Erfahrungskern" überleben würde, der nicht verzehrt wird vom Augenblick der Aktion (*Minima Moralia*, S. 29).

1.5. Kritik und Perspektive

Adornos Diagnose des Zerfalls der traditionellen Kultur und ihrer Substitution durch die Kulturindustrie versucht, in ihrer Schärfe auch Hoffnung zu bewahren: Die Kulturindustrie liefert eine „traumlose Kunst fürs Volk" (*Dialektik*, S. 149), in der „zur Demonstration seiner Göttlichkeit ... das Wirkliche bloß zynisch wiederholt" wird. Das bloße Dasein wird dargestellt, als ob es das richtige Leben sei, „lächelnde oder joviale Entsagung" wird „als Entschädigung für Entsagungen angedreht und auf unterhaltsame Art für die Verhinderung von Erfahrung durch die Festschreibung von Stereotypen gesorgt" (Wiggershaus 1987, S. 88). Die Hoffnung besteht darin, daß durch die Ablösung der alten Ideologie durch die Verdoppelung der Wirklichkeit eine „so anspruchslose Reklame für die triste

Wirklichkeit entstehe, daß sie am Ende keiner mehr ernstnehme. Die fröhliche Anpassung der ,ich-schwachen' Individuen werde sich selber als Teil der Reklame, der Fassade erweisen" (ebd.). Für D. Kellner (1982) hat es bis heute keine „Medientheorie an Eindringlichkeit, Brillanz der Formulierung und provokativer Einsicht mit der klassischen Kritischen Theorie der Kulturindustrie aufnehmen" können (S. 507). Gleichwohl seien einige Bedenken angebracht. So unterstelle die These von der absoluten „manipulativen Gewalt" der Medien einen „Massenbetrug" ohnegleichen. Dies setze allerdings voraus, daß die Menschen der Kulturindustrie und ihrem System bedingungslos unterworfen würden. Diese Auffassung der „menschlichen Natur" sei zweifelhaft, da „sie die relative Autonomie des Bewußtseins, die Fähigkeit zur Weigerung, Kritik und transformierenden Praxis leugnet" (S. 508). Außerdem berücksichtige die These einer „monolithischen Manipulation" nicht die Tatsache, daß einzelne Menschen und Gruppen auf Medienbotschaften unterschiedlich reagieren. Dazu bedürfe es einer Theorie der Decodierung, die „beschreiben würde, wie Individuen die Medienbotschaften nach Maßgabe ihres konzeptionellen Rahmens, ihrer sozialen Erfahrungen und ihrer Interessen decodieren" (S. 508). Des weiteren sei die Annahme der „Kritischen Theorie in Frage zu stellen, Kulturindustrie reproduziere einfach wiederholend und in monolithischer, eindimensionaler Weise die Ideologien der bestehenden Gesellschaft" (S. 509). Das Fernsehen spiegele neuerdings doch gesellschaftlichen Wandel und biete „neue Bilder, Themen und Formen entsprechend der Veränderung der Gesellschaft und des Lebens der Menschen" an (S. 509). Sofern soziale Probleme und gesellschaftlicher Wandel die Menschen beschäftigen, müsse die „popular culture" diese Erfahrungen aufgreifen, „um das Publikum bei der Stange zu halten, von dem Profit und Überleben der Kulturindustrie abhängen" (ebd.). Schließlich sei die Theorie Adornos und Horkheimers „ahistorisch", sie verallgemeinern „unterschiedslos Erfahrungen der Weimarer Zeit, des Faschismus und der Vereinigten Staaten zur Zeit des New Deal, ohne auf das Besondere der Kulturindustrie in den verschiedenen fortgeschrittenen kapitalistischen Gesellschaften einzugehen" (ebd.). Abschließend fordert Kellner: Kritische Theorie müsse die Widersprüche und Spannungen innerhalb der Kulturindustrie dingfest machen und „mögliche emanzipatorische Verwendungsweisen der Medien" erforschen (S. 512). Es bedürfe der Entfaltung einer „alternativen kritischen Kultur- und Medientheorie, die auf den Analysen der klassischen Theorie aufbaut" (S. 513).

B. Lindner (1978²) kritisiert den „ökonomiekritischen, strukturhomologisierenden Ansatz der Kulturindustrietheorie" als zu global, da er die „Gesamtstruktur der Gesellschaft" und die „Struktur des Individuums" kurzschlüssig koppele (Tauschprinzip, Verdinglichung) (S. 208). Eine ideologiekritische Analyse der Kulturindustrie müsse sich der alltäglichen „Homogenisierung sozialer Widersprüche" annehmen, wie sie in den „unterschiedlichen (und unterschiedlich mit den Massenmedien verbundenen) Öffentlichkeitssparten Information, Politik, Massenunterhaltung, Kultur, Kunst, Sport vorgenommen wird. Diese Bereiche sind ja weder widerspruchslos noch unabgegrenzt; es sind vielmehr institutionelle Apparaturen der „ständig funktionierenden Wirklichkeit, der immerfort rechtsprechenden Justiz, der öffentliche Meinung ausdrückenden oder erzeugenden Presse, der unaufhörlich und unhinderbar Kunst produzierenden Industrie (Brecht)" (S. 208). Kulturindustrie als ein homogenes und totales System zu verstehen hieße, „die selbständigen institutionellen Apparaturen, die gesellschaftliche Wirklichkeit erzeugen, aus dem Blick zu verlieren" (ebd.).

Abschließend, als Quintessenz und Perspektive dieses Kapitels zugleich, erscheint es mir sinnvoll, Adornos zentrale Gedankengänge anläßlich eines am 1. Juni 1963 im Hessischen Rundfunk gesendeten Gesprächs mit H. Becker und G. Kadelbach über „Fernsehen und Bildung" zu referieren.

In konsequenter Weiterentwicklung seiner mit Horkheimer formulierten Thesen zur „Kulturindustrie" geht Adorno davon aus, daß das Fernsehen nicht isoliert, sondern nur als Moment im Gesamtsystem der gegenwärtig, industriell gesteuerten „dirigistischen Massenkultur" gesehen werden muß, „der die Menschen ununterbrochen in jeder illustrierten Zeitung, an jedem Zeitungskiosk, in unzähligen Kanälen des Lebens ausgesetzt sind, und daß die Gesamtmodelung des Bewußtseins und Unbewußtseins nur durch die Totalität dieser Medien hindurch erfolgen kann" (Adorno 1971, S. 62).

Unter „Fernsehen als Ideologie" verstehe er die Tatsache, daß den Menschen falsches Bewußtsein und Verschleierungen der Wirklichkeit eingetrichtert werden und daß, „wie man so schön sagt, eine Reihe von Werten als schlechterdings dogmatisch positiv geltend den Menschen aufgeschwatzt werden" (S. 55). Die spezifische Gefahr des Fernsehens bestehe in der Inhaltlichkeit, die mit dem technischen Medium nichts zu tun habe. „Das sind diese unsagbar verlogenen Gebilde, in denen zwar scheinbar sogenannte Probleme behandelt, diskutiert und dargestellt werden, damit es, ..., zeitnah ist und die Menschen mit wesentlichen Fragen konfrontiert. Diese Probleme werden vor allem dadurch verbogen, daß es sich so darstellt, als ob für alle diese Fragen Heilmittel parat wären, als ob die gute Großmutter oder der großmütige Onkel nur aus der nächsten Tür herauszutreten brauchten, um eine zerfallene Ehe wieder in Ordnung zu bringen. Hier haben wir sie: Die grauenhafte Welt der Leitbilder eines ‚heilen Lebens', die erst den Menschen eine falsche Vorstellung geben, daß Widersprüche, die bis in das Urgestein unserer Gesellschaft hineinreichen, durch Beziehungen von Mensch zu Mensch und dadurch, daß alles nur auf den Menschen ankomme, zu heilen und zu lösen wären" (S. 60).

Darüber hinaus gäbe es noch so etwas wie einen „formal-ideologischen" Charakter des Fernsehens, „daß sich nämlich eine Art von Fernsehsüchtigkeit entwickelt, bei der schließlich das Fernsehen, wie andere Massenmedien auch, eigentlich durch seine bloße Existenz zum einzigen Bewußtseinsinhalt wird und durch die Fülle des Angebots die Menschen ablenkt von dem, was eigentlich ihre Sache wäre und was sie eigentlich angeht" (S. 55).

Es komme darauf an, im Fernsehen der Ideologisierung des Lebens entgegenzuwirken, dies sei überhaupt kein Zweifel. „Nur sollten wir uns hier vor einem Mißverständnis hüten, daß das, was wir als Realitätsbewußtsein bezeichnet haben, notwendig mit den Mitteln eines künstlerischen Realismus herbeigeführt werden muß. Sondern weil die Welt dieses Fernsehens eine Art von Pseudo-Realismus ist, weil also der letzte Telefonknopf stimmt und das ganze Publikum zetern würde, wenn an irgendwelchen technischen Apparaturen irgend etwas nicht stimmte, ist wahrscheinlich die Möglichkeit, das Realitätsbewußtsein zu erwecken, im Medium des Fernsehens in weitem Maß daran gebunden, daß darauf verzichtet wird, die sichtbare alltägliche Oberflächenrealität, in der wir leben, einfach noch einmal zu reproduzieren. Die Verlogenheit ... liegt gerade darin, daß diese Harmonisierung des Lebens und diese Verbiegung des

34

Lebens deshalb den Menschen unkenntlich ist, weil sie sich in Kulissen abspielt. Ich meine das Wort ‚Kulissen' hier in einem weiteren Sinn. Sie stimmen so, sie sind so realistisch, daß die Menschen das harmonistische Gift einschlürfen, ohne daß sie auch nur merken, was ihnen da angetan wird. Womöglich meinen sie noch, sie verhielten sich dabei realistisch. Und gerade an dieser Stelle sind die Widerstände zu setzen" (S. 60). Sofern die öffentlich-rechtlichen Rundfunk- und Fernsehanstalten sich bemühen, durch geistig anspruchsvolle Programme diesem Phänomen entgegenzuwirken, fördern sie gleichzeitig die sog. „Neutralisierung der Kultur".

„Also daß gerade das Avancierte, das Neue, das Spirituelle als eine Art Angelegenheit für Spezialisten — um nicht das grausliche Wort ‚Feinschmecker' zu gebrauchen — gestempelt und entwertet wird. Auf der anderen Seite aber ist der plebiszitäre Druck der unzähligen Menschen, die zusehen und zuhören und die keine anderen Sorgen haben, als daß man sie nur ja nicht unterschätze, so groß, daß dadurch dann die wichtigsten Dinge aus dem Programm verscheucht werden. Darin steckt die gesellschaftliche Antinomie, daß die geistige Qualität und die ihrerseits bereits selbst manipulierten Konsumentenbedürfnisse in einem unendlich weiten Maß auseinanderweisen" (S. 66).

Als Perspektive für das Fernsehen fordert Adorno, daß es notwendig sei, Inhalte zu finden und Sendungen zu machen, die ihrem Gehalt nach diesem Medium angemessen sind, die informatorische und dokumentierende Elemente enthalten, mit Mitteln der Montage und Verfremdung gegenüber Realismus arbeiten, die aus einer Wechselwirkung von Forschung und Produktion entspringen, wobei Spezialsendungen und allgemeine Sendungen in einem vernünftigen Verhältnis stehen.

Als pädagogische Aufgabe sieht Adorno die Notwendigkeit, die Zuschauer Fernsehen zu lehren. Unterricht über Medien müßte nicht nur darin bestehen, daß „man das Richtige auswählen und mit Kategorien sehen lernt, sondern er müßte von vornherein auch die kritischen Fähigkeiten entwickeln; er müßte die Menschen dazu bringen, etwa Ideologien zu durchschauen; er müßte sie vor falschen und problematischen Identifikationen bewahren und er müßte sie vor allem davor bewahren, der allgemeinen Reklame für die Welt zu verfallen, die durch die bloße Form solcher Medien, vor allem Inhalt, schon unmittelbar gegeben ist" (S. 54).

Wie relevant diese, vor einem Vierteljahrhundert formulierten Überlegungen heute noch sind, wird u. a. deutlich an den
Forderungen, die der amerikanische Kulturkritiker N. Postman
(1985) an eine kritische Medienerziehung richtet. Postman geht
davon aus, daß der zunehmenden Bedeutung von Fernsehen,
Computer (Textverarbeitungsgeräte) und Video insbesondere
pädagogisch Rechnung zu tragen sei. Wenn als Aufgabe der
Schule anerkannt sei, junge Menschen zu befähigen, die Sym-
bole ihrer Kultur zu interpretieren, so folge daraus, über die
Wirkung des Fernsehens, die Methoden von Fernsehwerbung,
Fernsehpredigten und Fernsehnachrichten aufzuklären. „Nur
in einer gründlichen, unbeirrten Analyse der Struktur und der
Auswirkungen von Information, nur in einer Entmystifizierung
der Medien liegt Hoffnung, eine gewisse Kontrolle über das
Fernsehen, den Computer und andere Medien zu erlangen"
(Postman 1985, S. 196.

Es bedürfe der Entwicklung eines (kritischen) Medienbe-
wußtseins: So wie junge Menschen den Umgang mit Gedruck-
tem lernen, sollte ihnen der Umgang mit den Angeboten des
Fernsehens nahegebracht werden.

2. Die Entmündigung des Menschen

2.1. Die Welt als Phantom und Matrize[7]

G. Anders erfuhr wie Horkheimer und Adorno als emigrierter bürgerlicher Intellektueller (1936 ging Anders ins Exil nach Amerika), der in Europa den Umschlag des Kapitalismus in den Faschismus erlebt hatte, in den USA die frühe Entfaltung des auf Rüstungsproduktion und Massenkonsumtion abgestellten Nachkriegskapitalismus ohne sozialistische Alternative[8].

Ähnlich wie Horkheimer und Adorno betrachtet Anders Fernsehen und Rundfunk als Paradigmen für eine umfassendere gesellschaftliche Tendenz – die Entwicklung der Industriegesellschaft zum zentral gesteuerten, auf dem fremdbestimmten Konsumzwang der Massen gegründeten System (vgl. *Welt*, S. 204/193 f.). Das polemisch als „unfreies Dasein in der Welt des post-ideologischen Schlaraffenlandes" (*Welt*, S. 197) klassifizierte Phänomen wird von Anders als total angesehen: Es erfaßt das kapitalistische wie das sozialistische Lager und trifft, klassenübergreifend, alle Gesellschaftsmitglieder (vgl. *Antiquiertheit*, S. 7). Die Kapitalismus-Interpretation deckt sich also weitgehend mit dem Spätkapitalismus-Theorem der Kritischen Theorie oder der These Marcuses von der „Eindimensionalen Gesellschaft" der Gegenwart.

Die philosophische Methode orientiert sich phänomenologisch; es geht Anders um eine Seinslehre (Ontologie) des Menschen in der verwalteten Konsumgesellschaft. Ähnlich wie Adorno auf der Notwendigkeit beharrt, bruchstückhaft-aphoristisch und am konkreten gesellschaftlichen Fall zu philosophieren (den hilflosen Widerstand gegen das System im Denkprozeß nachbildend), rechtfertigt Anders seine Arbeit als zielgerichtete „Gelegenheitsphilosophie" (*Antiquiertheit*, S. 8 ff.).

Abstraktes Generalthema der Gelegenheitsphilosophie ist die Antiquiertheit des Menschen, das heißt dessen Unvermögen, mit der naturwüchsigen Entwicklung der technischen „Produktewelt" psychisch noch Schritt zu halten (*Antiquiertheit*, S. 15).

Ausgehend von der zunächst phänomenologisch beschriebenen Situation des TV-Konsumenten sucht Anders die ontologischen Veränderungen der Subjekt-Welt-Beziehung, die durch die Massenmedien bewirkt werden, im Begriff festzuhalten. Der Prozeß läßt keine der beiden Seiten unberührt. Anders Untersuchung beschäftigt sich sowohl „mit den eigentümlichen Veränderungen, die der Mensch als mit Welt beliefertes Wesen durchmacht; und mit den nicht weniger eigentümlichen Folgen, die die Weltbelieferung für den Weltbegriff und für die Welt selbst nach sich ziehen" (*Welt*, S. 111).

Die Veränderungen, die das Subjekt als Konsument der Medienwelt erfährt, faßt Anders in folgenden fünf Punkten zusammen:

„1. Wenn die Welt zu uns kommt, statt wir zu ihr, so sind wir nicht mehr ‚in der Welt', sondern ausschließlich deren schlaraffenlandartige Konsumenten.

2. Wenn sie zu uns kommt, aber doch nur als Bild, ist sie halb an- und halb abwesend, also phantomhaft.

3. Wenn wir sie jederzeit zitieren (zwar nicht verwalten, aber an- und ausschalten können), sind wir Inhaber gottähnlicher Macht.

4. Wenn die Welt uns anspricht, ohne daß wir sie ansprechen können, sind wir dazu verurteilt, mundtot, also unfrei zu sein.

5. Wenn sie uns vernehmbar ist, aber nur das, also nicht behandelbar, sind wir in Lauscher und Voyeurs verwandelt" (*Welt*, S. 111).

Die Verwandlung der gesellschaftlichen Welt in einer durch die Massenmedien geprägten Gesellschaft wird in weiterer vier Punkten wie folgt gekennzeichnet:

„6. Wenn ein an einem bestimmten Ort stattfindendes Ereignis versandt und als ‚Sendung' zum Auftreten an jedem anderen Ort veranlaßt werden kann, dann ist es in ein mobiles, ja in ein fast omnipräsentes Gut verwandelt, und hat seine Raumstelle als principium individuationis eingebüßt.

7. Wenn es mobil ist und in virtuell zahllosen Exemplaren auftritt, dann gehört es, seiner Gegenstandsart nach, zu Serienprodukten; wenn für die Zusendung des Serienproduktes gezahlt wird, ist das Ereignis eine Ware.

8. Wenn es erst in seiner Reproduktionsform, also als Bild sozial wichtig wird, ist der Unterschied zwischen Sein und Schein, zwischen Wirklichkeit und Bild aufgehoben.

9. Wenn das Ereignis in seiner Reproduktionsform sozial wichtiger wird als in seiner Originalform, dann muß das Original

sich nach seiner Reproduktion richten, das Ereignis also zur bloßen Matrize ihrer Reproduktion werden" (*Welt*, S. 111).

Im folgenden sollen bestimmte Aspekte dieser Thesen näher erläutert werden.

Anders definiert als „die eigentlich umwälzende Leistung, die Radio und TV gebracht haben", „daß die Ereignisse — diese selbst, nicht nur Nachrichten über sie — daß Fußballmatches, Gottesdienste, Atomexplosionen uns besuchen; daß der Berg zum Propheten, die Welt zum Menschen, statt er zu ihr kommt ..." (*Welt*, S. 110). Das führt, vordergründig betrachtet, zu einer gewaltigen Erweiterung der Erfahrungsmöglichkeit von Welt. Anders arbeitet die negative Dialektik des Vorganges heraus: Die scheinbar totale Greifbarkeit der gesellschaftlichen Welt im Bild, das als Ware in die Wohnung geliefert wird, muß vor dem Hintergrund gesehen werden, daß die reale Welt in der verwalteten Industriegesellschaft sich dem Zugriff der einzelnen total entzieht. Die Weltvertrautheit, die die Medien vorspiegeln, ist politisch gewollter und genutzter Betrug. Der Betrug besteht darin, „daß wir, obwohl in einer verfremdeten Welt lebend, als Film-, Rundfunk- und Fernseh-Konsumenten — aber nicht nur als diese — mit allem und jedem, mit Menschen, Gegenden, Situationen, Ereignissen, selbst mit den fremdesten, gerade mit diesen, auf vertrautestem Fuße zu stehen scheinen" (*Welt*, S. 116). Die Sendungen servieren den Kunden die Welt „in augen- oder ohrengerechtem, in einem optimal genußbereiten, entfremdeten, entkernten, assimilierbaren Zustande ... also so, daß sie uns als unser Simile, nach unserem Maße Zugeschnittenes, als unsereins anspricht" (*Welt*, S. 122). Die so „verbiederte Welt", dieses „Universum der Gemütlichkeit", wird von Anders als „raffinierte Tarnform der Verfremdung" der Welt angeprangert (*Welt*, S. 124/125).

Die Sendungen für das Massenpublikum sind ontologisch zweideutig. Die Welt kann weder als eindeutig anwesend noch als eindeutig nicht-anwesend definiert werden. Anders nennt den Schwebezustand, in den die Medien die gesellschaftliche Realität versetzen, ihren „Phantomcharakter" (*Welt*, S. 129 ff.). Daß die Sendungen „sich um die Alternative ‚Sein oder Schein' drücken" (*Welt*, S. 142), hat spezifische politische Funktion. Es ist Teil des Verwirrspiels, das die Medienproduzenten veranstalten, um den konsumierenden Massen die Möglichkeit zu nehmen, sich selbständige Urteile über gesellschaftliche Realität zu bilden.

Die antiaufklärerische Technik der Produzenten läßt sich wie folgt kennzeichnen (*Welt*, S. 163 ff.): Sie präparieren aus dem Material vieler — im einzelnen „wahrer" — Welt-Bilder ein herrschaftskonform schablonisiertes Abbild. Das Abbild wird der realen Welt so täuschend nachgebildet, daß es erfolgreich als die Welt selbst ausgegeben werden kann. Diese Pseudorealität vernebelt, gut inszeniert, den kritischen Blick des Publikums für die in Bildform gekleideten politischen Urteile.

„Was wir, vor dem Radio oder dem Bildschirm sitzend, konsumieren, ist statt der Szene deren Präparierung, statt der angeblichen Sache S deren Prädikat p, kurz: ein in Bildform auftretendes Vorurteil, das, wie jedes Vorurteil, seinen Urteilscharakter versteckt; aber, da es heimlicherweise eben doch eines ist, den Konsumenten davon abhält, seinerseits noch einmal die Mühe des Urteilens auf sich zu nehmen" (*Welt*, S. 163).

Ein Beispiel für die Überflüssigkeit der eigenen Aufmerksamkeit in der alltäglichen Erfahrung mit dem Fernsehen ist die Zeitlupenaufnahme eines Fußballtores. Im „richtigen" Spiel vermißt sie der versierte Sportschaukonsument. Auf dem Fußballplatz schaut er vielleicht gerade in eine andere Richtung, wenn ein Tor fällt, und hegt Zweifel, ob es wirklich stattgefunden hat. Das Fernsehen dagegen kann auch eine zweifelhafte Entscheidung des Schiedsrichters mit Hilfe der Rückblende falsifizieren oder bestätigen. Dieser Fall betrifft eher den weiter unten entwickelten Gedanken Anders', daß die Wirklichkeit, die das Fernsehen präsentiert, wirklicher ist als das, was man auf der Straße sieht (nur so ist auch die Wirkung der Serie „Dallas" zu verstehen).

Eine weitere Erfahrung, die bestätigt, daß „die Mühe des Urteilens" angesichts ‚beweiskräftiger' Bilder nicht noch einmal auf sich genommen wird, kann man im Völkerkundemuseum (Köln) machen. Eine ausgestellte Maske z. B. ist als Ausstellungsgegenstand wirklich da. Oft belegen noch Fotos den Ursprungsort und auch den Verwendungszweck des Stückes (ritueller Tanz zur Geisterbeschwörung z. B.). Dasselbe kann man auf entsprechenden Texttafeln nachlesen. Diese drei Medien gehen eine komplizierte Wechselbeziehung ein. Über die Art des Erwerbs der Maske für das Museum kann man selten etwas erfahren. So scheint dieser Gegenstand — einmal aus seinem Verwendungszusammenhang genommen — nur noch, oder in erster Linie, als Beleg für die jeweiligen sprachlichen

Informationen zu dienen. Die mitgelieferte Information signalisiert Eindeutigkeit und Vollständigkeit: ‚Was es über die Maske zu wissen gibt, teilen wir hier mit'. Dieser Eindruck stellt sich vor allem deshalb ein, weil die andere Kultur als unserer Sprache zugänglich präsentiert wird und damit auch als unserer Vorstellung verständlich; mit anderen Worten, sie existiert als untergeordnete Kategorie. Denn umgekehrt wissen die Eingeborenen, die die Maske hergestellt haben und die auf Fotos entweder ganz in ihrem Kulturkreis eingebunden oder erstaunt und neugierig dem Fotografen zugewendet gezeigt werden, nichts von uns.

Abschließend hierzu soll noch ein literarisches Zitat von Marcel Proust angeführt werden, das den Fall illustriert, daß die Nachricht über ein Ereignis für den Leser oder Zuschauer leicht wirklicher wird als das Ereignis, dem er unmittelbar beiwohnt.

Das Hausmädchen Françoise wird geschickt, um ein Buch zu holen, in dem Anweisungen zur Behandlung einer anderen Hausangestellten stehen. In dem medizinischen Buch waren sowohl die Beschreibung der kolikartigen Anfälle als auch Hinweise auf erste Hilfeleistungen enthalten. Von Françoise wird zuvor gesagt: „... nicht mit ihr verwandte menschliche Wesen erregten ihr Mitleid um so mehr, in je größerer Ferne sie ihr Dasein fristeten. Die Tränenströme, die sie zeitungslesend über den Unglücksfällen vergoß, denen Unbekannte zum Opfer gefallen waren, versiegten schnell, wenn sie sich die davon heimgesuchte Person ganz genau vorstellen konnte." Als Françoise nach einer Stunde noch nicht mit dem medizinischen Buch zurück ist, schickt die Mutter des Erzählers diesen in die Bibliothek, um es zu holen:

„Dort fand ich Françoise, die, als sie hatte nachsehen wollen, was an der bezeichneten Stelle angegeben war, über die klinische Beschreibung des Anfalles geraten und in hemmungsloses Schluchzen ausgebrochen war, denn jetzt handelte es sich ja um einen ihr unbekannten ‚Fall'. Bei jedem schmerzhaften Symptom, das der Verfasser in seiner Abhandlung erwähnte, brach sie in Klagerufe aus wie: ‚O Gott, o Gott! Heilige Jungfrau! Ist es denn möglich, daß der liebe Gott ein armes Menschenkind so leiden lassen kann? Du lieber Himmel, die Arme!'

Aber als ich sie nun rief und sie wieder an dem Bett der (Kranken) stand, hörten ihre Tränen augenblicks auf zu fließen, und sie verspürte nichts mehr von jenen angenehmen Empfindungen des Mitleids und der

Rührung, die sie so gut kannte und die die Lektüre der Zeitungen ihr geschenkt hatte, auch kein sonstiges Gefühl einer ähnlichen Art; ärgerlich, gereizt, daß sie wegen des Küchenmädchens mitten in der Nacht hatte aufstehen müssen, hatte sie für jene nichts mehr übrig als übelgelauntes Brummen, in das sich sogar abscheuliche Sarkasmen einmischten..."

In einem letzten analytischen Schritt geht Anders dem Prozeß der Veränderung nach, dem die gesellschaftliche Welt selbst (d.h. nicht nur die Welterfahrung des Konsumenten) durch die Gesetze der Medienproduktion unterworfen wird. Die fertige These besagt, „daß das Wirkliche zum Abbild seiner Bilder wird" (*Welt*, S. 179); oder: Das Wirkliche wird zur „Reproduktion seiner Reproduktion" (*Welt*, S. 188). Einfach ausgedrückt gibt es „zahllose Geschehnisse, die nur deshalb so geschehen, wie sie geschehen, damit sie als Sendungen brauchbar seien; ja solche, die überhaupt nur deshalb geschehen, weil sie als Sendungen erwünscht oder benötigt sind. ... Radio und Bildschirm und der Phantomkonsum sind selbst soziale Realitäten von solcher Massivität, daß sie mit den meisten anderen Realitäten von heute den Kampf aufnehmen können, daß sie, ‚was wirklich ist', ‚wie es wirklich passiert', selbst bestimmen" (*Welt*, S. 191).

Entwickelt wird der Gedankengang anhand der realitätsdefinierenden Kraft kapitalistischer Warenproduktion, als deren Unterfall die Produktion von Sendungen der Massenmedien begriffen wird. Wirklich im Sinne der „Wirtschafts-Ontologie" ist nur der Teil der Realität, der verwertbar ist oder verwertbar gemacht werden kann (*Welt*, S. 179 ff.). Das setzt massenhafte Reproduzierbarkeit und Verkaufbarkeit voraus. Das nur einzelne, das Unverkäufliche existiert im strengen Sinne des Systems nicht. Die Zurichtung der Welt im Dienst der Produktion erstreckt sich prinzipell auf alle Natur: Ziel ist es, bereits „in den Rohstoff so früh wie möglich einzugreifen, d.h.: ihm gar keine Zeit zu lassen, überhaupt ‚nur Rohstoff' zu sein ... und auch sein Werden schon zum ersten Stadium der Produktion zu machen..." Und das gilt auch von dem Produktionszweig „Sendungen". Ihr Rohmaterial besteht zum großen Teil aus Ereignissen. Daher versucht man, auch diese bereits zu züchten, sie also so geschehen zu lassen, daß sie fit für ihre Fertigwarenfunktion sind; ihnen so früh wie möglich, oder von vorneherein, eine optimale Reproduktionseignung zu verleihen; also dafür zu sorgen, daß sie ihren Reproduktionen ohne Schwierigkeit als Unterlage dienen können. Das Wirkliche — das angebliche Vorbild — muß also seinen eventuellen Abbildungen angemessen, nach dem Bilde seiner Reproduktionen umgeschaffen werden" (*Welt*, S. 190).

Festzuhalten ist, daß Anders drei verschiedene Aspekte unterscheidet:

— Die Prädikatierung von Ereignissen. Erklärungen und Wertungen werden oft unmerklich in der medialen Aufbereitung mitgeliefert. Das eigene Urteil entfällt auf diese Weise.

— Die mediale Präsentation gewinnt eine eigene Glaubwürdigkeit, die die des Lebens tendenziell übersteigt.

— Die Medien verändern dementsprechend das, worüber sie berichten.

Diese drei Merkmale zeigen, daß Wirklichkeit in den Medien konstruiert wird. Die Rückwirkung auf die Ereignisse selbst ist ein davon kaum zu trennendes und daher schwer beschreibbares Phänomen. Zum anderen ist der Blick, das ästhetische Empfinden durch die Sehgewohnheiten beeinflußt, ist also selbst ein Produkt der Medien. Im Innern wie im Äußeren wirken die Kennzeichen der herrschenden Produktion. Auf der persönlichen Ebene wäre das „in Szene setzen" des eigenen Lebens nach gewissen filmischen Vorbildern ein Beispiel. Daß solche Vorbilder die Handlungen selbst verändern, ist leicht nachvollziehbar. Das geht von der einfachen Imitation gewisser Gesten, Kleidung etc. bis hin zum Lebensgefühl, das man gleichsam in Gedanken mit einer Filmmusik unterlegt und in dem man selbst seine Auftritte hat.

Prägnant ist auch die Rubrik „Unverlangt Eingesandt" im Kölner Stadt-Anzeiger. Dort schreiben Leser, die in ihren Texten von literarischen Vorbildern oder Gewohnheiten Gebrauch machen. Es wird oft deutlich, was die Autoren unter Literatur verstehen, da sie in dem Moment, wo sie sich öffentlich und schriftlich äußern, reproduzieren, was sie für stilvoll, essayistisch usw. halten. Der folgende Textanfang läßt z.B. vermuten, daß der Verfasser an die Lektüre der BILD-Zeitung gewöhnt ist:

„Mittags, kurz vor 13 Uhr, der D 2342, aus Frankfurt kommend, läuft in den Hauptbahnhof ein. Der Zug hat zehn Minuten Verspätung. Viele Reisende sind mißmutig, so auch ich. Eilig haste ich von 6b die Treppe hinunter, denn ich müßte um 13 Uhr meinen Spätdienst ... antreten... Am Breslauer Platz trifft mich fast der Schlag: ,Mensch, du hat deine blau-weiße Popeline-Wendejacke im Abteil liegen lassen'."

Die Genauigkeit bei der Angabe von Uhrzeiten und anderen Zahlen, die für die Erzählung eigentlich entbehrlich sind, bedeutet eine starke Analogie zu den Artikeln in BILD. Zur Dramatisierung der Schrecksekunde wird der Form nach der innere Monolog benutzt, der in dieser Form wahrscheinlich nicht stattgefunden hat (Angabe der Farbe und des Materials der Jacke). Außerdem kann man dem kurzen Text auf den ersten Blick entnehmen, daß sein Schreiber es als wesentlichen Bestandteil einer ausgefeilten Erzählung ansieht, in einem Satz möglichst viele Informationen unterzubringen. Dabei spielt die Bedeutung dieser Mitteilungen für den Ablauf der Ereignisse eine untergeordnete Rolle. Als Beispiel für einen dokumentarischen Beitrag kann der folgende Zeitungsartikel (Kölner Stadt Anzeiger, 2.10.1985) angeführt werden.

PANORAMA

Neuer Streit um krebserzeugende Wirkung

Formaldehyd-Liste soll Verbraucher schützen
Die Chemikalie verändert möglicherweise auch das Erbgut

Die Bundesregierung hat zwar im Frühjahr eine Gefahrstoffverordnung verabschiedet und darin auch Grenzwerte für Formaldehyd festgesetzt, doch über die kann man sich unter den EG-Mitgliedsstaaten bisher nicht einigen. Deshalb wurde auch die Experten-Kommission zu Rate gezogen.

Dieses Gremium votierte mit 6:3 Stimmen für die eindeutig krebserzeugende Wirkung von Formaldehyd. Zu den drei Gegenstimmen zählte auch die des in die Kommission entsandten Würzburger Toxikologen Professor Bolt. Basis der Wissenschaftler-Entscheidung seien, so Gerald Vollmer vom Referat Chemikalien des Bundesgesundheitsamtes, die schon 1983 zitierten US-Tierversuche gewesen.

In diesen Tests wurden Ratten einer überhöhten Dosis Formaldehyd ausgesetzt und bei den Versuchstieren sei Nasenkrebs diagnostiziert.

Nach Informationen von Rainer Grießhammer lagen dem Experten-Gremium aber auch zwei neuere Untersuchungen vor, die in jüngster Zeit in Fachzeitschriften veröffentlicht wurden. Es handelt sich zum einen um eine von einem dänischen Forscher erstellte epidemiologische Untersuchung, in der die nasenkrebserzeugende Wirkung von Formaldehyd nachgewiesen wurde. Allerdings ist diese Studie nach Grießhammers Urteil „noch nicht ganz sauber". Bei der zweiten handelte es sich um Zelltests, die noch kein abschließendes Bild erlauben, aber wohl „eher belegen, daß Formaldehyd erbgutverändernde Wirkung hat".

Stoff löst Allergien aus

Das Wissenschaftlerurteil aus Brüssel alarmierte gestern auch die BASF. Der Chemiekonzern betonte, „die Empfehlung beinhalte lediglich, daß Formaldehyd so betrachtet werden sollte, als ob es beim Menschen Krebs verursachen könne". In der Stellungnahme wird — ebenso wie vom Bundesgesundheitsministerium — hervorgehoben, daß sich das Votum auf die US-Rattenversuche stütze. Alle Untersuchungen über Gesundheit oder Todesursachen von Personengruppen, die beruflich mit Formaldehyd zu tun hatten, heißt es weiter, hätten gezeigt, „daß Formaldehyd in Konzentrationen, denen Menschen normalerweise begegnen können, keinen Krebs verursache". Die BASF verweist in diesem Zusammenhang auf „unabhängige Experten" und ausdrücklich auf den Formaldehyd-Bericht der Bundesregierung.

Die jetzt neu entflammte Diskussion läßt indes eine eindeutig geklärte und unumstrittene Wirkung der Chemikalie fast völlig aus dem Blick geraten. „Formaldehyd", so Rainer Grießhammer, „gehört zu den zehn wichtigsten Stoffen, die Allergien auslösen". Deshalb kritisiere er wie die führenden Verbraucherorganisationen die in der bundesdeutschen, noch nicht gültigen Gefahrstoff-Verordnung ausgewiesenen Grenzwerte für Formaldehyd.

Scheinbar sind auch naturwissenschaftliche Befunde Diskussionssache, bzw. eine Frage der Abstimmung. Oder, wie es Dieter Hildebrandt kabarettistisch ausdrückte: „Formaldehyd *kann* bei Menschen Krebs erzeugen — vielleicht *will* es ja gar nicht."

Die ökonomischen Faktoren, die entscheidend wirken, werden in der öffentlichen Diskussion gerne unterschlagen; wo sie zur Sprache kommen, geschieht das meist unfreiwillig.

In Anlehnung an Dahlmüller u. a. (1973) kann zum Problem des Wirklichkeitsbezuges in den Medien und insbesondere im Fernsehen festgestellt werden: Wie undurchschaubar und kompliziert Realität auch sein mag, das Fernsehen greift und präsentiert sie. Diese Handhabung animiert den Zuschauer nicht gerade, die vorgestellten Sachverhalte weiterzuverfolgen.

„In relativ kurzer Zeit ist es dem Fernsehen gelungen, die Buchgläubigkeit, die durch die Erfindung der Drucktechnik ausgelöst wurde, durch eine Bildgläubigkeit zu ersetzen. Was die Fotografie, die Illustrierte, der Film noch unvollendet ließen, hat das Fernsehen nun perfektioniert und übertroffen. Mit Hilfe von Synchronsatelliten kann es ‚live'-Bilder von der anderen Erdhälfte transportieren. Am 21.7.1969 konnte es 1,3 Sekunden nach dem wirklichen Ereignis zeigen, wie der erste Mensch den Mond betrat. So gilt das Fernsehen als das glaubwürdigste Informationsmittel" (Dahlmüller/Hund/Kommer 1973, S. 106).

An dieser Stelle liegt es nahe, noch einmal das Problem der Aktualität zu erwähnen. Das Gezeigte, das als aktuell vorgestellt wird, ist immer auch etwas Vorübergehendes. Es darf vergessen werden, denn morgen tritt etwas anderes an seine Stelle. Die Erfahrung, versteht man sie als das Festhalten eines Ereignisses über einen längeren Zeitraum, macht dem Erleben Platz. Angesichts solcher Beschleunigung scheint es in unseren Tagen unmöglich, einen Zeitraum von wenigen Sekunden (zwischen Schlaf und Erwachen) auf über 200 Seiten zu beschreiben, d.h. besser: zu ergründen, wie es Marcel Proust im 1. Teil der „Suche nach der verlorenen Zeit" getan hat.

2.2. Die Antiquiertheit des Menschen[9]

Der zweite Band von Anders' „Antiquiertheit des Menschen"[10] versteht sich als philosophische Anthropologie im Zeitalter der Technokratie. Technokratie meint die Tatsache, daß die Welt, „in der wir heute leben und die über uns befindet, eine technische ist — was so weit geht, daß wir nicht mehr sagen dürfen, in unserer geschichtlichen Situation gäbe es u.a. auch Technik, vielmehr sagen müssen: In dem ‚Technik' genannten Weltzustand spiele sich nun die Geschichte ab" (S. 9). Diesen zweiten Band betrachtet Anders — ebenso wie seinen ersten — als „Gelegenheitsphilosophie": Ausgangspunkt seiner Überlegungen sind ganz konkrete Einzelphänomene und Erfahrungen des heutigen Lebens („Arbeit am laufenden Band", „Automationsbetriebe", „Sportplätze" u.a.). Da Anders nicht unterstellt, daß diese mehr oder weniger „okkasionell" aufgegriffenen Gegenstände zusammen ein System bilden, beansprucht er auch nicht, daß seine Untersuchungen dieser Gegenstände systematisch seien. Erforderlich sei es, „prognostisch" zu interpretieren, d.h. nicht vom Heutigen auf das Morgige zu schließen, sondern vielmehr im Heutigen das Morgige zu sehen.

Das Portrait, das Anders in seinen gegenüber dem ersten Band enorm radikalisierten philosophischen Ausführungen vom gegenwärtigen Menschen zeichnet, soll nicht nur den heutigen abbilden, sondern auch den Menschen von morgen und übermorgen treffen, also im gewissen Sinne ein „endgültiges Portrait" sein. Dies deshalb, weil das Stadium der Technokratie „endgültig" und „irrevokabel" sei. Dieses Stadium werde eines Tages zum „Zeitende" führen, es könne nicht mehr durch ein anderes abgelöst werden, sondern sei „Endzeit" und werde es bleiben (S. 10).

2.2.1. Die negative Ontologie des industriellen Zeitalters

Zentraler Gegenstand der Anderschen „Gelegenheitsphilosophie" sind die Überlegungen zur „negativen Ontologie" des industriellen Zeitalters, als dessen Ideal der Bestand gilt, der überhaupt „nicht Bestand annimmt" (S. 46) und die sich in dem furiosen Tempo manifestiert, in dem in der kapitalistischen Welt eine Produktkategorie die vorige ablöst. „Das Reproduktionsprinzip der heutigen Industrie besagt nicht nur, daß die im Seelenprozeß erzeugten Produkte hinfällig und vergänglich sind, nicht nur, daß sie wie die Stücke früherer Produktgeneration eines Tages leider an Altersschwäche zugrunde gehen, sondern daß sie an einer höchst eigentümlichen Sterblichkeit kranken, an einer Sterblichkeit, deren Charakterisierung geradezu theologisch klingt: daß sie nämlich sterben sollen, daß sie bestimmt sind zur Vergänglichkeit. Und vorgesehen ist nicht nur ihre Hinfälligkeit, sondern, mindestens ungefähr, auch ihr Fälligkeitstermin, und zwar stets ein möglichst früher" (S. 38). Das Ideal des Industriekapitalismus sei die Produktion am „laufenden Band". Dieses Ideal würde die Industrie dann erzielen, wenn sie die Verbraucher dazu bringen könnte, „ihre Produkte unverzüglich durch Verwendung zu liquidieren. Denn durch diese Liquidierung wäre sie ja gezwungen, sofort Neues zu produzieren und zu verkaufen" (S. 51). Deshalb tendiere die heutige Produktion dazu, ihre Erzeugnisse dem Typus der Konsumprodukte anzugleichen und damit den Zwischenraum, der sich zwischen Produktion und Liquidierung des Produktes erstrecke, so kurz wie möglich zu machen, denn die Zeit, in der das Produkt Eigentum sei, sei für die Produzenten eine tote Zeit. „Das Verhältnis zwischen Konsum und Eigentum ist kompliziert (wenn man will

‚dialektisch'): Eigentümer von Konsumgütern sind wir nur dann, wenn wir sie nicht konsumieren. Qua Konsumierende dagegen nicht" (S. 47). Das Tempo, in dem die Industrie z.B. ihre Saisonmoden wechselt, sei eine „Rachemethode" „eine Maßnahme, durch die sie sich an der Haltbarkeit ihrer Produkte rächt... Die Mode ist die Maßnahme, die die Industrie verwendet, um ihre eigenen Produkte ersatzbedürftig zu machen" (S. 48).

Am Beispiel der Rundfunk- und Fernsehindustrie demonstriert Anders, daß die „Ding- (und Eigentum-)Form ihrer Produkte als unlohnende Zwischenform, das dinghafte Produkt als ein Umweg anzusehen ist" (S. 51), auf die verzichtet werden müsse. Im formal-juristischen Sinne könnten Rundfunk- und Fernsehsendungen zwar als „unser Eigentum klassifiziert", da für ihren Empfang Gebühren entrichtet und sie als bezahlte Waren ins Haus geliefert werden. Diese Klassifikation werde jedoch durch die „Gegenstandslosigkeit" dieser Waren „gegenstandslos" gemacht. Verglichen mit dem Leser, der über einem von ihm bezahlten Buche sitze, sei der Rundfunk- oder Fernsehkunde kein Eigentümer mehr. Vielmehr verzehre er das Gesendete während der Sendung. Der Gegenstand sei ein Konsumgegenstand, der, da er sofort verzehrt werde, die sofortige Nachlieferung einer weiteren Sendung nötig mache (S. 52). Dies gelte auch für die Zeitungen, die ebenfalls durch ihre Benutzung, d.h. durch deren einmalige Lektüre, verbraucht und entwertet würden. Wir werden − paradox ausgedrückt − „Souveräne unserer Passivität: Denn was wir besitzen, ist allein unser Beliefertwerden-Können" (S. 53). Dieses „Alles", was geliefert werde, nehme keine Gegenstands- und Eigentumsform mehr an, es bleibe vielmehr flüssig, oder bleibe überhaupt nicht. „Von einem Akt des Empfangs oder gar von einer bewußten ‚Aufnahme' kann also schon gar nicht mehr die Rede sein. Diese vorgegenständliche Welt-Lieferung muß sehr ernst genommen werden ... sie unterdrückt jede mögliche Aktion" (S. 54).

Anders zieht aus diesen Überlegungen[11] Konsequenzen für den Umgang der Menschen untereinander: „Da wir in einer Welt leben, die ausschließlich aus Dingen besteht, die nicht nur ersetzbar sind, sondern ersetzt werden sollen (in extremen Fällen sogar gierig auf Ersetztwerden auftreten), ist es nicht nur plausibel, sondern einfach unvermeidlich, daß wir einen Umgangstypus ausbilden, der diesen prononciert sterblichen und todeswürdigen Gegenständen angemessen ist; daß wir in Griff, Gang, Sitz und Miene Acht- und Achtungslosigkeit entwickeln. Und nicht nur den Dingen gegenüber. Es scheint mir undenkbar, daß Verhaltensarten, die Produkten gegenüber nicht mehr als Tugenden, umgekehrt sogar als Untugenden gelten, im Verkehr der Menschen miteinander als Tugenden aufrechterhalten werden können. Die Menschheit, die die Welt als ,Wegwerf-Welt' behandelt, behandelt auch sich selbst als ,Wegwerf-Menschheit'" (S. 42).

Die nie abreißende Ablösung der Produktmodelle sei die Geschichte von heute (S. 300). Was unsere Zeit so abenteuerlich mache — resümiert Anders — sei die Tatsache, daß Apparate, „die Kraftwerke, die atomaren Raketen, die Weltraumgeräte, die industriellen Großanlagen, die für deren Herstellung benötigt werden, zusammen unsere alltägliche Welt ausmachen. Millionen leben davon, daß die Produktion dieser Geräte autonom geworden ist; die Ökonomie ganzer Kontinente würde zusammenbrechen, wenn die Erzeugung dieser Objekte plötzlich ein Ende fände — alle diese Tatsachen sind heute ja keine Ausnahme, keine Sensation, die man ... besingen könnte, wie das sensationelle Ereignis, das Goethe besungen hat" (S. 402). Besonders problematisch sei die Tatsache, daß diesen Apparaten (Geräten) die Fähigkeit oder der Wille abgehe, das, was sie sind, auszudrücken, daß sie im extremen Maße „nicht sprechen", daß ihr Aussehen nicht mit ihrem Wesen koinzidiere. Solche Koinzidenz gebe es nicht nur im Bereich der lebendigen Mimik, sondern auch in dem der einfachen Geräte: „den Hämmern, Stühlen, Hosen oder Handschuhen ist es noch anzusehen wozu sie da sind, sie ,sehen aus'. Nichts dagegen zeigen z.B. Kernreaktoren, die genau so harmlos und unscheinbar aussehen wie jede beliebige Fabrikanlage und weder etwas von ihren virtuellen Leistungen noch von den ihnen inhärierenden Drohungen verraten" (S. 35).

Die Menschheit bedroht heute den Fortbestand der Welt nicht deshalb, weil sie von Natur aus oder durch einen Fall „sündig" geworden wäre, sondern deshalb, „weil wir Zauberlehrlinge sind, d.h.: Weil wir mit bestem Gewissen nicht wissen, was wir tun, wenn wir unsere Produkte herstellen — weil wir es uns nicht klar machen, wonach diese, wenn sie erst einmal unseren Händen entglitten sind, verlangen — weil wir es uns nicht vorstellen, daß diese, wenn sie erst einmal funktionieren (und das tun sie bereits durch ihr bloßes Dasein), weiter zu funktionieren wünschen, nein, weiter funktionieren müssen, und daß diese sich automatisch zusammenschließen, um ein Maximum an Macht, und eben auch über uns: ihre Erzeuger, zu gewinnen; und daß sie, wie jedes andere Erzeugnis, wie jede andere Ware, begierig darauf sind, verwendet und verbraucht zu werden, um der Produktion neuer Produkte nicht im Wege zu stehen" (S. 409).

2.2.2. Die Antiquiertheit der Masse, Privatheit, Wirklichkeit, des Konformismus

Massenkommunikation habe sich − so Anders − in drei Phasen vollzogen:
− Die erste Phase bzw. das erste Stadium, das sog. „Theater-Stadium", sei dadurch gekennzeichnet, daß die dargebotenen Unterhaltungen von einer „physisch-massierten" Masse gemeinsam, mindestens zusammen konsumiert werden.
− Charakteristisch für die zweite Phase, das Stadium des Rundfunks und des TV, sei die Kluft zwischen der Massenhaftigkeit der überall identischen Produkte (in zahllosen Reproduktionsexemplaren für Millionen hergestellt) und der Privatheit des Empfangs („solistische Verzehrung"). Der Betrug und die Unwahrhaftigkeit der heutigen Medien bestehe darin, daß sie die Entstehung von wirklicher Masse verhindert haben. Masse sei durch das Attribut „massenhaft" ersetzt worden. „Da die Masse von Individuen, die Le Bon geschildert hatte und die in der Revolution von 1917 noch Wirklichkeit gewesen war, von der (durch die Massenmedien hergestellten) Massenhaftigkeit der Individuen abgelöst worden ist, dürfen wir also von einer ‚Antiquiertheit der Masse' sprechen. Die Revolutionsbilder der Kollwitz sind Dokumente der Vergangenheit. Diese Ersetzung der Masse durch hergestellte Massenhaftigkeit ist das revolutionäre Ereignis unseres Jahrhunderts gewesen. Oder richtiger: das konterrevolutionäre − aber auch der endgültige Sieg der Konterrevolution ist natürlich ein ‚revolutionäres' Ereignis" (S. 87/88). Die Masse sei als Massenhaftigkeit eine Qualität von Millionen einzelnen geworden, nicht mehr deren Zusammenballung (S. 81). Gleichwohl habe jeder Konsument das Gefühl, selbst beliefert zu werden. „In der Tat wird

50

jedem von uns nicht nur seine De-Individualisierung und Massenhaftigkeit persönlich zugestellt, sondern zugleich damit (sofern es sich dabei überhaupt um eine doppelte Konditionierung handelt) die Illusion der Privatheit" (S. 81/82).

— Charakteristikum der dritten Phase sei die Tatsache, daß die Fernsehkonsumenten auch außer Hauses ihre gelernte Mentalität bzw. das Solistentum, das sie erfahren haben, nicht verlieren. Ihnen werde ihre „Zelle" als „Zellenmentalität" anhaften. Kriterium des dritten Stadiums sei also der Rücktransport durch das zweite Stadium, die Tatsache, daß die „Solisten nun ruhig wieder in die Außenwelt entlassen werden dürfen, weil sie, konditioniert durch das zweite Stadium, die Außenwelt als solche gar nicht mehr erkennen und weil sie ihr Solistentum durch diese ihre Heimkehr nicht mehr bedrohen" (S. 82/83). Millionen nehmen ihren Transistor mit ins Grüne, um dort, also „draußen mit der Außenwelt so nahe verbunden zu bleiben, wie sie es zu Hause, in ihrer Küche oder ihrem Badezimmer, gewöhnt sind" (S. 84). So wie die Außenwelt durch die Medien ins Haus gebracht werde, so werde umgekehrt die Zuhause-Mentalität in die Außenwelt mit hinausgenommen. Diese These geht weit über die im ersten Band von Anders formulierten Überlegungen über die Funktion von Massenmedien als Belieferung von Welt hinaus. Gleichzeitig impliziert sie, daß der Unterschied zwischen „privat" und „öffentlich" sich verwischt habe. Die Ursache für diese Verwischung liege — so Anders — in der räumlichen Doppelexistenz, d. h. also in der Möglichkeit, daß die Individuen ihre, für sie zu Hause bereits selbstverständliche „Schizotopie" aufrechterhalten können (S. 85). Der Raum, durch den die Individuen die Medien empfangen, sei mit dem Raum, in dem sie sich effektiv aufhalten, niemals identisch. „Wir sind immer zugleich ‚da' und ‚entrückt'. Obwohl ihren Teppich staubsaugend, steht doch die Hausfrau nicht nur zwischen ihren vier Wänden, sondern, da das Orgelspiel der Papstinthronisierung hereinströmt, zugleich unter der Riesenkuppel von St. Peter" (ebd.). Zum Wesen des heutigen Zuhause gehöre es also, daß es nicht nur ein Raum ist, „sondern außerdem noch einen zweiten enthält. Die diesem schizotopischen ‚Zuhause' entsprechende Schizophrenie, also die ‚räumliche Doppelexistenz', ist uns heute bereits derart geläufig und selbstverständlich, daß wir in Unruhe geraten, wenn wir einmal (durch Aussetzen des Rundfunks) dazu verurteilt

sind, uns in nur einem, eben in ,unserem' Raum aufzuhalten'"
(S. 85/86). Anders hat diesen Zustand „Zuhause sein in der
Öffentlichkeit" deshalb so ausführlich geschildert, weil die bisherige Kulturkritik stets die sog. Deprivatisierung der Privat-
sphäre in den Vordergrund geschoben habe. Damit sei aber
nur eine Dimension betrachtet worden und die andere, nämlich die Tatsache, daß die Sphäre der Öffentlichkeit an Eindeutigkeit eingebüßt habe, vernachlässigt worden. Diese Sphäre
der Öffentlichkeit könne nur als Fortsetzung der privaten
Sphäre, und damit nicht als öffentliche, aufgefaßt werden.
Beide Beschädigungen seien somit Gegenstand der Kulturkritik.
So wie sich das Individuum (obwohl effektiv zu Hause sitzend)
durch die Sendungen immer auch irgendwo anders aufhalte,
so halte es sich doch (wo immer es, in seinem Wagen sitzend,
durch die Fremde rollt) immer auch zu Hause auf (S. 86).
„Wenn der Rundfunk die Verkörperung seiner De-Privatisierung
ist, so ist das Auto die Verkörperung seines immer-zu-Hause-
seins" (ebd.).

In dem Kapitel „Die Antiquiertheit des Konformismus"
konstatiert Anders, Ideologien seien in unserem industriellen
Zeitalter überflüssig geworden, da das Ideologische quasi in die
Produkte- und Gerätewelt selbst eingegangen sei und somit die
Herstellung spezieller meinungsprägender Weltanschauungen
sich erübrige. Das Ziel, das der Zeitgeist im „nach-ideologischen
Zeitalter" sich gesetzt habe, laufe auf die Drosselung von Spon-
taneität, die Löschung von Selbstbewußtsein und die Herstellung absoluter Gewissenlosigkeit hinaus. Je perfekter dieser
Zustand erreicht sei, um so weniger ahnen die Individuen etwas davon, da mit ansteigendem Konformismus ihre Erinnerung an den nicht-konformistischen Menschen immer mehr
verblasse. An die Stelle des bewußten Sich-Gleichschalten (wie
in Diktaturen) trete das Gleichgeschaltet-Werden. Die Führer-
persönlichkeiten, auf die Diktaturen noch angewiesen seien,
seien heute obsolet geworden. „Was die Menschen konform
macht, ist kein ,Wer', sondern ein ,Was': Das sich aus identischen Sirenenstücken zusammensetzende Universum der Geräte
— wobei man unter Geräten nicht nur produzierende Maschinen
im engeren Sinne zu verstehen hat, sondern ebenso alle Belie-
ferungsinstrumente (wie den Rundfunk), sogar alle heutigen
Produkte in ihrem Zusammenspiel. Sie sind die Diktatoren von
heute. Denn jedes Gerät trägt eine bestimmte Anweisung und

einen bestimmten Anspruch in sich. Und aufgrund seines fest-
liegenden Behandlungs- und Verwendungsanspruches hindert
es uns daran, es unsererseits auf unsere Art anzusprechen. Mit
anderen Worten: Wir sind der Möglichkeit beraubt, auf sie individuell zu reagieren oder sie individuell zu verwenden, z.B.
auf ihnen so zu spielen wie auf einem Klavier. Und derartiges
zu versuchen, wäre blanker Unsinn" (S. 204).

Die konformistische Gesellschaft funktioniere reibungslos
und automatisch und könne es sich leisten, auf „kommandie-
rende Stimmen oder terroristisch-kontrollierende Hände eines
Diktators zu verzichten" (S. 205). Die Menschen werden heute
„liefernd überwältigt", ohne daß „Vergewaltiger" und „Verge-
waltigte" sich dessen bewußt seien. „Da es heute nichts gibt,
was man nicht mit bestem Gewissen tun könnte, darf man wohl
behaupten, daß in keinem Zeitalter Herrschaft mit so gutem
Gewissen ausgeübt worden ist wie in unserem" (S. 199).

Die Belieferung des Menschen mit „Welt-Phantomen", die
Anders in seinem ersten Band ausführlich beschrieben hat, wird
ergänzt durch den Vorgang der „Auslieferung des Menschen
an die Welt".

„Die gesellschaftlichen Situationen ‚Begegnen' oder ‚Besuchen' sind in Konsumvorgänge umgewandelt, in Konsumvorgänge, in denen nun jeweils der eine Mensch als der ausgelieferte figuriert, der andere als der belieferte; der eine als Konsum-
mittel, der andere als Konsument. Zu den Gütern, mit denen
wir beliefert werden, gehören nun also auch, und sogar in erster
Linie, unsere Mitmenschen: Wir alle sind nun virtuell die Esser
und die Speise der anderen" (S. 212). Die Menschen geraten dadurch, daß sich Reproduktionen von ihnen in der Verfügungsgewalt anderer befinden, in die Verfügungsgewalt anderer und
seien damit ausgeliefert (privat, geschäftlich oder politisch er-
preßbar).

Gegen den Konformismus hat Anders keine Patentlösung
parat, diese könne auch gegen unseren gesamten heutigen poli-
tisch-gesellschaftlichen Zustand niemand von ihm erwarten. Beantworten könne er dagegen die Frage, worin das Erschreckend-
ste an der „Konformismus" genannten Variante des Totalita-
rismus bestehe. Die Antwort lautet: „In der Tatsache, daß sie
ohne Terror vor sich geht... Terrorlosigkeit beweist, daß die
Mächte von heute es sich leisten können, auf Terror zu verzichten. Und das können sie deshalb, weil eben ihr Rohstoff:

Der Mensch, heute bereits bearbeitet ist; weil wir Opfer unser Opfer, und nicht nur das sacrificium intellectus, sondern das unserer Privatheit und unserer Autonomie, immer schon gebracht haben, ohne dieses als Opfer erkannt zu haben. Kurz: Weil wir Bespitzelte immer schon, noch ehe wir unter aktueller Bespitzelung stehen, Bundesgenossen der Spitzel sind" (S. 241).

Die „Belieferten" und „Geprägten" spüren von ihrem Beliefert- und Geprägtsein nichts mehr. „Die ihnen eingeprägten Ansichten halten sie bedenkenlos für die ihren. Da es nicht nur ihre Ansichten sind, die durch diesen sanften Terror geprägt werden, da vielmehr ihre Seelen als ganze unterliegen, fühlen sie sich tatsächlich frei (und zumeist auch ... glücklich). Kein Wunder, daß sie — darin gipfelt die Unwahrhaftigkeit des Zustandes — die wenigen wirklich Freien, die die Kraft aufbringen, der Prägung Widerstand entgegenzusetzen, bona fide für Saboteure der Freiheit halten, und als solche behandeln" (S. 269). Dieser Konformismus sei „unblutig", weil er uns bereits „verschluckt" habe. Er könne es sich ersparen, überhaupt noch mit dem Aufkommen von Opposition zu rechnen.

In einer Hinsicht allerdings sei der Konformismus nicht unblutig: „Denn was zählt, ist nicht allein, ob sich der Vorgang unserer Gleichschaltung, unseres Gleichgeschaltet-Werdens, auf unblutige oder auf blutige Weise vollzieht, sondern die Zielsetzung, die Drohungen und Risikos, die wir, wenn gleichgeschaltet, als unsere Zielsetzung, unsere Drohungen und unsere Risikos vertreten sollen und effektiv vertreten, blutig oder unblutig sind... Die Verführungsmethoden werden umso unblutiger und humaner sein, je blutiger und entsetzlicher die Ziele oder die Risiken sind, mit denen man uns gleichschaltet" (S. 270).

Zentral für unsere Fragestellung sind Anders' Ausführungen zur „Antiquiertheit der Wirklichkeit, Thesen für ein Symposion über Massenmedien", niedergeschrieben 1960. Die Hauptkategorie, so Anders, das Hauptverhängnis unseres heutigen Daseins heiße: Bild. Unter Bild versteht er jede Darstellung von Welt oder Weltstücken, gleich, ob diese aus Photos, Plakaten, Fernsehbildern oder Film besteht. Die Menschen in unserer heutigen Zeit seien von Bildern umstellt, einem „Dauerregen" von Bildern ausgesetzt. „Früher hatten wir das Bild als Reservat der Kunst verstehen dürfen, aber davon kann heute keine Rede mehr sein, da alles, auch das Wirkliche, sich primär als Bild präsentiert — was ja soweit geht, daß die Welt minus deren Abbildungen heute schon als eine leere Welt erscheinen würde" (S. 250/1). Die Sinnlichkeit der Augen sei der Welt nicht mehr gewachsen, deshalb brauchen die Menschen Modelle, Abbilder der Wirklichkeit. Welche Auswirkungen hat es, daß Bild zur Hauptkategorie unseres Lebens geworden ist?

— *„Wir werden der Erfahrung und der Fähigkeit zur Stellungnahme beraubt"*

„Da wir nur wenig aus unserer Welt in direkter, sinnlicher Anschauung kennenlernen können, sondern nur aus Bildern, begegnet uns gerade das Wichtigste als Schein und Phantom. Nicht als ‚Welt‘, sondern als uns ins Haus gelieferter Konsumgegenstand" (S. 251). Wir sehen nicht das Ereignis (z.B. Atombombenexplosion) selbst, sondern das uns ins Haus gelieferte Bild in Form einer „tanzenden Postkarte". Dieses Bild werde uns in flüssigem Zustand ins Haus geliefert: Es könne unmittelbar geschluckt werden und mache Auseinandersetzungen unmöglich, nämlich überflüssig. Zumeist werde die gewünschte Stellungnahme mitgeliefert.

— *„Wir werden der Fähigkeit beraubt, Realität und Schein zu unterscheiden"*

In den meisten Rundfunk- und Fernsehstücken werde der Schein realistisch präsentiert, nehme die Realität das Aussehen von Schein, das einer bloßen Darbietung an. „Insofern ist die ganze Bebilderung unseres Lebens eine Technik des Illusionismus, weil sie uns die Illusion gibt und geben soll, wir sähen die Wirklichkeit" (S. 252). Der „Spektakulum-Eindruck", den die Wirklichkeit auf dem Fernsehtisch erzeuge, habe „Rückschlagwirkung", er „infiziert nämlich die Wirklichkeit selbst... Nicht nur die Auffassung der Realität durch das Publikum wird ... unernst, sondern die Realität selbst, da sie Rücksicht auf die Bilder zu nehmen hat" (ebd.).

— *„Wir bilden unsere Welt den Bildern der Welt nach – invertierte Imitation"*

Es gebe kein Bild, das nicht, mindestens potentiell, als Vorbild wirke. Wir prägen die Welt nach dem Bilde ihrer Abbildungen: Jeder Jonny küsse heute wie Clark Gable. Damit werde die Wirklichkeit zum Abbild ihrer Abbilder.

— *„Wir werden passivisiert"*

Durch die Dauerbelieferung werden wir in Dauerkonsumenten verwandelt. Im Gegensatz zum Leser, der das Tempo des Lesens noch selbst bestimmen könne, werden wir als pausenloses Seh- und Hör-Publikum gegängelt. Wenn wir eine Fernsehsendung oder Rundfunksendung konsumieren, so haben wir auch das Tempo der Lieferung zu konsumieren. „Der Verkehr des Menschen wird auf Unilateralität gedrillt"(S. 253). Beim Fernsehkonsum seien wir gewöhnt, die Bilder zu sehen, aber nicht von ihnen gesehen zu werden, Personen zu hören, aber von diesen nicht gehört zu werden. Wir gewöhnen uns an ein Dasein, „in dem wir einer Hälfte unseres Menschseins beraubt sind... Wer nur hört, aber nicht spricht und grundsätzlich nicht widersprechen kann, der wird nicht nur passivisiert, sondern eben hörig und unfrei gemacht" (ebd.).

— *„Wir sind sogar der Freiheit beraubt, den Freiheitsverlust zu bemerken"*
Unsere Hörigkeit werde uns als Unterhaltungsware und als Bequemlichkeit ins Haus geliefert.

— *„Wir werden ideologisiert"*
Die Flut von Einzelbildern solle verhindern, daß wir zu einem Weltbild überhaupt kommen und daß wir das Fehlen des Weltbildes überhaupt spüren. Verstehen werde systematisch unterbunden und zwar dadurch, daß man nicht zu wenig, sondern zuviel liefere. Das Überangebot und unentrinnbare Angebot von Bildern ersticke die Möglichkeit, sich ein Bild zu machen. Die zahlreichen Bilder decken den Zusammenhang der Welt zu, „dies um so mehr, als jedes Bild, auch jede nur einige Augenblicke während Wochenschau-Szene, fetzenhaft bleibt, uns also kausalitätsblind macht" (S. 254).

— *„Wir werden maschinell infantilisiert"*
„Wie die Säuglinge an den Mutterbrüsten hängen wir an den nie versiegenden Brüsten der Apparate, denn der gesamte Konsumbedarf und das, was uns als Konsumbedarf aufgezwungen wird, die Welt sowohl wie die sog. ‚Welt der Kunst', wird uns in liquidem Zustand vorgesetzt. Das heißt: Sie wird gar nicht vorgesetzt, sondern so direkt geliefert, daß sie auch sofort gebraucht und verbraucht werden kann; da liquide, ist das Produkt im Konsum schon wieder vorbei, also liquidiert... Wir sind in eine industrielle Oralphase hineinlaviert worden, in der der Kulturbrei glatt hinuntergeht" (ebd.). Diese Art der Zerstörung, der Liquidierung des Gegenstandes, die durch die Verflüssigung, also Liquidierung, vor sich gehe, ist nicht nur für Rundfunk

und Fernsehen, sondern für die gesamte heutige Produktion — wie oben bereits dargelegt — charakteristisch.

— *„Das Gelieferte wird entschärft"*

„Da die Ware von einer möglichst großen Zahl von Konsumenten konsumiert werden soll, muß sie mass appeal haben" (ebd.). Dies gelte selbst für Avantgardistisches, sofern es als Lieferware angeboten werde: Es werde entschärft. Denn durch die Tatsache der Lieferung füge es sich bereits in die Klasse des Anerkannten ein, noch ehe es von dem Publikum erkannt sei. „Der Konformismus stellt heute selbst für das Unkonformistische eine Chance dar. Da dieses gewissermaßen in der gleichen Verpackung ankommt wie die reputierliche oder die Unterhaltungsware zur Rechten oder zur Linken, oder wie die vorgekaut gelieferte Tageswelt, nehmen wir das Unkonformistische nicht in der Attitude der Auseinandersetzung auf, sondern eben als Konsumenten, die schlucken, auch wenn der Geschmack vielleicht etwas bitter oder unidentifizierbar ist" (ebd.).

Bei dieser Belieferung werde kein Unterschied zwischen Fakten und deren Interpretation gemacht. Der Unterschied werde vielmehr verwischt bzw. unterschlagen. „Dieses Prinzip wird tatsächlich strikt durchgeführt. Niemals werden Interpretationen als Interpretationen präsentiert, niemals als Ansichten, sondern stets als Fakten. Modell ist die Bildzeitung" (S. 263). Diese Neutralisierung sei von großer Bedeutung, da sie den totalitären Charakter dieses Mechanismus enthülle. „Er ist totalitär, weil, wo (Fakten genannte) Entscheidungen oder Ereignisse von vornherein in einer bestimmten Farbe geliefert werden, die überall gleiche Interpretation durchgesetzt und verbürgt ist. Weil dann der Gedanke, daß es sich um eine Interpretation handele, oder daß andere Interpretationen überhaupt möglich werden, nein, daß es überhaupt so etwas gäbe wie Interpretation, von niemandem mehr gedacht werden kann" (S. 264).

Die Identität von Faktum und Interpretation sei nichts anderes als das „Fertigwarenprinzip, angewandt auf die Lieferung von ‚Geistigem', von Meinungen bzw. Urteilen" (S. 266). Dieser Sachverhalt gelte für westliche und östliche Regimes gleichermaßen.

Als Quintessenz seiner Analyse der Modellierung des Konsumverhaltens der Rezipienten von Massenmedien konstatiert Anders: „Sklavisch, genau so sklavisch wie ihren Job, absolvieren sie ihren Genuß. Wozu sie täglich vor ihrem TV-Schirm sitzen, was aus ihnen wird durch den täglichen TV-Konsum — denn durch diesen werden sie natürlich umgeformt, also zu Produkten gemacht, und zwar zu unüberbietbar trivialen — all das interessiert sie nicht nur nicht, all das bleibt ihnen genau so unbekannt wie die Bewandtnis ihrer Arbeitsprodukte" (S. 375). Aus einer Sinnlosigkeit (der der Arbeit) wechseln wir über in eine zweite (die der Muße). Der Sinn der Muße bestehe darin, „Erholung von der ersten Sinnlosigkeit zu bieten" (ebd.). Diese Erholung sei sogar unentbehrlich geworden: „Ohne ihren täglich stundenlangen TV-Konsum können, wie Statistiker gezeigt haben, mehr als 75 Prozent unserer Zeitgenossen nicht mehr leben, da sie nicht wissen, was sie ‚mit sich anfangen‘ sollen. Es ist keine Übertreibung, von ‚Zwangsmuße‘ analog zur Zwangsarbeit zu reden" (ebd.). Dem angeblich heiligen Recht auf den Arbeitsplatz entspreche das heilige Recht auf den Fernsehplatz.

3. Kunst im Zeitalter technischer Reproduktion

Obwohl auch W. Benjamin[12] der Kritischen Theorie zuzurechnen ist, weicht seine historisch-dialektische Medientheorie,
die er im faschismusbedrohten Europa (1936) entwickelte, in
entscheidenden Punkten von den bisher referierten Theorien
ab. Die Besonderheit seines Ansatzes läßt sich anhand eines
Vergleichs mit der Kulturindustrie-Analyse Horkheimers und
Adornos deutlich machen. Wie seine Kollegen vom Institut für
Sozialforschung reflektiert Benjamin die Massenmedien unter
dem Gesichtspunkt, welche Veränderungen diese bei der traditionellen bürgerlichen Kunst (Kultur) bewirken. Er stößt
hierdurch zum Teil auf ähnliche Kategorien wie Horkheimer
und Adorno. Allerdings beurteilt er die Entwicklung gänzlich
entgegengesetzt. Während jene voll pessimistischer Resignation über die gesellschaftliche, kulturelle Zukunft sprechen,
stellt Benjamin optimistischere Prognosen. Dieses Urteil muß
auf dem Hintergrund revolutionärer Hoffnung auf Westeuropa
und der Erfahrung der progressiven Rolle, die der Film während der russischen Revolution spielte, gesehen werden.
   Benjamins Interesse gilt der − verspäteten − Umwälzung
des kulturellen Überbaus unter dem Druck der Weiterentwicklung der kapitalistischen Produktionsbedingungen. Er sucht
prognostisch brauchbare „Thesen über die Entwicklungstendenzen der Kunst unter den gegenwärtigen Produktionsbedingungen" (*Kunstwerk*, S. 10). Die von ihm eingeführten
Kategorien sollen sich − und dieser angestrebte Praxisbezug
verdient Beachtung − als brauchbar „zur Formulierung revolutionärer Forderungen in der Kunstpolitik" erweisen (*Kunstwerk*, S. 11).
   Den Anknüpfungspunkt der Analyse bildet die Entwicklung der gesellschaftlichen Produktivkräfte, die die kulturellen
(künstlerischen) Erzeugnisse zunehmend technisch reproduzierbar macht (*Kunstwerk*, S. 11). Ihren vorläufigen Höhepunkt findet die Entwicklung darin, daß die Reproduktion
von „Wirklichkeit" sich, wie im Tonfilm der Fall, „einen eigenen Platz unter den künstlerischen Verfahrensweisen erobert" (*Kunstwerk*, S. 13).
   Die wesentliche Rückwirkung der technischen Reprodu-

zierbarkeit des Kunstwerks oder eines technischen Kunstverfahrens wie des Films auf die traditionelle Kunst faßt Benjamin unter die Kategorie „Verlust der Aura", Verlust des „Hier und Jetzt des Kunstwerks" (*Kunstwerk*, S. 13). „Man kann, was hier auffällt, im Begriff der Aura zusammenfassen und sagen: was im Zeitalter der technischen Reproduzierbarkeit des Kunstwerks verkümmert, das ist seine Aura. Der Vorgang ist symptomatisch; seine Bedeutung weist über den Bereich der Kunst hinaus. Die Reproduktionstechnik, so ließe sich allgemein formulieren, löst das Reproduzierte aus dem Bereich der Tradition ab. Indem sie die Reproduktion vervielfältigt, setzt sie an die Stelle seines einmaligen Vorkommens sein massenweises. Und indem sie der Reproduktion erlaubt, dem Aufnehmenden in seiner jeweiligen Situation entgegenzukommen, aktualisiert sie das Reproduzierte. Diese beiden Prozesse führen zu einer gewaltigen Erschütterung des Tradierten — einer Erschütterung der Tradition, die die Kehrseite der gegenwärtigen Krise und Erneuerung der Menschheit ist. Sie stehen im engsten Zusammenhang mit den Massenbewegungen unserer Tage" (*Kunstwerk*, S. 16).

Die Aura des traditionellen Kunstwerks ist eng mit dessen Beziehung auf konservative gesellschaftliche Praxis verbunden. „Die ursprüngliche Art der Einbettung des Kunstwerks in den Traditionszusammenhang fand ihren Ausdruck im Kult. Die ältesten Kunstwerke sind, wie wir wissen, im Dienst eines Rituals entstanden, zuerst eines magischen, dann eines religiösen. Es ist nun von entscheidender Bedeutung, daß diese auratische Daseinsweise des Kunstwerks niemals durchaus von seiner Ritualfunktion sich löst. Mit anderen Worten: Der einzigartige Wert des echten Kunstwerks hat seine Fundierung im Ritual, in dem es seinen originären und ersten Gebrauchswert hatte. Diese mag so vermittelt sein wie sie will, sie ist auch noch in den profansten Formen des Schönheitsdienstes als säkularisiertes Ritual erkennbar" (*Kunstwerk*, S. 19 f.). Diese Funktion von Kunst ändert sich mit dem Aufkommen „revolutionärer Reproduktionsmittel" grundlegend. „An die Stelle ihrer Fundierung aufs Ritual tritt ihre Fundierung auf eine andere Praxis: nämlich ihre Fundierung auf Politik" (*Kunstwerk*, S. 21).

Die radikale Veränderung des gesellschaftlichen Stellenwerts wird von Benjamin anhand der Verschiebung des Rezeptionsschwerpunkts von Kunst – weg vom Kulturwert, hin zum Ausstellungswert des Werks – demonstriert (*Kunstwerk*, S. 21 ff.). Dadurch verändert sich das Verhältnis des Massenpublikums zur Kunst. Benjamin notiert folgende Kennzeichen als wesentlich:

– Den technischen Gesetzen der Reproduktion zufolge wohnt jeder den Leistungen dieser Gesetze „als halber Fachmann" bei (*Kunstwerk*, S. 32);

– „die Unterscheidung zwischen Autor und Publikum verliert ihren grundsätzlichen Charakter" (*Kunstwerk*, S. 33); d. h. die Rollen sind, den technischen Möglichkeiten nach, austauschbar;

– anders als bei der alten Kunst besteht bei der technisch-reproduzierten die historische Möglichkeit, daß das Massenpublikum sich progressiv verhält (*Kunstwerk*, S. 37) und zur selbstorganisierten, kritisch examinierenden Rezeption findet (*Kunstwerk*, S. 39; 47 f.);

– die Reproduktionskunst sprengt die Grenzen zwischen Amüsement und Fachleistung (*Kunstwerk*, S. 37) sowie zwischen Kunst und Wissenschaft (*Kunstwerk*, S. 40) und provoziert hierdurch massenhafte Umweltanalyse.

Der möglicherweise revolutionären Rolle, die die Entwicklung der Produktivkräfte dem kulturellen Überbau zuweist, steht in der kapitalistischen, auf der Basis des Privateigentums organisierten Gesellschaft die massive Fesselung dieser progressiven historischen Kraft gegenüber. Benjamin geht auf diese Fesselung an zwei Stellen der Analyse ein. Der kapitalistischen Ausbeutung des Films schreibt er es zu, daß den Massen – anders als in der revolutionären SU – der legitime Anspruch auf Reproduziertwerden, also die Teilnahme an der Kunst als Darsteller, verweigert wird (*Kunstwerk*, S. 34). Umfassender noch biegt der Faschismus das Politisierungspotential der neuen Kunst um. Statt die Massen für den Kampf um eine neue, humane Gesellschaft durch die Medien zu mobilisieren, sucht der Faschismus den Kulturwert der Kunst im Dienste der Herrschaft (Führer) und der Mobilisierung von Vernichtungspotential (Krieg) zu kultivieren. „Der Faschismus läuft folgerecht auf eine Ästhetisierung des politischen Lebens hinaus. Der Vergewaltigung der Massen, die er im Kult eines Führers zu Boden zwingt, entspricht die Vergewaltigung einer Apparatur, die er der Herstellung von Kultwerten dienstbar macht" (*Kunstwerk*, S. 48 f.).

Als eine Bereicherung der bisherigen Überlegungen zum Thema des Einflusses der Medien kann insbesondere die Unterscheidung von Anschauung und Denken angesehen werden. Diese beiden Bereiche werden als gleichermaßen von veränderten Produktionsbedingungen betroffen vorgestellt. Benjamin formuliert, der „Sinn fürs Gleichartige" sei gewachsen (S. 19). Das heißt, das Wiedererkennen und Zuordnen nach Quizmanier tritt an die Stelle der Reflexion von Problemzusammenhängen. Für die „Anschauung" läßt sich mühelos ein Beispiel aus dem kulturellen Bereich nennen: Klassische Werke wie die Nofretete-Büste oder Tut-Ench-Amuns Goldmaske werden als solche identifiziert, ob sie nun einen Buchumschlag zieren oder auf einer Postkarte abgebildet sind. Die Anschauung im Sinne von gründlichem Hinsehen, um ein Werk genauer kennenzulernen, d.h. über seine oberflächliche Erscheinung hinaus zu verstehen, entfällt, da das bloße Wiedererkennen bereits hinreichende Bildung signalisiert. Für das Denken gilt bei diesem Beispiel, auf die Möglichkeit einer genaueren Bestimmung zu verzichten, also nicht zu reflektieren, welche Implikationen (wie Kulturraub etc.) dem Werk anhaften.

Ein weiterer Aspekt, der aus Benjamins Text herausgehoben werden soll, ist der Appell an den Wunsch, einen Gegenstand zu besitzen, der von den Reproduktionen (man denke an wohlfeile Kunstdrucke) ausgeht. Besonders Kunstwerke verlangen nicht mehr eine intensive Betrachtung, wenn man sie sich einprägen möchte. Sie sind nun als Drucke gleich mit nach Hause zu nehmen. So kann die Betrachtung auf später verschoben werden, entfällt aber wahrscheinlich in den meisten Fällen ganz, wenn das Werk in seiner reproduzierten Form dauernd zugegen ist. Daß hier die innersten Schichten der Wahrnehmung betroffen sind, ist offensichtlich.

Die kunstdestruktive Funktion der technischen Reproduzierbarkeit und der nicht-auratischen Rezeptionsform erläutert Benjamin am Verhältnis von Presse und Dichtung. Einerseits habe die Zeitungstechnologie die Wirkung, bestehende Formen der Geschichtsüberlieferung und -erfahrung außer Kraft zu setzen, den Stoff in beziehungslose Fragmente zu zersplittern und das Sprachvermögen zu korrumpieren; andererseits sei sie zugleich ein Medium, das die Literarisierung der Lebensbereiche ermögliche, das Verhältnis von Produktionsprozeß und Kultur verändere und eine Verwandlung der

Lesenden in Schreibende nahelege. Sie biete die Voraussetzung einer Umschmelzung und Umfunktionierung überkommener literarischer Gattungen (Lindner 1978, S. 198). Das Innovationspotential der Reproduktionsmedien begründet Benjamin damit, daß z. B. durch den Film das Kunstwerk sich als ein „Gebilde mit ganz neuen Funktionen" (Benjamin 1972, Bd. 1, S. 444) abzuzeichnen beginne. Darin liege gerade die Chance, Kunst „durch ihre innigsten Verbindungen mit didaktischen, informatorischen, politischen Elementen ... aus dem Verfallsprozeß, in dem sie sich offenbar befindet, zu retten" (S. 149). Nicht der Schrift-, sondern der Photographieunkundige ist − so Benjamin − der Analphabet der Zukunft. Dies verlange, daß die „Beschriftung zum wesentlichsten Bestandteil der Aufnahme" (Bd. 2, S. 385) werde. Beschriftung, die Verknüpfung von Abgebildetem und Formuliertem oder die Montageverknüpfung von Bildsequenzen, ist die Funktionsbestimmung für Gebrauchssituationen (Lindner 1978, S. 198). Als „kathartische" Seite der Traditionsliquidierung läßt sich „die Neubeschriftung der überkommenen Werke durch die Massen als eine Konsequenz der Reproduktionsthesen postulieren" (ebd., S. 198).

Bei einer kritischen Würdigung des Benjaminschen Ansatzes ist noch einmal die Bedeutung des Verlustes der Aura und des damit anwachsenden Ausstellungswertes von Kustwerken hervorzuheben. War die auratische Daseinsweise durch „esoterische Zugänglichkeit", „lokalhistorische Individualität" (Dubiel 1982, S. 474) gekennzeichnet, zerfallen diese Merkmale mit der technologischen Revolution der Reproduktionstechniken im 19. Jahrhundert. „Durch die technologisch induzierte Emanzipation des Kunstwerks von einem (säkularisiert verstandenen) Kult wächst der Ausstellungswert des Kunstwerkes. Spätestens seit den Medien der Fotografie und des Films (und zumal − was Benjamin so noch nicht sehen konnte − seit der elektronischen Revolution der Reproduktionsmedien wie Fernsehen, HiFi-Technik etc.) sind esoterische Zugänglichkeit, lokalhistorische Individualität und situative Authentizität keine Kriterien mehr für die Produktion und Rezeption von Kunstwerken" (Dubiel 1982, S. 475). Durch den „explosiv gewachsenen Ausstellungswert" ist Kunst − so Dubiel − „potentieller Gegenstand esoterischer Massenerfahrung" geworden. „Somit verschiebt sich die traditionelle Fundierung von Kunst auf kontemplativ-kultische Erfahrungsformen in Richtung auf eine, nur noch als politisch zu qualifizierende Massenerfahrung" (S. 475). Inspiriert von Brecht geht Benjamin davon aus, daß die durch die „Revolutionierung der Reproduktionstechniken bewirkte politische Öffnung von Kunst auch emanzipatorische Folgen haben könnte — im Sinne einer progressiven Erfahrungsorganisation der proletarischen Massen" (ebd.).

Benjamins These vom Verfall der Aura infolge der Reproduzierbarkeit von Kunstwerken muß — so Ch. Wulf in einer Diskussion über „Tendenzen der Kulturgesellschaft" — heute ergänzt werden. „Die Inszenierung von Kultur zielt wieder auf eine vom ‚neuen Kulturvolk' erlebte Aura, eine ‚einmalige Erscheinung einer Ferne, so nah sie sein mag'" (S. 58). Allerdings müsse man heute eher von einer „Simulation der Aura" durch die Kulturpolitik und die Kulturproduktion sprechen. Charakteristisch für unsere „Kulturgesellschaft" ist — so Knödler-Bunte — das Phänomen, daß die „Aura von den Objekten verschwindet und in das Erleben hinüberwechselt" (Diskussionsbeitrag in: Ästhetik und Kommunikation, 67/68—1987, S. 61). Auf den Zerfall der Aura antworten Kulturpolitik und Kulturproduktion mit einer „Reauratisierung" von Mitteln und Orten, „in denen die profan gewordene Gegenstände gezeigt werden. Damit treten die Ausstellungen immer mehr jenen Künsten zur Seite, die den Gegenpol eines Ausstellungsrealismus markieren: Theater, Oper, Film" (S. 63).

Benjamins „ambivalente" Verhältnisbestimmung von Kunst und Politik wurde von Horkheimer/Adorno bzw. besonders von Adorno in Frage gestellt; für beide sind die neuen Technologien vom Kapitalismus bereitgestellte Instrumente der ideologischen Verschleierung und der Klassenherrschaft (vgl. *Kulturindustrie*), für Adorno (1938) dienen sie der „propagandaförmigen" und „kulturindustriellen Disziplinierung" des Massenbewußtseins und führen zu einer „Durchkapitalisierung der Kultursphäre".

Benjamins zentrale These, daß eine von ihren „auratischen Bindungen emanzipierte Kunst jene progressiven Erfahrungschancen sozusagen vergesellschaftet, die in der liberalen Phase noch in der esoterischen Verfügung des Bildungsbürgertums eingekapselt waren" (Dubiel 1982, S. 476), steht Punkt für Punkt der Adornoschen entgegen: Die von Adorno (ausschließlich im Bereich der Musik) angesiedelten Beispiele von Massenkunst sind ihm Indikatoren einer ganz und gar „passiven Bewußtseinsverfassung der Massen in der monopolistischen Ära" (Adorno 1938, S. 231). Was Benjamin optimistisch als Schwund „esoterischer Verfügung" hochstilisiert, ist für Adorno „die Verdrängung vorkapitalistischer Reste im Produktions- und Rezeptionsprozeß kultureller Güter" (Dubiel 1982, S. 476/7).

Das aufklärerische Mandat ist für Adorno, im Gegensatz zu Benjamin, nur noch an jene Kunstwerke geknüpft, „die sich durch ihre esoterische Form dem Sog massenkultureller Ideologie verweigern" (ebd.). Zu fragen ist allerdings, ob die Kulturindustrie den Massen nicht auch die autonome, ernste Kunst nahebrachte. Hatte Benjamin gänzlich unrecht mit seiner Hoffnung, im Zeitalter der technischen Reproduzierbarkeit der Kunstwerke werde ein „nüchternes, aber eben heilsam nüchternes Verhältnis der Massen zur Kunst möglich? War es nicht besser, jemand hörte im Radio eine Star-Interpretation von Beethovens Neunter, als daß er überhaupt keine ernste Musik zu hören bekam?" (Wiggershaus 1987, S. 87). Das Problem der Ausgrenzung der Massen und ihr Unverständnis gegenüber (höherer) Kunst und (ernster) Musik kann „weder durch die elitäre Rechtfertigung der Exklusivität noch durch massenmediale Popularisierung der Kunstwerke beseitigt werden. Demokratisch allein wäre es, um mit Bert Brecht zu sprechen, ,den kleinen Kreis der Kenner zu einem großen Kreis der Kenner zu machen'" (Parmentier 1988, S. 73). Kenner sein bedeute, so Parmentier, die „richtige Distanz zum Werk" einnehmen zu können. „Überragt ein Werk das Rezeptionsniveau des Betrachters über eine bestimmte Schwelle hinaus, dann wird die Distanz zu groß. Der Betrachter hat keine Chance mehr. Er steht ratlos vor einem Wirrwarr von Farben und Klängen ohne Sinn und Zweck und geht deshalb früher oder später desinteressiert von dannen. Kommt das Werk jedoch über eine bestimmte Schwelle dem Rezeptionsniveau des Betrachters zu nahe, dann wird die Distanz zu klein. Der Betrachter fühlt sich bestätigt. Er klassifiziert und ordnet ein und wendet sich dann ebenfalls aus Desinteresse ab" (ebd.). Die Stimme des Kunstwerkes zu vernehmen und seine Sprache zu verstehen, hänge vom „kulturellen Kapital" (Bourdieu 1982) des Betrachters bzw. Hörers sowie von der Art des Werkes, seinem Formniveau, seiner Gattungszugehörigkeit, seinem historischen Ort ab (Parmentier 1988, S. 73).

Lindner (1978²) hat pointiert die „epistemologische Grenze" der Position einer Autonomie der Kunst herausgearbeitet: „Kunst bleibt der philosophischen Erkenntnis gesellschaftlicher Totalität verpflichtet, auch wenn sie diese Funktion nicht ‚realistisch' sondern qua Negation erfüllt und das Nichtidentische rettet. Gegenüber der Wirkungs- und Funktionsgeschichte, gegenüber den sozialen Vermittlungsbereichen und ihren sozialen Trägerschichten, gegenüber den neuen Reproduktionsmedien bleibt diese Position letztlich gleichgültig" (S. 210).

4. Film und Wirklichkeit

Umfassender als die hier referierten Exponenten der Kritischen Theorie wendet sich S. Kracauer den Randzonen der „Hochkultur" und den Medien der populären Kunst zu: Kino, Straßen, Sport, Operette, Revue, Reklame, Zirkus (vgl. Kracauer 1977). Im Gegensatz zu Horkheimer/Adorno, aber durchaus in Analogie zu Benjamin, zu dem er während seines Pariser Exils engen Kontakt hatte (1933 ging Kracauer nach Paris), favorisiert er gegen die kulturpessimistischen Bedenken den Geschmack der Massen, deren „ästhetisches Gefallen" − so K. Witte in seinem Nachwort zu Kracauers „Ornament der Masse" (1977) − an den „ornamentalen Massenbewegungen dadurch legitimiert sei, daß sie einen höheren Grad an Realität als die Kunst einschlössen" (ebd., S. 343). Der Realismus in der Kunst habe sich an der Realität außerhalb des ästhetischen Bereichs zu bewähren. Das nicht durch Kunst „depravierte Massenornament" erhalte seine Legitimität dadurch, daß „vom ästhetischen Ausdruck der Masse der Ausdruck ihrer politischen Legitimität nicht abzuspalten ist" (ebd.). In seinem Werk „Theorie des Films. Die Errettung der äußeren Wirklichkeit" (1960) wird dieser Realitätsbegriff universalistisch ausformuliert. Kracauer bemüht sich hier, die „Grundeigenschaften" des Mediums Film zu beschreiben. Er geht den Analogien zur Fotografie nach[13] und grenzt den Film gegen traditionelle Kunstwerke ab. Im Vergleich zu letzteren seien die Eigentümlichkeiten des Films wie auch der Fotografie „hinreichend spezifisch", um sie zu bestimmen und sie zum Ausgangspunkt ästhetischer Analyse zu machen (S. 37/38). Demzufolge muß ein Film den spezifischen Eigenschaften des Mediums gehorchen. Diese Voraussetzung bezeichnet Kracauer als „ästhetisches Grundprinzip". Es bildet denn auch die Grundlage und den zentralen Orientierungspunkt für die Bewertung einzelner Filme. Die Verdienste, die Kracauer sich mit der detaillierten Analyse filmischer Eigenschaften erwirbt, können an dieser Stelle nicht hinreichend gewürdigt werden. Dem hier geplanten Überblick über verschiedene Zugangsweisen zu neuen Medien wäre es nicht dienlich, Kracauers Detailanalysen zu folgen. Eine Zusammenfassung der Ergebnisse, wie sie im folgenden vorgenommen wird, würde von Kracauer selbst wahrscheinlich kritisiert werden, weist er doch in seinem Epilog darauf hin, daß es gerade darum gehe, Phänomene „von innen her" kennenzulernen, anstatt sie, wie es dem Zeitgeist entspricht, vergleichend einander gegenüberzustellen. Damit wäre das Grundanliegen seines Werkes genannt: Kracauer will sich der Qualität eines Phänomens unserer Zeit nähern, dem Film. Dies geschieht nicht auf dem Wege einer möglichst vollständigen Auflistung technischer Eigenschaften des Mediums. Diese interessieren den Autor nur, wenn sie das Wesen des Films betreffen, „wie es sich in seinen Grundeigenschaften kundgibt" (S. 56). Denn es gibt durchaus auch Filme, „die sämtliche technischen Hilfsmittel ... virtuos zu einer Darbietung verwenden, die der Kamera-Realität keinerlei Rechnung trägt" (S. 56).

Damit wäre die zentrale Kategorie genannt, an die viele spezielle Probleme gebunden werden. Was mit „Kamera-Realität" gemeint ist, deutet der Untertitel des Buches an: „Die Errettung der äußeren Wirklichkeit". Mag es zunächst den Eindruck machen, als sei eine einfache Verdoppelung der Realität/des Sichtbaren gemeint, so versäumt Kracauer es nicht, darauf hinzuweisen, daß es eine solche nicht gibt. Er trägt damit erkenntnistheoretischen Problemen Rechnung, wenngleich sie nicht sein zentrales Anliegen zu sein scheinen: „H. Taines Bestreben, die Objekte so zu reproduzieren, wie sie sind, gehört der Vergangenheit an. Die Realisten von heute haben gelernt oder wieder gelernt, daß die Realität so ist, wie wir sie sehen" (S. 31).

„Fotografen kopieren die Natur nicht bloß, sondern verwandeln sie allein schon durch die Übersetzung in Eindimensionalität" (S. 40). Des weiteren bedingen Wahrnehmungsgewohnheiten, Eindrücke der anderen Sinne, Erinnerungen usw. die Aufnahmen, die ein Fotograf macht. Es findet immer eine Strukturierung statt.

Damit kündigt sich hier bereits ein weiteres Problem an, das nicht allein die Wahrnehmung betrifft, sondern die Formgebung. Es wird weiter unten noch eine Rolle spielen. Der Begriff Kamera-Realität erfährt eine weitere Präzisierung, wenn Kracauer ihn nicht als Verdichtung von Realität (eine Forderung vieler Realisten) ansieht, sondern ihre rein registrierenden Qualitäten betont (S. 62). „Die oberste Tugend besteht darin, den Voyeur zu spielen" (S. 74).

Im Gegensatz zu Fotografien, die Fixierungen sind, die dem Leben fremd sind, bedeutet der Film natürlich eine Erweiterung um die Dimension der Bewegung, welche mit Lebensnähe gleichgesetzt wird. Ein Kameramann Lumières:

„Ein Film ist die Dynamik des Lebens, der Natur und ihrer Manifestationen... Alles, was sich durch Bewegung kundgibt, ist ihm verwandt und zugehörig. Das Objektiv der Kamera öffnet sich auf die Welt" (S. 59).

„Nur die Rückkehr zur Welt des Films und der ihr innewohnenden Bewegung ermöglicht Exkursionen in den Strudel des Reglosen. Beim Anblick starrer Posen ... kann der Zuschauer nicht umhin, Reglosigkeit mit Leblosigkeit zu identifizieren" (S. 75).

Was die Wirkung auf den Zuschauer angeht, soll in dieser Hinsicht Kracauers Intention gefolgt werden, mit kritischen Hinweisen auf die Rezeption sparsam umzugehen und nicht die Kategorie der Wirkung mit dem Wesen des Films allzusehr zu vermengen. Ganz auszuschließen ist das natürlich nicht, da nur aus der Perspektive des Rezipienten berichtet wird. Es läßt sich zunächst festhalten, daß Kamera-Realität Lebensnähe bedeutet. Eine Grundeigenschaft des Films ist damit, Kracauer zufolge, die realistische Tendenz. Zu dieser spiegelbildlichen Funktion kommt eine enthüllende: „Wir schauen Fotos an in der Hoffnung, etwas Neues und Unerwartetes in ihnen zu finden" (S. 48).

In dieser Hinsicht ist der Film den Naturwissenschaften vergleichbar: „Wie sie zerlegt er materielle Phänomene in winzige Partikel und macht uns dadurch für die ungeheuren, in den mikroskopischen Konfigurationen der Materie aufgestauten Kräfte empfänglich" (S. 82). (Für Nahaufnahmen, Luftaufnahmen etc. gilt dasselbe. Auch sie entspringen dem Wunsch, Zusammenhänge zu erkennen.)

Nach J. Epstein handelt es sich beim Film mit all seinen technischen Möglichkeiten wie Zeitlupe, Nahaufnahme etc. um ein „aus einer bestimmten Perspektive gesehenes Portrait der Welt, in der wir leben" (S. 86). Kracauer weist an dieser Stelle darauf hin, daß eine Analogie zum modernen Roman besteht (auch kreisen viele seiner Überlegungen um ein Zitat Marcel Prousts): „Auf wahrhaft filmische Art vergrößert ‚Proust‘ kleinste Elemente der Realität ins Riesenhafte, als sei er vom Wunsche getrieben, sie als die Quelle und den Sitz der explosiven Kräfte zu identifizieren, die das Leben zum Leben erwecken" (S. 82).

Lebensnähe als Kennzeichen von Kamera-Realität ist also nicht allein als optisches Phänomen der Bewegung anzusehen, sondern auch charakterisiert durch Endlosigkeit und Unergründlichkeit. Kracauer geht so weit, das Medium selbst als mit diesen Merkmalen ausgestattet zu beschreiben. Wie die Natur selbst, so meint er, haben fotografische Darstellungen eine Tendenz zum Diffusen und Unorganisierten (S. 46/47), sind sozusagen Ausschnitte aus der Realität, die sich außerhalb ihrer unendlich in Raum und Zeit fortsetzt. Um diesen Gedanken zu verdeutlichen, vergleicht er Gemälde und Foto. Ein gemaltes Bild habe seiner Meinung nach einen relativ festlegbaren Sinn, da es aus ,,deutbaren menschlichen Intentionen hervorgeht. Die Gehalte sind also im Prinzip ermittelbar" (S. 48).

Wir befinden uns damit gewissermaßen auf der Herstellerseite und bei dem schon angedeuteten Zwiespalt zwischen gestalterischem Willen und der ,,Übermittlung von Rohmaterial". Die Wirklichkeitstreue ist gewissermaßen die Richtschnur, der sich die Einzelelemente eines Films, der ästhetische Gültigkeit beansprucht, unterzuordnen haben. Aus diesem Grunde ist der Filmregisseur, anders als der Dichter oder Maler, von der Natur/Realität abhängig, deren Wiedergabe das oberste Ziel des Films sein soll. Daraus resultiert Kracauers Vorwurf an moderne Experimentalfotografen, die der Komposition den Vorzug vor der Dokumentation geben. Der Fotograf und der Regisseur müsse den Wunsch, innere Bilder herauszustellen, mit dem Wunsch, die äußeren Formen zu registrieren, versöhnen (S. 43).

Von fotografischer Qualität ist zu sprechen, ,,wenn die Bilder erkennen lassen, daß der Fotograf sich an den Text der Natur gehalten hat. Sie verlieren die Qualität aber, wenn der Eindruck vorherrscht, daß die Funde des Fotografen nur noch widerspiegeln, was er virtuell schon gefunden hatte; dann erkundet er die Natur nicht mehr, sondern benutzt sie zu einer pseudo-realistischen Darstellung seiner eigenen Vision" (S. 44).

Der Fotograf soll ein ,,fantasiebegabter Leser" der Natur sein. Kracauer wendet sich bei der ästhetischen Bewertung filmischer Produkte vor allem dagegen, die Maßstäbe traditioneller Kunstwerke anzulegen.

70

„Durchkomponierte Spielfilme, die der Gestaltung bedeutungsvoller Themen und Ideen gewidmet sind, werden gern als Kunstwerke klassifiziert. Das gilt besonders für eine Anzahl von Verfilmungen hervorragender Theaterstücke. Aber ein solcher Gebrauch des Begriffs Kunst ist irreführend. Es ist eben nicht so, daß künstlerische Qualitäten denjenigen Filmen zuerkannt werden müssen, welche die reproduzierenden Verpflichtungen des Mediums vernachlässigen, um mit Leistungen im Bereich der Literatur etc. zu wetteifern. Dieser Sprachgebrauch führt dazu, den ästhetischen Wert von Filmen zu verdunkeln, die dem Medium wirklich entsprechen. Man wird z.B. Mühe haben, das hohe Maß an künstlerischer Produktivität gebührend zu würdigen, die in manchen Dokumentarfilm eingeht, der materielle Probleme um ihrer selbst willen festhält... Wie jeder sensitive Fotograf gleichen ihre Schöpfer dem fantasiebegabten Leser oder wißbegierigen Entdecker; und ihre Lesarten und Funde gehen aus der vollen Versenkung ins gegebene Material und seiner durchdachten Auswahl hervor... Solche Filme sollen uns also Realität erfahren lassen. Dennoch sind sie es und nicht die an traditionelle Kunstwerke erinnernden Filme, die ästhetisch gültig sind" (S. 68/69).

Mehr am Rande wird erwähnt, daß z.B. Reportagen und Wochenschauen, die sich in einem hohen Maße der sichtbaren Welt verpflichten, damit nur der ästhetischen Mindestanforderung genügen. Welche Faktoren dazu beitragen, aus einem Film ein Kustwerk zu machen, wird schrittweise zusammengetragen und läßt sich kaum in Form einer Liste resümieren, was sinnvoll ist, da ein Kunstwerk immer mehr ist als die Addition seiner einzelnen Teile. Von einem gewissen Restgehalt der Bilder spricht Kracauer denn auch häufig. Dies ist vor allem für das Verhältnis von Sprache und Bild von Bedeutung.

„Alle erfolgreichen Versuche, das gesprochene Wort miteinzubeziehen, haben eines gemeinsam: sie reduzieren den Dialog, um dem Bild seine Bedeutung zurückzugeben" (S. 152).

„Dem gesprochenen Wort entsteigen bestimmte Bedeutungs- und Bildzusammenhänge. Sie sind von der Art liebevoller Erinnerungen, wie sie der Erzähler bei Proust von seiner Großmutter zurückbehält, und die ihn daran hindern, ihr Äußeres unbeteiligt wahrzunehmen, wie es auf einer Fotografie erscheint. Durch die Sprache heraufbeschworen verdichten sich diese Zusammenhänge zu selbständiger Realität, die ... der von der Kamera angestrebten fotografischen Realität zuwiderläuft" (S. 150).

Diese Beobachtungen sind auch deshalb wichtig, weil sie auf die Unterschiede von Realität und Kamera-Realität hinweisen. „Kamera-Realität ist nicht mit völliger Natürlichkeit zu verwechseln. Es geht nicht um gleiche Berücksichtigung von Ton und Bild".

Einige typisch filmische Eigenschaften, die Kracauer ausführt, seien noch kurz erwähnt, um einen Eindruck zu vermitteln, wie das Ziel „Erkenntnis und Bewahrung der äußeren Wirklichkeit" in allen Schritten der Filmproduktion berücksichtigt werden kann und soll. Der Kracauerschen Theorie zufolge gibt es bestimmte Storytypen, die sich filmischer Umsetzung widersetzen. Es sind dies vor allem „theatralische Stories", in denen die geistige Realität gegenüber der physischen den Vorrang hat.

„Der Versuch, Shakespeare's ‚Romeo und Juliet' in einer natürlichen Umwelt zu drehen, beruht offenbar auf der Annahme, daß sich die Kamera-Realität mit der dichterischen Realität von Shakespeare's Verssprache verschmelzen lasse. Aber der Dialog sowie die Handlung suggerieren ein Universum, das mit der Zufallswelt der wirklichen Straßen und Wälle Veronas so wenig gemein hat, daß alle Szenen, in denen sich die beiden Welten zusammenschließen, den Zuschauer als ein unnatürliches Bündnis einander widerstreitender Kräfte berühren" (S. 65).

Eine Handlungsform, die „streng und zielbewußt komponiert" ist, wie dies vor allem in der Tragödie der Fall ist, ist für den Film ungeeignet, meint Kracauer, weil sie in den Mittelpunkt des Interesses drängt. (Diese Schwierigkeit wurde schon bei der Diskrepanz zwischen formgebender und realistischer Tendenz erwähnt.)

„Filme, in denen die unbelebte Welt nur Hintergrundkulisse für selbstgenügsamen Dialog und luftdicht abgeschlossene Spielhandlung dient, sind von Grund auf unfilmisch" (S. 76/ 77).

„In Umberto D. ist eine Prozession unvergeßlicher Objekte über die Leinwand gezogen, Gegenstände, die als führende Akteure herausragen und den Rest der Mitspieler in den Schatten stellen".

Eisenstein formulierte, es gehe um die Registrierung von Sinnesdaten, ohne daß diese immer einen Beitrag zur Entwicklung der Handlung leisten müßten (S. 104). In dem Hinweis auf die Unendlichkeit und Zufälligkeit solcher Sinnesdaten sieht Kracauer zwei Affinitäten des Films. Da das „Warum der Gegenstände" nicht optisch erfahrbar sei, habe der Film keine andere Möglichkeit, als viele mögliche Ansichten eines Dinges zu sammeln. Eine solche Annäherung kann aber nur gelingen, wenn möglichst wenig Vorannahmen den Blick lenken und die Auswahl einschränken. Die Auswahl ist vielmehr durch einen Zufall bestimmt, worin sich wieder die Nähe zum wirklichen Leben äußert.

„Die tragischen Helden (auf der Bühne) erschlagen sich gegenseitig... Auf der Leinwand, genau wie auf der Straße, wird der Passant vom Gangster ermordet, weil er zufällig da ist; denn diese Welt kennt keine Ordnung, sie ist ein Ort voller Bewegung und Zusammenstöße" (S. 349).

Es geht Kracauer zufolge um die Vermeidung einer in sich geschlossenen Geschichte. Steht eine Handlung, eine Story mit Anfang und Ende, im Mittelpunkt eines Films, so hat meist auch die Sprache in Form von Dialogen den Vorrang. Mit ihr rückt der Sprecher, der Schauspieler (wie es im Theater der Fall ist) „als unauflösliche Entität" ins Zentrum. Dabei kann „filmisches Geschehen jederzeit Regionen durchmessen, die, wenn sie überhaupt menschliche Wesen enthalten, diese doch nur auf eine beiläufige, unbestimmte Weise einbeziehen. Mancher Film beschwört die unheimliche Gegenwart von Möbeln in einer verlassenen Wohnung herauf; wenn man dann jemanden eintreten sieht oder hört, ist es vorübergehend die Sensation menschlicher Dazwischenkunft schlechthin, die den stärksten Eindruck hinterläßt. In solchen Fällen stellt der Schauspieler viel eher die Gattung Mensch dar als ein wohldefiniertes Individuum" (S. 140).

Hier wird nun ein Phänomen benannt, das den Schauspieler wie den Regisseur und den Zuschauer gleichermaßen betrifft: Mit der Hinwendung zu den zufälligen Erscheinungen seiner Umgebung ist die Distanz zu sich selbst verbunden. Dieses Phänomen bezeichnet Kracauer als „Entfremdung". Da eine völlige gefühlsmäßige Abstinenz, wie sie Kracauer dem idealen Fotografen zuschreibt, kaum vorstellbar ist, geht es darum, seine Kräfte aufzuwenden „nicht um sie in autonomen Schöpfungen zu entladen", sondern um sie in der Einfühlung in die auf ihn eindringenden Gegenstände aufzulösen. So ist „der subjektive Einsatz innerhalb fotografischer Medien unabtrennbar von Prozessen der Entfremdung" (S. 42).

Was nun den Zuschauer betrifft, so sieht Kracauer ihn in einer Hin- und Herbewegung zwischen „Versenkung in sich selbst und Selbstaufgabe" (S. 226). Die subjektive Versunkenheit besteht in träumerischen Assoziationen, welche durch die auf der Leinwand gesehenen Bilder evoziert werden, sich dann aber weit von dieser ursprünglichen Quelle entfernen können, ganz gemäß den unterschiedlichen subjektiven Erfahrungen. So ist es erklärbar, daß viele Kinobesucher gar nicht beabsichtigen, einen bestimmten Film zu sehen, sondern das Kino aufsuchen, um „ihr Ich im Dunkel zu verlieren und die Bilder, wie sie gerade auf der Leinwand erscheinen, mit geöffneten Sinnen zu absorbieren" (S. 218), d.h. um „sich in die Dinge und Geschöpfe auf der Leinwand aufzulösen" (S. 217).

Die Traumbewegungen seien ein Bewußtseinsstrom, der eine Parallele zum „Strom des Lebens" darstelle, der wiederum als das zentrale Motiv und Interesse des Mediums Film ausgemacht worden war.

Es ist eine schwierige Gratwanderung, diese Traumeffekte, die auch in Kracauers Augen eine Schwächung des Bewußtseins und des Urteilsvermögens bedeuten (S. 217), unter ihren positiven Aspekten zu betrachten, wie Kracauer dies vor allem tut. Zwar erwähnt auch er die Nähe zu manipulativem Mißbrauch (S. 219) und stimmt darin mit den kritischen Anmerkungen anderer Autoren überein, er sieht in der streckenweisen Selbstvergessenheit jedoch auch die große Möglichkeit, den Dingen der Außenwelt/der Realität näherzukommen:

„Wenn man Ereignisse ihres Übermaßes an gesundem Menschenverstand entkleidet, enthebt man den Zuschauer der Notwendigkeit zu urteilen und bringt ihn so poetischen Empfindungen näher" (S. 237).

„Die gezeigten Dinge erwecken im Zuschauer eher Unruhe als Gewißheit und regen ihn dazu an, ihrem Sein nachzuspüren, nicht um sie zu interpretieren, sondern um zu versuchen, ihnen ihre Geheimnisse zu entlocken... Der Zuschauer wird aber niemals, sei es auch unvollständig, das Sein eines Gegenstandes, der ihn in seinen Bann zieht, erfassen können, wenn er nicht träumend durchs Labyrinth seiner vielfältigen Bedeutungen und psychologischen Entsprechungen irrt". Es handelt sich um ein endloses Bemühen.

„Manchmal freilich mag es ihm so erscheinen, als ob er, nachdem er tausend Möglichkeiten ausprobiert hat, unter Anspannung all seiner Sinne ein undeutliches Murmeln hörte. Bilder beginnen zu tönen und die Töne werden wieder zu Bildern. Wenn dieses unbestimmbare Murmeln — das Murmeln des Seienden — zu ihm dringt, dann mag er dem unerreichbaren Ziel am nächsten gekommen sein" (S. 225).

Die relativ kargen Hinweise Kracauers auf die allgemeinen Produktionsbedingungen sollen sein Anliegen im Vergleich mit den in dieser Arbeit vorgestellten kulturkritischen Ansätzen deutlich machen:

„In dem Maße, in dem Filme Massenunterhaltung sind, müssen sie den angeblichen Wünschen und Wachträumen der großen Menge Rechnung tragen". Aber es kann z.B. dem Wunsch, „der Gegenwart zu entfliehen, auf viele Arten Rechnung getragen werden. Jeder populäre Film entspricht populären Wünschen, aber indem er ihnen entspricht, räumt er unvermeidlich mit der ihnen immanenten Vieldeutigkeit auf. Er lenkt diese Wünsche in eine bestimmte Richtung... Durch die Bestimmtheit, die ihnen eigen ist, definieren (solche) Filme die Natur des Unartikulierten, dem sie entstammen" (S. 223).

Im Gegensatz zu Horkheimer/Adorno argumentiert Kracauer: „Die Wachträume, die Hollywood ... fabriziert und in Umlauf setzt, müssen hier aber unberücksichtigt bleiben. Sie manifestieren sich hauptsächlich in der Handlung, nicht im gesamten Film; und meistens werden sie dem Medium von außen her aufgepfropft" (Kracauer unterscheidet deutlich zwischen der Story eines Films und seinen Grundeigenschaften). „So aufschlußreich sie als Hinweis auf unterschwellige soziale Strömungen sein mögen, ästhetisch sind sie nur von geringem Interesse. Worauf es in diesem Zusammenhang ankommt, sind nicht die soziologischen Funktionen und Auswirkungen des Mediums als eines Instruments der Massenunterhaltung; das Problem ist vielmehr, ob der Film als Film traumartige Elemente enthält, die ihrerseits den Zuschauer zum Träumen veranlassen" (ebd.).

Im Kino finde der Zuschauer das volle Leben, das ihm die Gesellschaft vorenthält. „Er hat in seiner Kindheit davon geträumt und das Kino ist ein Ersatz für diese Träume" (S. 228).

Mag Adorno unter gewissen Prämissen auch mit der Sicht des Kinos als Traumersatz übereinstimmen, so doch nicht mit Kracauers Schlußfolgerung, daß der Rezipient vermöge seiner so entstehenden Träume in die Lage versetzt wird, das „hartnäckig Seiende" (v. Hofmannsthal) zu überwinden und auf diese Weise „magisch die Welt zu beherrschen" (S. 232).

Auch Kracauer ist der Meinung, daß breite Beliebtheit nicht mit ästhetischer Gültigkeit verwechselt werden darf. Er geht aber nicht mit einer generellen Ablehnung konform: „Manche kommerziellen Filme oder Fernsehproduktionen sind trotz ihres Warencharakters vollgültige Leistungen. Keime neuen Beginnens können sich in einer ganz verfremdeten Umwelt entwickeln" (S. 228).

Kracauer selbst weist darauf hin, daß seine Forderung nach filmischer Qualität nicht unbedingt etwas über den „Wert von Filmen als menschliche Dokumente" aussagt (S. 253). Dieser Standpunkt bereitet jedoch manche Schwierigkeiten. Filme über Kunstwerke z. B. sind nach Kracauers Kriterien möglicherweise gerade dann besonders filmgerecht, wenn sie auf die besondere Struktur des Bildes/Werkes keine Rücksicht nehmen (S. 268).

„Ob der Gewinn an filmischer Qualität immer der Sache des Kunstverstandes dient, ist eine ganz andere Frage" (ebd.).

Ein weiterer Widerspruch ist darin zu sehen, daß Kracauer auf der einen Seite auf die große Lebensnähe des Films hinweist, die entsprechende Effekte auf den Zuschauer hat: „... der Zuschauer kann nicht umhin, auf die ‚gezeigte Realität' so zu reagieren, wie er auf die Natur im Rohzustand reagieren würde" (S. 216). Andererseits seien es die Filme über Phänomene, die das „Bewußtsein überwältigen", die dem Zuschauer die Chance geben, Ereignisse bewußt aufzunehmen, in die er in der Realität zu stark verwickelt sei. Ausschreitungen der Gewalt, maßloses Leiden etc. können dank des Films stellvertretend erlebt werden. Während ein Schauspiel den Zuschauer in blinde Beteiligung hineinschrecke, ziele das Kino darauf ab, den innerlich aufgewühlten Zeugen in einen bewußten Beobachter umzuwandeln. Massenaufstände z. B. seien, soweit sie nicht zu Propagandazwecken gefilmt wurden, auf filmische Behandlung angewiesen, um überhaupt wahrgenommen zu werden, und zwar ihrer räumlichen Ausmaße wie ihrer emotionalen Gehalte wegen (S. 92). Im Gegensatz zu der Auffassung, das Medium sei in der Lage, jene Phänomene „unverzerrt" darzustellen, steht die Bemerkung, das Medium habe eine „Vorliebe" für Katastrophen. „Es gibt kaum eine Wochenschau, die nicht in den Verwüstungen schwelgte, wie eine Überschwemmung, ein Orkan, ein Flugzeugunglück usw. sie angerichtet haben".

Nun ist „Schwelgen" nicht eben ein Ausdruck, der Unverzerrtheit signalisiert.

Dieser Widerspruch soll mit einem Zitat Ortega y Gassets erklärt werden: „Sonderbarerweise wird unsere Fähigkeit, ein Ereignis wahrzunehmen und zu verarbeiten, durch unser emotionelles Beteiligtsein an ihr verstärkt. Es ist, als seien die Elemente, die reine Kontemplation zu verfälschen scheinen..., gerade ihre unentbehrlichen Werkzeuge" (S. 283).

Eine Unstimmigkeit ist auch darin zu sehen, daß trotz der von Kracauer konstatierten Unmöglichkeit sogenannter objektiver Darstellung von Lehrfilmen die Rede ist, die „alle wichtigen Fakten unverbrämt" darstellten (S. 268).

Ein Zitat, das die Übertragbarkeit der Kracauerschen Filmtheorie auf andere Medien bestätigt, soll diesen Abschnitt abschließen: „Angenommen, das Kino sei tatsächlich im Aussterben begriffen, so würde dennoch der Einblick in die Bedürfnisse, denen es ehemals Genüge tat, jedem Versuch zustatten kommen, die Anziehungskraft des Fernsehens auf die Massen zu erklären" (S. 227).

5. Bewußtseinsindustrie[14] und Theorie der Medien[15]

W. Benjamins Programm einer revolutionären Kunstpolitik wird, nachdem es den Zeitgenossen B. Brecht und dessen „Radiotheorie" inspiriert hatte[16], fünfunddreißig Jahre später von H. M. Enzensberger aufgegriffen. Enzensberger hatte bereits Anfang der sechziger Jahre in einem Essay, der einer Sammlung von kritischen Einzelanalysen des Autors aus dem Bereich der Massenmedien als theoretischer Vorspann diente, eine Korrektur des Frankfurter Kulturpessimismus skizziert. Der Titel „Bewußtseins-Industrie" ist programmatisch. Der neue Begriff soll einer verharmlosenden Spezialisierung der Sache als bloß kulturelles oder bloß politisches Phänomen vorbeugen (*Bewußtseins-Industrie*, S. 8 f.). Nach Enzensberger kommt es entscheidend darauf an, „die Bewußtseins-Industrie im Ganzen" zu sehen, wobei er den Begriff so weit faßt, daß darunter nicht nur „die neuen technischen Instrumente Funk, Film, Fernsehen und Schallplatten-Industrie, die Mächte der Propaganda, der Reklame, der public relations" fallen, sondern ebenso „Mode" und „Gestaltung", „religiöse Unterweisung und Tourismus" und schließlich auch die „Industrialisierung des Unterrichts" (*Bewußtseins-Industrie*, S. 9 f.).

Die so definierte Bewußtseins-Industrie wird als „die eigentliche Schlüsselindustrie des zwanzigsten Jahrhunderts" eingestuft (*Bewußtseins-Industrie*, S. 10).

Die wachsende Macht dieser Industrie rührt aus der zunehmenden gesellschaftlichen Notwendigkeit, das Bewußtsein der Massen zu kontrollieren und in herrschaftsgenehme Bahnen zu lenken. Die Entstehung solcher Notwendigkeit für die gegenwärtigen industriellen Gesellschaften leitet Enzensberger aus der sozialhistorischen Entwicklung des Legitimitätsproblems von Herrschaft ab. Er unterscheidet deren vier Bedingungen als 1. philosophische, 2. politische, 3. ökonomische, 4. technische.

„1. Aufklärung, im weitesten Sinn, ist die philosophische Voraussetzung aller Bewußtseins-Industrie. Sie ist auf den mündigen Menschen auch dort noch angewiesen, wo sie seine Entmündigung betreibt. Ihr Monopol kann sie erst errichten, wenn das der Theokratie gebrochen ist...

2. Die politische Voraussetzung der Bewußtseins-Industrie ist die Proklamation (nicht die Verwirklichung) der Menschenrechte, insbesondere der Gleichheit und der Freiheit... Erst die Fiktion, als habe jeder Mensch das Recht, über die Geschicke des Gemeinwesens und über sein eigenes zu verfügen, macht das Bewußtsein, das der einzelne sowie die Gesellschaft von sich selber hat, zum Politikum und dessen industrielle Induktion zur Bedingung einer jeden künftigen Herrschaft. ...
3. Ökonomisch geht ihrer Entwicklung die primäre Akkumulation voraus. ... Erst wenn die Grundstoffindustrie aufgebaut und die massenhafte Herstellung von Konsumgütern gesichert ist, kann sich die Bewußtseins-Industrie entfalten. Die Verfeinerung der Produktionsmethoden erzwingt einen immer höheren Ausbildungsgrad nicht nur der dirigierenden Schicht, sondern der Mehrheit aller Bürger. Ihr steigender Lebensstandard bei sinkender Arbeitszeit erlaubt ihnen erst, Bewußtsein in einem andern als dem dumpfesten Sinn zu haben. Dabei werden Energien frei, die für die Herrschenden nicht ungefährlich sind. ...
4. Der ökonomische Prozeß der Industrialisierung bringt die letzten, nämlich die technologischen Voraussetzungen, ohne die Bewußtsein industriell nicht induziert werden kann, gleichsam von selber mit" (*Bewußtseins-Industrie*, S. 10 ff.).

Um die repressive Funktion der Bewußtseins-Industrie zu bezeichnen, führt Enzensberger den Begriff der „immateriellen Ausbeutung" ein (*Bewußtseins-Industrie*, S. 13 f.). Während die Epoche der industriellen Primärakkumulation durch die materielle Ausbeutung der Massen gekennzeichnet ist, geht es in der Phase der sekundären Akkumulation um die Ausbeutung von deren Bewußtsein. „Wer Herr und wer Knecht ist, das entscheidet sich nicht nur daran, wer über Kapital, Fabriken und Waffen, sondern auch, je länger je deutlicher, daran, wer über das Bewußtsein der anderen verfügen kann... Die Akkumulation von politischer Macht läuft der von Reichtümern den Rang ab. Gepfändet wird nicht mehr bloß Arbeitskraft, sondern die Fähigkeit, zu urteilen und sich zu entscheiden. ... An die Stelle der materiellen tritt eine immaterielle Verelendung, die sich am deutlichsten im Schwinden der politischen Möglichkeiten des einzelnen ausdrückt..." (*Bewußtseins-Industrie*, S. 14).

Trotz der originellen Verknüpfung der Medienkritik mit

Problemstellungen der deutschen „bürgerlichen" Soziologie (Begriff der Herrschaft bei M. Weber) und der marxistischen Kapitalismustheorie (Kapitalakkumulations- und Ausbeutungstheorem) bleibt Enzensberger in diesem frühen Versuch in wesentlichen Bereichen dem kulturpessimistischen Ansatz der Kritischen Theorie verpflichtet. Er teilt mit Adorno, Horkheimer und Anders die Überzeugung von der Integrationsfunktion der Massenmedien in einer sich totalitär entwickelnden Industriewelt, wobei die Differenz Kapitalismus-Sozialismus nicht als eine solche gesehen wird. Mit dem versteckten Antikommunismus verbinden die Autoren eine mehr metaphorische, nicht konkret politisch-ökonomische Behandlung des Kapitalismus (vgl. *Bewußtseins-Industrie*, S. 12 f.); z.B. negiert Enzensberger umstandlos den Warencharakter von Sendungen der Massenmedien (S. 13). Allerdings weist er auf die unlösbare Ambivalenz hin, die den Industriegesellschaften und der Bewußtseinsindustrie anhaftet. Das industrielle Weltsystem bedarf sowohl der Bewußtheit der Massen in ökonomischen Diensten als auch der Domestizierung dieser Kraft im Dienste der Herrschaft (vgl. *Bewußtseins-Industrie*, S. 15).

Dieser Widerspruch schlägt sich in der theoretisch-relevanten Differenz zwischen „gegenwärtigen Wirkungen" und „Wesen" der Bewußtseins-Industrie nieder (vgl. *Bewußtseins-Industrie*, S. 15). „Jede Kritik an der Bewußtseins-Industrie ist unnütz oder gefährlich, die diese Zweideutigkeit nicht erkennt" (*Bewußtsein-Industrie*, S. 16).

Den latent gebliebenen Gegensatz zwischen der „revolutionären" Benjaminschen und der pessimistischen Theorie von der Kulturindustrie bringt Enzensberger in seinem „Baukasten zu einer Theorie der Medien" 1970 zum polemischen Austrag. Er wendet sich gegen alle Medientheorien, die sich nur der Kehrseite der Bewußtseins-Industrie zuwenden und bezichtigt sie des politischen Defaitismus und heimlichen Konservativismus[17]. Zustimmend äußert sich Enzensberger nur zu Brechts und Benjamins Auffassung des Problems (vgl. *Baukasten*, S. 175 f. und S. 178 ff.).

Enzensberger entwickelt die eigene Medientheorie anhand des Konzepts vom allgemeinen Widerspruch zwischen fortschreitenden Produktivkräften und bestehenden Produktionsverhältnissen, das der Kapitalismuskritik vor allem des jungen Marx zugrunde liegt. Er geht davon aus, daß dieser Widerspruch im Medienbereich die stärkste Zuspitzung erfahre. „Der allgemeine Widerspruch zwischen Produktivkräften und Produktionsverhältnissen tritt zwar dort am schärfsten hervor, wo jene am weitesten avanciert sind. ... Der Kapitalismus der Monopole entfaltet die Bewußtseins-Industrie rascher und weitgehender als andere Sektoren der Produktion; er muß sie zugleich fesseln. Eine sozialistische Theorie der Medien hat an diesem Widerspruch zu arbeiten. Zeigen, daß innerhalb der gegebenen Produktionsverhältnisse unauflösbar...“[18].

Enzensberger geht weiterhin davon aus, daß den Produktivkräften eine bestimmte, an der Technologie ablesbare Grundstruktur zukommt, aus der sich ihr jeweiliges gesellschaftsformendes Potential ablesen läßt.

Der Struktur nach sind die neuen Medien

a) „egalitär... Durch einen einfachen Schaltvorgang kann jeder an ihnen teilnehmen; die Programme selbst sind immateriell und beliebig reproduzierbar. Damit stehen die elektronischen im Gegensatz zu älteren Medien wie dem Buch oder der Tafelmalerei, deren exklusiver Klassencharakter offensichtlich ist. ...

b) aktions- und nicht kontemplativ, augenblicks- und nicht traditionell orientiert. Ihr Zeitverhältnis ist dem der bürgerlichen Kultur, die Besitz will, also Dauer, am liebsten Ewigkeit, völlig konträr. Die Medien stellen keine Objekte her, die sich horten und versteigern ließen. Sie lösen „geistiges Eigentum“ schlechthin auf und liquidieren das „Erbe“, das heißt, die klassenspezifische Weitergabe des immateriellen Kapitals. ...

c) im Prinzip immer zugleich Produktionsmittel, und zwar, da sie sich in den Händen der Massen befinden, sozialisierte Produktionsmittel“ (*Baukasten*, S. 167 f.);

d) von Grund auf „kollektiv“ (*Baukasten*, S. 168);

e) von massen„mobilisierender Kraft“ (*Baukasten*, S. 160).

„Zum ersten Mal in der Geschichte machen die Medien die massenhafte Teilnahme an einem gesellschaftlichen und vergesellschafteten produktiven Prozeß möglich, dessen praktische Mittel sich in der Hand der Massen selbst befinden“ (*Baukasten*, S. 160).

In allen einzelnen und in der Gesamtheit der angegebenen strukturellen Eigenschaften der neuen Medien steckt so viel revolutionäres Potential, „daß keines der heute herrschenden Regimes ihr Versprechen einlösen kann“ (*Baukasten*, S. 168).

Der Kapitalismus wie der sowjetische Revisionismus müssen „die Entfesselung der emanzipatorischen Möglichkeiten, die in der neuen Produktivkraft stecken, ... sabotieren ..., weil sie die Herrschaft beider Systeme gefährden würden" (*Baukasten*, S. 160). Die gegenwärtigen politischen Systeme sind, wollen sie des Problems Herr werden, zu „bewußter industrieller Regression" (*Baukasten*, S. 162) gezwungen.

Ganz anders vermögen revolutionäre Bewegungen mit den elektronischen Medien zu verfahren. „Nur eine freie sozialistische Gesellschaft wird sie produktiv machen können" (*Baukasten*, S. 168; S. 174 f.). Das kulturrevolutionäre Medienprogramm, das Enzensberger skizziert, spiegelt das Vertrauen in die Medienentwicklung als Verbündeten der endlichen revolutionären Überwindung der autoritären Verwaltungssysteme wider. „Es kommt aber nicht darauf an, ihre (d.h. der Bewußtseins-Industrie, d. Verf.) Versprechungen zu demolieren, sondern darauf, sie beim Wort zu nehmen und zu zeigen, daß sie nur kulturrevolutionär eingelöst werden können" (*Baukasten*, S. 173).

Zentrales Ziel einer solchen Medienpolitik ist die Selbstorganisation der kollektiv betriebenen Medienproduktion durch die Massen. „Eine jede sozialistische Strategie der Medien muß die Isolation der einzelnen Teilnehmer am gesellschaftlichen Lern- und Produktionsprozeß aufzuheben trachten. Das ist ohne Selbstorganisation der Beteiligten nicht möglich. Dies ist der politische Kern der Medienfrage" (*Baukasten*, S. 169).

Konkrete Anknüpfungspunkte kulturrevolutionären Mediengebrauchs sieht Enzensberger bei den bereits unter die Bevölkerung verteilten Reproduktionsmitteln: „Tonbandgeräte, Bild- und Schmalfilmkameras befinden sich heute in weitem Umfang im Besitz der Lohnabhängigen. Es ist zu fragen, warum diese Produktionsmittel nicht massenhaft an den Arbeitsplätzen, in den Schulen, in den Amtsstuben der Bürokratie, überhaupt in allen gesellschaftlichen Konfliktsituationen auftauchen. Indem sie aggressive Formen einer Öffentlichkeit herstellten, die ihre eigene wäre, könnten die Massen sich ihrer alltäglichen Erfahrungen versichern und aus ihnen wirksamere Lehren ziehen" (*Baukasten*, S. 170).

Die Merkmale des angestrebten emanzipatorischen und des

vorfindlichen repressiven Mediengebrauchs sucht Enzensberger in einer stichwortartigen Gegenüberstellung zu visualisieren.

„Zusammenfassung

REPRESSIVER MEDIENGEBRAUCH	EMANZIPATORISCHER MEDIENGEBRAUCH
Zentral gesteuertes Programm	Dezentralisierte Programme
Ein Sender, viele Empfänger	Jeder Empfänger ein potentieller Sender
Immobilisierung isolierter Individuen	Mobilisierung der Massen
Passive Konsumentenhaltung	Interaktion der Teilnehmer, feed back
Entpolitisierungsprozeß	Politischer Lernprozeß
Produktion durch Spezialisten	Kollektive Produktion
Kontrolle durch Eigentümer oder Bürokraten	Gesellschaftliche Kontrolle durch Selbstorganisation"

(*Baukasten*, S. 173)

Die Enzensbergersche Medientheorie löste eine bis Mitte der 70er Jahre anhaltende Kontroverse über die emanzipatorischen Möglichkeiten der Medien im Kapitalismus aus[19]. Die Einwände lassen sich stichwortartig wie folgt zusammenfassen:

Enzensberger sehe von einem entscheidenden Zusammenhang ab, er abstrahiere von den Medieninhalten. Seine Theorie bleibe formal. Daß die Struktur eines Mediums den exklusiven Klassencharakter eines Mediums aufheben könne, sei unwahrscheinlich, denn dessen Klassencharakter erweise sich mehr an seinen Inhalten als an seinem Exklusivitätsgrad. Es sei zu fragen, ob die egalitäre Medienstruktur nicht einer klassischen „bürgerlichen" Ideologiefunktion entspreche, wonach borniertes Klasseninteresse in der Form eines allgemeinen Interesses auftrete.

Es entspreche der Gleichgültigkeit Enzensbergers gegenüber den Inhalten, daß er von der Tatsache bewußt und systematisch geführter Verdummungsfeldzüge der Bewußtseins-Industrie abstrahiere.

Die Hoffnung auf einen emanzipatorischen Mediengebrauch, der die Massen zu aktivieren vermag, trage „bürgerlich"-utopische Züge. Enzensberger gehe von realen Widersprüchen im gesellschaftlichen Kommunikationsprozeß aus, isoliere diese allerdings. So werde ein Nebenwiderspruch — einseitige Informationsübermittlung — zum Hauptwiderspruch. Die Notwendigkeit der Organisation der gesellschaftlichen Medien beziehungsweise deren demokratische Selbstorganisation werde nur am Rande erwähnt.

„Ebenso würde sich ... zeigen, daß die von Enzensberger vorgeschlagene Dezentralisierung, wenn sie so, wie Enzensberger seine Theorie vorträgt, global gefordert wird, sich unter den herrschenden gesellschaftlichen Bedingungen als privatwirtschaftliches Vordringen der Bewußtseinsindustrie ausdrücken würde; die gesellschaftlichen Kräfte würden nämlich versuchen, sich diese Delegations- und Dezentralisierungstheorie nach ihren Interessen zunutze zu machen" (Negt/Kluge 1972, S. 220).

Wie zutreffend die von Negt/Kluge 1972 formulierte Kritik ist, läßt sich am „Funktionswandel der Massenkommunikation" in der BRD in Richtung eines Entwicklungsvorsprungs der Privatwirtschaft gegenüber den öffentlich-rechtlichen Rundfund- und Fernsehanstalten empirisch festmachen (vgl. dazu Prokop 1985, Bd. 1).

Analog zu Horkheimer/Adorno stellt Enzensberger fest, daß eine lückenlose Kontrolle über die Medien seitens einer zentralen „Kontrollstation" nicht nötig ist. In den Ausführungen Horkheimers und Adornos zur Kulturindustrie erscheint der Spätkapitalismus als System, das sich Kritik (zumindest marginal) durchaus leisten kann. Man denke außerdem an die Tendenz, sich ausbreitende Kritik (Alternative Bewegungen) systemimmanent zu binden (und sei es durch das Bereitstellen entsprechend bedruckter „Gesinnungs-Plaketten"). Bemerkenswert ist Enzensbergers Gegenwehr gegen einen Defaitismus, wie er ihn der Linken der 60er Jahre vorwirft. Er wendet sich gegen eine Argumentation mit dem Faktischen, die den „Utopien die Realität verweigert", nach dem Motto: „Es hat ja doch keinen Zweck". Von einer solchen Entpolitisierung der Versuche zu einer Gegenkultur, so Enzensberger, profitiere vor allem das Kapital, was nicht heißt, daß man sich über die Schwierigkeiten hinwegtäuschen solle, die auftreten, sofern man versucht, sich zu den bestehenden Verhältnissen in Opposition zu begeben, ohne von ihnen gleich wieder vereinnahmt zu werden.

Der frühen studentischen Opposition macht Enzensberger den Vorwurf, sie habe sich nicht auf die progressiven Möglichkeiten der neuen Medien eingelassen und sei nicht in der Lage gewesen, sich „dem Programm der Bewußtseinsindustrie und ihrer Ästhetik zu entziehen" (*Baukasten*, S. 165). Es drängt sich die Frage auf, ob Enzensberger der Ansicht ist, daß dies mit den neuen Medien möglich gewesen wäre, oder gar, ob es naheliegender gewesen wäre. Diese Frage stellt sich gegenwärtig insbesondere, wenn bedacht wird, wie groß die ästhetische Hilflosigkeit bei der Erprobung neuer technischer Mittel (noch) ist. Es treten, wie Adorno formuliert, inhaltliche Probleme hinter technisch-formalen zurück. Dies ist besonders im Video-Bereich sichtbar. Die Textstellen im *Baukasten* (S. 166/167) machen allerdings auch deutlich, daß die hier formulierte Kritik an Enzensberger z.T. berechtigt ist: Über die zu vereinfachende Definition „Manipulation" z.B. führen Dahlmüller u.a. aus:

„Es ist sicherlich schwer, eine noch banalere Abfolge zu finden, als jene, es sei alles Schreiben, Filmen und Senden jeweils Eingriff in vorhandenes Material. Wer das mit Manipulation bezeichnet, der leistet keine wissenschaftliche Analyse, sondern ... Handbarmachung eines Begriffs mit komplexem gesellschaftlichen Inhalt" (Dahlmüller u.a. 1973, S. 42/43).

Zu Punkt 6 (*Baukasten*): Betrachtet man „Teilnahme" als einfachen Schaltvorgang, so blendet man den kognitiven und emotionalen Aspekt von Verständnis aus, denn nicht jeder versteht z.B. die Probleme der Dritten Welt durch die bloße Teilnahme an einer Dokumentation zu diesem Thema. Zu Punkt 7 (*Baukasten*): Das Gedächtnis der Medien ist eine ebenso zweifelhafte Angelegenheit, da jene doch augenblicks-orientiert sind. Daß das Gedächtnis nicht mehr nur einer „Gelehrtenkaste" vorbehalten sei, preist Enzensberger als Errungenschaft, um die falsche Exklusivität von Bildung abzuschaffen. In diesem Zusammenhang ist an die Zusammenfassungen jeweils gegen Jahresende zu denken, wie sie viele Programmzeitschriften und Illustrierten veröffentlichen. Oberstes Prinzip dieser Zusammenstellungen ist die Zusammenhangslosigkeit: Ein Jahr besteht danach aus losen aufeinanderfolgenden Ereignissen mit schicksalhaftem Charakter — politische Ereignisse nehmen ihren Platz neben Naturkatastrophen ein. Es ist problematisch, „gespeicherte Informationen, die dem Zugang aller offenstehen", sogleich auch „gesellschaftlich" zu nennen. Die Isolation der Einzelergebnisse und damit ihre Entpolitisierung scheint eher dadurch begünstigt zu werden, daß sie einzig dem augenblicklichen, willkürlichen, individuellen Zugriff offensteht.

Aus den Abschnitten 9 und 10 (*Baukasten*) geht allerdings hervor, daß es falsch wäre, Enzensberger Blauäugigkeit vorzuwerfen. Er berücksichtigt durchaus die Gefahr der Isolation der Konsumenten und begreift Medienfreiheit nicht als Prozeß, der sich automatisch einstellt.

Die Frage, wie das einzelne Individuum von dem neuen Mediengebrauch betroffen wird, wird von Enzensberger nicht berücksichtigt. Der Stellenwert, der dem individuellen Bewußtsein bei Enzensberger zukommt, wird sichtbar, wenn er zwischen öffentlichem und privatem Bewußtsein unterscheidet. Diese lassen sich aber nicht trennen. Das private Bewußtsein schöpft seine Urteile eben nicht aus sich selber (*Bewußtseins-Industrie*, S. 9).

Allerdings kommt dem privaten Bewußtsein ein gewisser funktionaler Stellenwert zu — sonst wäre jede Beeinflussung der Subjekte obsolet. Herrschaft sei nach wie vor von der Zustimmung der Subjekte abhängig. Bewußtsein werde daher induziert, um es nachher auszubeuten. Der einzelne soll seine Meinung und sein Mitwirken für bedeutsam halten. (Hier sei an die Berichte über spontane Hilfsaktionen von Sportvereinen oder Bürgerinitiativen etc. erinnert, die Spenden für die Aktion Sorgenkind o. ä. sammeln. Auf die Bedeutsamkeit des Zuschauers wird ebenfalls angespielt, wenn in gewissen Unterhaltungssendungen auf das Mitwirken der Zuschauer gerechnet wird.) Wäre der einzelne nicht der Meinung, er sei ein selbstbestimmtes, entscheidungsfähiges Wesen, sondern seine Meinung und seine Entscheidungen seien vielmehr folgenlos (was zumindest bezüglich politischer Ereignisse nicht mehr selten ist und als sogenanntes Ohnmachtsgefühl geäußert wird), so wäre er als einzelner nicht mehr ansprechbar und würde damit als Konsument von Waren und Medien hinfällig. Neben einer gewissen optimistischen Grundhaltung, die Enzensberger nur stellenweise äußert, sind seine Ausführungen über den vorfindlichen repressiven Gebrauch der Medien denen Horkheimers/ Adornos nicht unähnlich.

In dem jüngsten Essay „Die vollkommene Leere" radikalisiert Enzensberger seine Überlegungen zur Bedeutungslosigkeit der Medieninhalte. Fernsehen ist für ihn ein „Nullmedium", dem gegenüber alle Klagen gegenstandslos seien. Charakteristikum dieses „Nullmediums" sei die „Programmlosigkeit". Das Interesse an Programmlosigkeit teilen – so Enzensberger (1988) – Industrie und Fernsehteilnehmer gleichermaßen. „Erst die visuellen Techniken, allen voran das Fernsehen, sind in der Lage, die Last der Sprache wirklich abzuwerfen und alles, was Programm, Bedeutung, ‚Inhalt' hieß, zu liquidieren" (S. 238). Wegbereiter der „Nullmedien" seien die „heroischen Pionierleistungen der modernen Kunst".

„Von Kandinsky bis zum Action-Painting, vom Konstruktivismus bis zu den Niederungen der Op Art und der Computergraphik haben die Künstler getan, was sie konnten, um ihre Werke von jeder Bedeutung zu reinigen" (S. 241). In der „Nullstellung", der universellen und transkulturellen Reichweite der „Inhalte", liege die Stärke des Fernsehens. „Sie macht seinen Gebrauchswert aus. Man schaltet das Gerät ein, um abzuschalten" (S. 244).

„Das Fernsehen wird primär als eine wohldefinierte Methode zur genußreichen Gehirnwäsche eingesetzt; es dient der individuellen Hygiene, der Selbstmeditation. Das Nullmedium ist die einzige universelle und massenhaft verbreitete Form der Psychotherapie" (ebd.). Fernsehen als „buddhistische Maschine", diese Vision wird von Enzensberger als utopisches Projekt allerdings zurückgewiesen. „Was dem Säugling vergönnt ist, der Zustand völliger Selbstvergessenheit, das wird der Erwachsene nur schwer erreichen. Er hat es verlernt, seinen Wahrnehmungsapparat zu beschäftigen, ohne das, was er sieht, zu interpretieren. Ob er will oder nicht, er neigt dazu, auch dort so etwas wie Sinn herzustellen, wo gar keiner zu finden ist" (ebd.).

6. Medien-Analyse als Kritik der Warenästhetik

Die Medientheorie von W. F. Haug (1971) steht im Kontext einer umfassenden „Kritik der Warenästhetik" in der kapitalistischen Gesellschaft. Er führt damit die analytische Absicht der älteren Kritischen Theorie weiter, die unlösbare Verzahnung der Medien mit Warenwerbung als kapitalistische Systemnotwendigkeit aufzuweisen. Die „Kritik der Warenästhetik" leistet nach Haug einen Beitrag zur Sozioanalyse des Schicksals der Sinnlichkeit und der Entwicklung der Bedürfnisse im Kapitalismus. Die Aufgabe, die sich Haug stellt, besteht darin, die Erscheinungen der Warenästhetik ökonomisch abzuleiten und im Systemzusammenhang darzustellen.

Nach D. Kerbs ist dieses Buch „die erste wissenschaftliche Theorie über Design, Kosmetik, Mode, Werbung usw., die nicht an der Oberfläche der Erscheinungen klebenbleibt, sondern dahinterschaut, Ursachen und Bewegungsgesetze aufdeckt" (Kerbs 1972, S. 43).

Die Analyse beginnt bei den ökonomischen Grundproblemen, d.h. sie verfolgt die Entwicklung der im Tauschverhältnis keimhaft angelegten Funktionen und Interessenstandpunkte bis zu den entsprechenden Ausbildungen des Monopolkapitals. Sie wendet sich dann einzelnen Problemen (wie z. B. ästhetische Innovation und künstliche Produktionsvergreisung; Schaufenstergestaltung und Verkäuferschulung) zu und endet mit einem Ausblick in ein angrenzendes Gebiet: der Indienstnahme von Ästhetischem für die Legitimierung staatlicher Macht, die am Beispiel des Faschismus als Schein-Sozialismus skizziert wird. Neben den Ausdrücken, die im Fortgang der Untersuchung von Haug sukzessive definiert werden, wie z. B. „ästhetische Abstraktion", „Technokratie der Sinnlichkeit", „ästhetisches Gebrauchswertversprechen" und „ästhetische Innovation", stellt „Warenästhetik" den umfassendsten Begriff dar, der eingeführt wird. Unter „Warenästhetik" versteht Haug nicht die Lehre oder die Theorie vom wahren Schönen (er distanziert sich von den Begriffen des „Kunstschönen" und des „Naturschönen" der klassischen Ästhetik), sondern eine bestimmte Sorte von Schönheit, nämlich solche, „wie sie im Dienste der Tauschwertrealisierung entwickelt und den

Waren aufgeprägt worden ist, um beim Betrachter den Besitzwunsch zu erregen und ihn so zum Kauf zu veranlassen" (Haug 1971, S. 10). Bei der Analyse der ökonomischen Grundprobleme geht Haug nicht von der Fülle der ästhetischen Erscheinungen aus, sondern von den wirtschaftlichen Grundlagen, nämlich von der Frage: Was geschieht, wenn etwas getauscht, gekauft, verkauft wird? Er versucht die unterschiedlichen Interessen der beiden Seiten, die sich im Tausch- oder Kaufakt begegnen, transparent zu machen.

„Treibendes Motiv und bestimmter Zweck für jede Seite im Tausch zweier Waren ist das Bedürfnis nach dem Gebrauchswert der Ware der jeweils anderen Seite. Zugleich ist die eigene Ware und mit ihr das fremde Bedürfnis nur Mittel zu jenem Zweck. Der Zweck eines Jeden ist dem jeweils Anderen nur Mittel, um durch Tausch zum eigenen Zweck zu kommen. Das Verhältnis ändert sich mit dem Dazwischentreten des Geldes. Wo Geld den Tausch vermittelt, zerlegt es ihn nicht nur in zwei Akte, in Verkauf und Kauf, sondern es scheidet die gegensätzlichen Standpunkte. Der Käufer steht auf dem Standpunkt des Bedürfnisses, also auf dem Gebrauchswertstandpunkt, sein Zweck ist der bestimmte Gebrauchswert; sein Mittel, diesen einzutauschen, ist der Tauschwert in Geldform. Dem Verkäufer ist derselbe Gebrauchswert bloßes Mittel, den Tauschwert seiner Ware zu Geld zu machen, also den in der Ware steckenden Tauschwert in der Gestalt des Geldes zu verselbständigen... Vom Standpunkt des Gebrauchswertbedürfnisses ist der Zweck der Sache erreicht, wenn die gekaufte Sache brauchbar und genießbar ist. Vom Tauschwertstandpunkt ist der Zweck erfüllt, wenn der Tauschwert in Geldform herausspringt" (S. 14/15).

Die Warenproduktion setzt sich nicht die Produktion bestimmter Gebrauchswerte als solche zum Ziel, sondern das Produzieren für den Verkauf. „Gebrauchswert spielt in der Berechnung des Warenproduzenten nur eine Rolle als vom Käufer erwarteter, worauf Rücksicht zu nehmen ist. Vom Tauschwertstandpunkt aus ist der Prozeß abgeschlossen und der Zweck realisiert mit dem Akt des Verkaufs. Vom Standpunkt des Gebrauchswertbedürfnisses aus ist derselbe Akt nur der Beginn und die Voraussetzung für die Realisierung seines Zwecks in Gebrauch und Genuß. Zwischen den beiden Standpunkten ist ein Unterschied wie zwischen Tag und Nacht. Sobald sie erst einmal getrennt vorkommen, ist ihr Widerspruch auch schon eklatant" (S. 16).

Im folgenden beschreibt Haug die Auswirkungen, die der Widerspruch zwischen Gebrauchswert und Tauschwert zeitigt. „Hinfort wird bei aller Warenproduktion ein Doppeltes produziert: erstens der Gebrauchswert, zweitens und extra die Erscheinung des Gebrauchswerts. Denn bis zum Abschluß des Verkaufsaktes, womit der Tauschwertstandpunkt seinen Zweck erreicht hat, spielt der Gebrauchswert nur insofern eine Rolle, als der Käufer ihn sich von der Ware verspricht. Vom Tauschwertstandpunkt aus kommt es bis zum Schluß, nämlich dem Abschluß des Kaufvertrages, nur aufs Gebrauchswertversprechen seiner Ware an" (S. 16/17). Aus diesem Grund löst sich das Ästhetische der Ware, nämlich sinnliche Erscheinung und Sinn ihres Gebrauchswertes, von der Sache ab. Das Ästhetische, die sinnliche Erscheinung der Ware, wird zum „Träger einer ökonomischen Funktion, zum Instrument für den Geldzweck" (S. 17).

Ein Beispiel für Gebrauchswertversprechen: „Macher. Den Trend bestimmen. Gegen hohle Phrasen und entstellende Reden. Für ehrliche Zärtlichkeit, schmeichelnden Sinn (?). Überlegt vertrauen. Lodenjoppe SISSI, aus Merino extrafein, Tuchbesatz, Rückenfalte, echte Hirschhornknöpfe".

Das Versprechen appelliert wie in den meisten Fällen der Werbung nicht mehr an den Gebrauch im eigentlichen Sinn, berücksichtigt also nicht etwa Aspekte der Nützlichkeit. Vielmehr scheint der Gebrauchswert des Kleidungsstückes darin zu bestehen, daß es Ausdruck einer umfassenden Lebenshaltung (und auch Ausdruck von Sexualität) ist, bzw. darüber hinaus diese Haltung mit der „Joppe" erstanden werden kann. Hinzu kommt die Zuordnung zum nebenstehenden Foto: „junge, selbstbewußt und unangepaßt dreinschauende Frau".

Haug konstatiert eine Entwicklung weg vom einfach scheinenden Gegenstand, der durch seine physischen Eigenschaften bestimmte menschliche Bedürfnisse befriedigt, in Richtung auf zunehmende Akzentuierung des Bedeutenden und Beziehungsvollen der Ware.

Über das Zusammenwirken von Text und Bild gilt analog zur Nähe von Zaubersprüchen und Werbung: Wie in manchen Zauberformeln soll der berührte Gegenstand Eigenschaften des gesprochenen Wortes annehmen. In der Zauberei werden zusätzlich Pulver u. ä. benutzt. Die Reklame setzt auf Wort und Bild und auf die Beziehung, die der Leser automatisch zwischen ihnen herstellt. Sie wird sich zunehmend auch den Bedürfnissen zuwenden, die der Gegenstand seinen „physikalischen Eigenschaften" nach nicht befriedigen kann. „Die Sinnlichkeit der Käufer wird von der Ästhetik der Gegenstände gefangengehalten".

An dieser Stelle ist an Enzensberger zu erinnern, der die Aufgabe des Künstlers bzw. Autors darin sieht, sich selber überflüssig zu machen, also gerade nicht als Experte die Sinnlichkeit anderer (bloß Rezipierender) auf Dauer zu binden.

Weil die Werbung so anschaulich ist, soll hier noch ein weiteres Beispiel zitiert werden, das ebenfalls die Merkmale der „Loden-Werbung" trägt. Hinzu kommt, was im ersten Beispiel nur latent war: die Übernahme des Leistungsprinzips in die Mode.

Mit der obigen Analyse sind die grundlegenden Unterscheidungen getroffen und die Ursachen bezeichnet, aus denen im entwickelten Kapitalismus das entsteht, was Haug „Warenästhetik" nennt.

In der Methode und in den grundlegenden Begriffen orientiert sich Haug streng an Marx. „In der Sprache, im Satzbau und in der Metaphernbildung ist freilich auch das Vorbild Adornos und insbesondere das Ernst Blochs deutlich spürbar" (Kerbs 1972, S. 43). Eine wesentliche analytische Kategorie, mit der die Effekte der Monopolisierung des Kapitalismus erklärt werden können, ist die „ästhetische Innovation". Bei steigender Produktivität entsteht für die Oligopole ein besonderes Realisationsproblem. „Nun stoßen die privat-kapitalistisch organisierten Produktivkräfte nicht an die vielen konkurrierenden Anbieter als an ihre Grenze, sondern unmittelbar an die Schranke der Produktionsverhältnisse, die den gesellschaftlichen Bedarf, soweit er sich als zahlungsfähige Nachfrage geltend machen kann, definieren" (Haug 1971, S. 48). Da der Weg zu gesamtgesellschaftlicher Einsparung von Arbeit auf die Abschaffung des Kapitalismus hinauslaufen würde, „stößt das Kapital sich jetzt an der zu großen Haltbarkeit seiner Produkte" (S. 48). Techniken, mit denen auf diese Situation geantwortet wird, bestehen in der Verschlechterungg der Produkte: „künstliche Obsoleszenz" (Produktvergreisung) — Gebrauchsverkürzung. Die qualitative und quantitative Verminderung des Gebrauchs-

Mode,

Der Ehrgeiz, besser zu sein.

Stilvoll für Büro und City. Gepflegt und voller Optimismus. Das ist der neue Herrenmode-Trend „Karriere". Genauso aktuell in diesem Modeherbst: Sportswear im Free-Style. Mit dem starken Gefühl von individueller Freiheit. Erleben Sie Mode, wie Männer sie mögen. Jetzt bei uns.

werts wird in der Regel durch Verschönerung kompensiert. Da aber selbst so die Gebrauchsdinge noch zu lange für die Verwertungsbedürfnisse des Kapitals halten, setzen radikalere Techniken bei der Ästhetik der Ware an. „Durch periodische Neuinszenierung des Erscheinens einer Ware verkürzt sich die Gebrauchsdauer der in der Konsumsphäre gerade fungierenden Exemplare der betreffenden Warenart" (S. 50). Diese Technik wird von Haug als „ästhetische Innovation" bezeichnet, die z.B. mit den Begriffen „Altes raus", „Neues rein" charakterisiert wird. „Die ästhetische Innovation als Funktionsträger der Regeneration von Nachfrage wird so zu einer Instanz von geradezu anthropologischer Macht und Auswirkung, d.h. sie verändert fortwährend das Gattungswesen Mensch in seiner sinnlichen Organisation: In seiner dinglichen Einrichtung und seiner materiellen Lebensweise ebenso wie in Wahrnehmung, Bedürfnisbefriedigung und Bedürfnisstruktur" (S. 54). Die Frage, in welcher Weise und auf welche Gestalt hin die menschliche Sinnlichkeit von der Warenästhetik modelliert wird und ihrerseits auf sie zurückwirkt, nimmt in Haugs Buch unter dem Begriff „Technokratie der Sinnlichkeit" besonderen Raum ein. Haug untersucht, „wie Bedürfnis- und Triebstruktur sich ändern unter dem Eindruck ständiger Veränderung unterworfener Befriedigungsangebote, die die Waren machen" (S. 55).

Was Haug mit „Technokratie der Sinnlichkeit" bezeichnet, meint Herrschaft über Menschen, ausgeübt auf dem Wege ihrer Faszination durch technisch-produzierte künstliche Erscheinungen. „Diese Herrschaft erscheint also nicht unmittelbar, sondern in der Faszination ästhetischer Gebilde. Faszination meint nichts anderes, als daß diese ästhetischen Gebilde die Sinnlichkeit von Menschen gefangen halten" (S. 55). „Technokratie der Sinnlichkeit" im Dienste der Aneignung der Produkte fremder Arbeit ist keine Erfindung des Kapitalismus. Genuin kapitalistisch sind in erster Linie die Verwertungsfunktionen, die ästhetische Techniken ergreifen, umfunktionieren und weiterbilden und somit die Sinnlichkeit der Rezipienten modellieren. „Die Individuen, die sich das Kapital zurichtet, sei es zu seinen Funktionsträgern, also zu Kapitalisten, oder sei es zu Lohnarbeitern etc., bei allen sonst bestehenden radikalen Unterschieden haben sie alle ein Triebschicksal, wenigstens formal, gemeinsam: ihre sinnliche Unmittelbarkeit muß gebrochen werden, absolut beherrschbar" (S. 58). „Vermarktet die eine Branche die Verpackung der Menschen, die andere ihre Liebessymbolik, so eine dritte ihr leibhaftes Erscheinen, die Art, wie ihre Haut sich anfühlt und riecht, die Aufmachung des Gesichts, die Farbe, den Glanz und die Frisur des Haares" (S. 95). Bedeutsam ist dabei die spezifische Art der Wirkung derartiger Mittel auf die menschliche Sinnlichkeit. So wird z. B. in der Kosmetikindustrie durch Suggestion eine Reinlichkeitsideologie aufgebaut, indem auf der Ebene angstdurchdrungener Übelkeit, die das Ekelige verursacht, eine panische Abwehr und Meidung bei den Rezipienten ausgebreitet wird. So entsteht eine neue soziale, in den Sinn des Individuums vermittelt und übermächtig verankerte Norm des Normalen, Sauberen, auf der anderen Seite des Abstoßenden, Niederen. „Der Vorgang darf Vorgang der Modellierung der Sinnlichkeit genannt werden. Er zeigt bilderbuchartig, wie blinde Mechanismen des Profitstrebens als an sich gleichgültiges Mittel zum Zweck und als Abfallprodukt des Profits die Sinnlichkeit der Menschen umzüchten" (S. 98). „Das Kapital drängt sich in die engsten und unbefriedigten Sehnsüchte, dirigiert Aufmerksamkeit um, definiert den Körper neu, seinen Anblick, seinen Geruch, aber auch seine Selbstbetrachtung und Berührung" (S. 99). Es züchtet Verhaltensweisen, strukturiert Wahrnehmung, Empfindung und Bewertung und modelliert Sprache. Erfolgsmeldungen der Konzerne, deren Waren für den Massenkonsum bestimmt sind, sind daher — so Haug — zugleich Erfolgsmeldungen von der Front einer Modellierung des menschlichen Wesens. Bei der Prognose der Entwicklungstendenzen der Warenästhetik im Spätkapitalismus kommt Haug zu dem Ergebnis: „Ihrer Quantität und aufdringlichen Bedeutung nach werden die hier behandelten Phänomene zunehmen; ihrer Qualität nach werden sie bewirken, daß die Gebrauchswertstruktur der Waren sich weiter verschiebt in Richtung auf einen Überhang ihrer Beziehung auf Bedürfnisse fantastischer Art" (S. 125). „Immer mehr Waren werden sich zunehmend in eine Richtung ändern, an deren Extrem das reine Bedeutungsding steht. Der Richtungsausdruck Bedeutungsding soll besagen, daß der Realisierungsgrad und die Designart des Warenkörpers als Gebrauchswert sich verschieben, weg vom einfach scheinenden Gegenstand, der durch seine physischen Eigenschaften bestimmte menschliche Bedürfnisse befriedigt, in Richtung auf zunehmende Akzentuierung des Bedeutenden und Beziehungsvollen der Ware"

(S. 127). Seine Theorie der Medien im engeren Sinn entwickelt W. F. Haug unter dem Stichwort der „Illusionsindustrie". Ausgangspunkt der Analyse ist das Unvermögen des Kapitalismus, eine sinnvolle kollektive Praxis der Massen in seinen Systemgrenzen zu organisieren oder nur zuzulassen. Die herrschaftslegitimierende Funktion der Medien ist die ersatzweise illusionäre Vorspiegelung einer solchen Praxis.

Das Kapital mobilisiert ein riesiges Heer lohnabhängiger Werktätiger und schreibt ihnen die Bahnen vor, in denen sie sich bewegen können. „Mehr als das notgedrungene Interesse am Lohn, als an ihrer Anteilquote am Konsum, wird ihnen in kapitalistischer Gesellschaft objektiv nicht befriedigt, kann nicht befriedigt werden. Ihre Organisation zum Produktionskollektiv in der Produktionssphäre gehört nicht ihnen, ist ihre Sache nicht, sondern Sache des Kapitals. Ihre produktive Macht ist fremde Macht, ihre Produktion reproduziert diese fremde Macht auf ständig wachsender Stufenleiter und damit die eigene Abhängigkeit von dieser fremden Macht. Ihre kollektive Tätigkeit, Praxis im gesellschaftlichen Maßstab, besitzt keinen kollektiven Sinn, sondern nur den ärmlich-privaten ihrer je individuellen Reproduktion als Lohnarbeiter. Das Interesse, das über ihre gesellschaftliche Praxis herrscht, ist Profitinteresse" (S. 152).

Im Kapitalismus sind kollektive Handlungen, die über den privaten Rahmen hinausgehen, systemfremde Ausnahmen. Sie manifestieren sich in pseudo-sinnvollen kollektiven Handlungen, wie gemeinsame Bekämpfung und Abwendung von Naturkatastrophen, gemeinsame Verfolgung von „Kriminellen" etc. Damit kollektive Handlungen für alle Beteiligten sinnvoll sein können, muß der Kapitalismus aufgehoben sein, müssen sozialistische Produktionsverhältnisse errichtet sein, d. h. gesellschaftliche Tätigkeit muß auch unmittelbar gesellschaftliche Form angenommen haben. „Innerkapitalistisch kann das Bedürfnis nach nichtentfremdeter, also von den Massen nicht bloß besitzmäßig, sondern auch inhaltlich angeeigneter gesellschaftlicher wie individueller Praxis nur scheinhaft, in künstlicher oder auch kunstvoller Traumhaftigkeit, zielverschoben befriedigt werden. Eine ganze Illusionsindustrie arbeitet, wie bekannt, an der Herstellung derartiger Scheinbefriedigung" (S. 155).

Die Ablenkung von der Sinn- und Ziellosigkeit der Arbeit der lohnabhängigen Massen sowie die Ablenkung von und die

Verschleierung der Herrschaft des kapitalistischen Klassenziels bedingt und ermöglicht den Sektor der Zerstreuungsinsdustrie als Verknüpfung von privatkapitalistischem Betrieb und staatlicher Veranstaltung. Dieser Sektor versucht, sich der „dumpfen Interessen" der Massen der Lohnabhängigen zu bedienen, um ihnen ein falsches Substitut kollektiv sinnvoller Praxis zu suggerieren. Für den Lohnabhängigen ist es schwierig, diese Substitute nicht interessant zu finden, sich nicht von ihnen faszinieren zu lassen, das Interesse an ihnen nicht einfach für selbstverständlich zu halten. „Die Gestalten der Illusionsindustrie bevölkern gespenstisch scheinhaft den Raum, der im Kapitalismus leer ist und den erst der Sozialismus real füllt" (S. 157).

Ebenso wird die Kunst in Dienst genommen „als Blendwerk zur Erzeugung des Scheins, die Herrschaft des Kapitals sei legitim und sei gleichbedeutend mit der Herrschaft des Guten, Wahren, Schönen usw." (S. 167). Kunstwerke werden eingesetzt als Mittel der Verdummung, als eine Technik der scheinhaften Lösung des Widerspruchs von kapitalistischem Privatinteresse und Lebensinteresse der ganzen Gesellschaft.

Zum Abschluß geht Haug auf die „Inszenierung und Repräsentation auf allgemeingesellschaftlicher und staatlicher Ebene — Faschismus als Scheinsozialismus" — ein. In der Auseinandersetzung mit Walter Benjamins Aufsatz „Das Kunstwerk im Zeitalter seiner technischen Reproduzierbarkeit" setzt er sich mit dem Phänomen der „Ästhetisierung der Politik" als wesentlichem Bestandteil des Faschismus auseinander. Nach Haug hat Benjamin zwar den Einfluß der Technologie auf die Inhalte und auf die sozialen Beziehungen wohl erkannt, dagegen aber die ökonomischen Formen und Funktionen vernachlässigt. Der Funktionszusammenhang von Ästhetisierung und Herrschaftssicherung, der von Benjamin dargestellt wird, bedarf — so Haug — einer Vertiefung:

„Nicht die technische Apparatur schafft die Ausdruckssprache der Massen — sie wirkt nur, wo der bloße ästhetische Abzug Verwendung finden kann, als Verstärker. Sondern die Selbstbewegung der Massen, der Kampf der Arbeiterbewegung um höheren Lohn, um Begrenzung des Arbeitstags, gegen Kinderarbeit, gegen willkürliche Entlassungen, für das Recht auf Arbeit und — in früher oder später zwingender Konsequenz — für den Sozialismus, dieser Kampf vieler Arbeitergenerationen, der sich auf der Basis ihrer ökonomisch bedingten Zusammenführung in der großen Industrie entfaltet, schuf die mannigfachen Ausdrucksformen, nach denen die Dekorateure des Faschismus griffen. Sie machten einen ästhetischen Abzug von der Arbeiterbewegung, verschmolzen ihn mit Requisiten kleinbürgerlicher und bäurischer Rückwärtsbezogenheit auf Scholle, Blut, Zunft, Handwerk, Karneval, Kirche, Weihespiel, organisierten es nach den neuesten Einsichten und unter Verwendung markt- und industrieerprobter Sozialtechniken, nicht zuletzt made in USA – sie gestalteten die politische Sphäre, aus der alle Entscheidungsprozesse nach dem Führerprinzip herausgezogen waren und von der nichts übrig blieb als die bloße gespenstige Hülle, ihr mit höchstem Aufwand aufgemachtes Äußeres –, sie gestalteten diese verbleibende Politikhülle als Gesamtkunstwerk'' (S. 170/171). Andererseits sei Benjamins Theorie von der Ästhetisierung der Politik durch den Faschismus zu beziehen auf den hohen Rang des bloßen Scheins im Kapitalismus, der aus den ökonomischen Grundverhältnissen unmittelbar hervorgeht. Das heißt, bereits aus dem Tausch geht die Ästhetisierung der Waren zwingend hervor. Da auf allen Ebenen des Systems der bürgerlichen Gesellschaft die Lebensinteressen nicht das oberste Ziel und nicht der bestimmende Zweck der Verwertungsinteressen des Kapitals sind, bedarf es bestimmter Inszenierungs- und Illusionierungstechniken der Herrschenden, die den Schein erzeugen, die sozialen Verhältnisse dienten wirklich den Lebensbedürfnissen aller. ,,Dieser Schein muß Klassenlosigkeit, Gerechtigkeit, Humanität, Fürsorge etc. aussagen. Oder/und er muß Unterordnung, Dienst, Zucht, Opfer als naturgegeben, als höchste Erfüllung erscheinen lassen. Jeder Ausdruck, der bei den Massen Vertrauen – im System gesprochen –: Kredit hat, wird herangezogen und von den konkreten Bestrebungen, deren Ausdruck er war, abgezogen. Es findet also notwendig eine bloße Ausdrucksabstraktion statt, und nichts anderes ist die Ästhetisierung'' (S. 172/173). Ästhetisierung sämtlicher Lebensbereiche ist im Fundament der bürgerlichen Gesellschaft angelegt. Sie dient einerseits ständig den Legitimationsbedürfnissen der Herrschenden, andererseits erzeugt sie Bedürfnisse der Beherrschten, die wiederum nur auf dem Wege der Ästhetisierung befriedigt werden können.

Um das Buch von Haug nicht mißzuverstehen, seien abschließend noch einige Bemerkungen erlaubt. Es besteht – so

Kerbs (1972) in einer Rezension des Buchs – die Gefahr, daß die Kritik an der Warenästhetik zur Ablehnung jeglichen Genusses führt, bzw. Schönheit und Sinnlichkeit nur noch als „fauligen Zauber des wahren Charakters" zu erkennen vermag. Daß dies nicht die Intention von Haug ist, weist er nach, indem er sagt: Die Kritik der Warenästhetik „richtet sich nicht gegen die Verschönerung bestimmter Dinge, ganz im Gegenteil; sondern sie zeigt, wie eine losgelassene ökonomische Funktion des Kapitalismus mit der Macht einer Naturkatastrophe durch die sinnliche Welt fegt und alles das, was sich ihr nicht fügt, wegfegt und bestimmte Einzelzüge, die ihr entgegenkommen, ungeheuer aufnimmt, verstärkt und zur Herrschaft erhebt, um die des Kapitals zu befestigen" (S. 141). An anderer Stelle betont Haug, daß der Standpunkt, von dem aus die für die kapitalistische Gesellschaft charakteristische Prägung von Vernunft und Sinnlichkeit kritisiert wird, „eine Vernunft und deren Verhältnis zur Sinnlichkeit ist, wie sie der Einsicht in die Notwendigkeit bei gemeinschaftlicher Produktion entspringen" (S. 147). Das heißt, es ist notwendig, eine radikale Kritik des gegenwärtigen Gesellschaftszustandes zu leisten, ohne sich selbst dabei um die sinnliche und affektive Seite des Lebens zu bringen. Konsequenz aus diesem Buch wäre es, Momente der Sinnlichkeit mit der politischen Kritik und Aktion zu versöhnen. „Auf die Schule angewendet bedeutet all dies, daß nicht nur die falsche Anschauung, die falsche Sinnhaftigkeit entlarvt und abgebaut werden muß (wozu die ‚Kritik der Warenästhetik' ein vorzügliches Instrumentarium bietet), sondern daß die emanzipatorischen Inhalte, die an die Stelle dessen treten sollen, auch sinnlich faßbar werden müssen (Kerbs 1972, S. 45). Mit der „Kritik der Warenästhetik" ist die Möglichkeit eröffnet, die Aufforderung ergangen und der Maßstab gesetzt für eine qualifizierte pädagogische Arbeit in diesem Gegenstandsbereich.

In der Werbung z. B. werden die Haugschen Gedanken besonders offenkundig belegt: Das Waschmittel, das mit immer neuen Zusätzen oder Änderungen der Verpackungsgröße etc. wirbt und sich so von anderen gleichwertigen Produkten abheben soll, die – betrachtet man den weißpulvrigen Inhalt der Pakete – nicht voneinander zu unterscheiden sind. Aber auch auf anderem Gebiet scheinen sich die Haugschen Beobachtungen zu bestätigen. Zur Illustration des Aspektes der

Scheinbefriedigung kollektiver Handlungen kann auf eine von Dahlmüller u. a. angefertigte Analyse der Sendung „Aktenzeichen XY... ungelöst" zurückgegriffen werden. Man könnte auch an Fahndungsaufrufe in der Tagesschau denken, die mit dem Hinweis auf eine gemeinsame Bedrohung vergessen lassen, daß die Grundlage unserer Gesellschaft in erster Linie wirtschaftliche Interessen einzelner sind. Dahlmüller u. a. haben ein Schaubild erstellt, in dem Bilder/Kommentar/Analyse einander gegenübergestellt sind. Zur Illustration scheinbar kollektiver Handlungen soll der Abschnitt „Die mediale Präsentation" zitiert werden:

„... Die Sendung wird als ‚live'-Übertragung inszeniert, um beim Zuschauer Dramatik, Beteiligung und Mithilfe während der ‚TV-Fahndung' zu stimulieren. Sie besteht aus zwei Teilen, wobei der erste Teil die Erfolgserlebnisse der vorangegangenen Sendung rekapituliert und ergänzt und hauptsächlich der Vorführung der neuen Fälle dient. Kurz vor Mitternacht werden im zweiten Teil die eingegangenen Hinweise gesammelt und kommentiert. Der Zuschauer wird an einem ‚XY'-Abend bis zu vier Stunden an den Bildschirm gefesselt.

Die verschiedenen Fernsehstudios sind koordiniert und bilden zusammen ein gigantisches Polizeikommissariat. Ein mächtiger Fernsehapparat wird in Bewegung gesetzt, dem ein großes Aufgebot an dienstleistendem Personal zur Verfügung steht. Durch ständiges Kontakthalten mit den Außenstellen, im Studio eigens zuständigen Kriminalbeamten und den in die Aktion miteinbezogenen Zuschauern wird der Eindruck vermittelt, es handle sich um ein technisch perfektes und von einem Millionenheer professioneller und freiwilliger Polizisten unterstütztes Fahndungsunternehmen im Dienste einer imaginären ‚Fernseh-Interpol'. Damit findet eine Verschmelzung amtlich-kriminalpolizeilicher Fahndung mit der ganzen Institution Fernsehen und der Gesamtbevölkerung statt, die eine totale Verbrechensbekämpfung simuliert" (Dahlmüller u. a. 1973, S. 129/130).

Professor Grzimeks Hinwendung zu Problemen der Tierwelt hat einen ähnlichen Effekt, wie es überhaupt das Ziel der Medien zu sein scheint, dem Zuschauer „die Welt der Tiere ins Haus zu bringen" (wie es die Werbekampagne für die Zeitschrift „Das Tier" verspricht). Dazu sei auf den Vorankündigungstext für die Sendung „Expeditionen ins Tierreich" vom 1.10.1985 verwiesen.

Es spielt bei diesen Beispielen keine Rolle, ob der Effekt geplant ist oder nicht. Die Wirksamkeit läßt sich erahnen, wenn man beispielsweise an die zahlreichen Spenden denkt, die der „bedrohten Tierwelt" zugehen bis hin zu ganzen Erbschaften. Die Gewißheit eines sinnvollen Zieles scheint hier größer zu sein als zum Beispiel in der undurchsichtigen Entwicklungshilfe.

Zwischen den Polen eines extremen Subjektivismus (an den die Werbung appelliert) und den Hinweisen auf das große internationale Gefüge der „Teilnahme" an Ereignissen in den entferntesten Orten bewegt sich der Zeitungsleser, der Fernsehzuschauer und der Radiohörer, also zwischen streng Privatem und Öffentlichkeit.

Wenn Haug von „Ausdrucksabstraktion" (Adorno von einer „Entwöhnung" von der Sprache) spricht, so ist damit gemeint, daß die angeführten Argumente meist den Ursachen, die den Phänomenen tatsächlich zugrunde liegen, untergeordnet sind. Als Leerformeln, die eine gewisse emotionale Resonanz finden, tauchen sie dennoch auf. Ein einfaches, für diesen Zweck stark reduziertes Beispiel: Die Firma Krupp kaufte mit Unterstützung des Landes NRW eine Stahlhütte mit dem Argument der Sicherung von etwa 1 000 Arbeitsplätzen. Das

100

vorgeführte Argument war schließlich kein Hinderungsgrund, die Hütte wenige Monate später zu schließen (und die Produktion in einen anderen, nicht ausgelasteten Ort zu verlagern). Kritik äußert D. Prokop (1986) an der fehlenden Anwendung der Erkenntnisse aus der „Kritik der Warenästhetik" auf den massenkulturellen Bereich. Zudem liege der „Kritik der Warenästhetik" ein „rationalistisches Aufklärungsideal" zugrunde, mittels dessen sie zwar die in den modernen „massenkulturellen Mustern eingebaute Abstraktion" (S. 159) erkenne, allerdings alle *„Gestaltung* eigentlich von vornherein" ablehne. Besonders problematisch sei die „Dramatisierung des scheinbar manipulativen Tauschwertstandpunkts als Bösartigem und der Idealisierung eines ohne Arg auf gleichsam handwerkliche Vernunft abzielenden Gebrauchswertstandpunkts" (S. 160).

Die idealtypische Gegeneinandersetzung von Tauschwertstandpunkt und Gebrauchswertstandpunkt impliziere, daß jede Form der Sinnlichkeit der „ästhetischen Produktion" manipulativ sei: „Erscheinung wird Schein, Manipulation und Blendwerk, vom ‚Tauschwertstandpunkt', vom ‚Profitmotiv' manipulativ und verschwörerisch in Szene gesetzt. Der ‚reine Gebrauchswert', der wiederum zur bloßen Nützlichkeitsform und schließlich: auf das ‚Natürliche', ‚Echte', ‚Unverbildete' reduziert wird, wird Wesen. Alle ‚starken Reize' werden verdächtig: Kaffee und Tee, Schokolade und das Liebeswerben, die ‚inszenierte Erscheinung' überhaupt. Die Analyse der ‚Technokratie der Sinnlichkeit' richtet sich gegen Phantasie selbst zugunsten der unsinnlichen Technokratie. Als anstößig empfindet sie es letztlich, daß *überhaupt* ‚technisch produzierte künstliche Erscheinungen' vorhanden sind, die die Menschen faszinieren" (S. 160). Prokops Kritik gipfelt in der Behauptung, daß aufgrund der Beschreibung der „monopolkapitalistischen" Ausprägung der Warenproduktion lediglich von den Verpackungsstrategien her, die mit Warenproduktion generell gleichgesetzt werden, es Haug gar nicht um die „kapitalistische" Warenproduktion gehe. Die so „scheinbar plausibel aufklärend beginnende Analyse" entstehe − „nachdem alle ‚wesentlichen' Vorführungen zurückgewiesen sind −, indem sie ein vor allem bei knappen Ressourcen im Reproduktionsbereich bürokratisch benötigtes Leitbild propagiert: Arbeit, Disziplin, ‚Lebensbejahung' und das ‚Natürliche', ‚Objektive' und objektiv im Interesse von Produktionssteigerung Notwendige" (S. 161).

Diese Kritik scheint zutreffend zu sein, zumal Haug in seiner „Kritik der Warenästhetik" konstatiert, daß im Sozialismus des Ostblocks gesellschaftliche Rationalität sich als Priorität der Produktion vor der Konsumtion konkretisiere, der jene, in letzter Distanz, allein diene. „Den Vorrang der Produktion wie ihre Bestimmung durch menschliche Bedürfnisse gewährleisten der Plan und die ihn tragende politische Organisation. Anstrengung und Einschränkung, die der Vorrang der Produktion den Individuen zumutet, sind vom Zweck her, dem sie unterworfen sind, bei allen Schwierigkeiten und Reibungsverlusten rational begründet und einsehbar, auch wenn die Einsicht in die Notwendigkeit und die Konsequenz für gesellschaftlich adäquates Verhalten, kurz, die sozialistische Persönlichkeit, sich nicht automatisch herstellen, sondern erst das Ergebnis langwieriger politischer und ökonomischer Arbeit sein können" (Haug 1971, S. 144). Der Widerspruch zwischen den „privatisierenden" Interessen der Massen und dem im „proletarischen Staat angeblich repräsentierten Allgemeininteresse" werde — so Prokop — durch die Kritik am „Warenschein zugunsten des Staats gelöst" (S. 161).

7. Kultur und gesellschaftliche Veränderung

7.1. Kultur und Massenmedien

Das Konzept der „Kulturindustrie" und die Betonung der zentralen Rolle von Massenmedien und „popular culture" wurde von H. Marcuse popularisiert und in die Gesellschaftstheorie integriert. „Vor allem waren es wohl die Werke Herbert Marcuses, die entscheidend dazu beitrugen, das Modell der Kritischen Theorie von Massenkommunikation in den Vereinigten Staaten und in Westeuropa zu propagieren" (Kellner 1982, S. 499). Analog zu Adorno hat Marcuse die dominierende Rolle von Massenkommunikation und Massenkultur im Hinblick auf die Manipulation des Bewußtseins und der Instinkte hervorgehoben. Diese Manipulation führe zur Konformität mit dem bestehenden Gesellschaftssystem. Die Massenmedien beeinflussen – so Marcuse – viel stärker als die Sozialisationsinstanz Familie das Denken und Verhalten der Individuen. Sie tragen letztendlich zu einem Verlust an individueller Autonomie bei. „Mit der Abnahme der Bewußtheit, mit der Lenkung der Information, mit dem Aufgehen der individuellen in die Massenkommunikation wird das Wissen unter Verwaltung gestellt und eingeschränkt. Der einzelne weiß nicht wirklich, was vor sich geht; die überwältigende Maschinerie der Erziehung und Unterhaltung vereint ihn mit all den anderen in einem Zustand von Empfindungslosigkeit, von dem alle schädlichen Ideen möglichst ausgeschlossen bleiben" (Marcuse 1968b, S. 105).

In seinem Hauptwerk „Der eindimensionale Mensch" (1967) resümiert Marcuse: „Die bloße Abwesenheit aller Reklame und aller schulenden Informations- und Unterhaltungsmedien würde das Individuum in eine traumatische Leere stürzen, in der es die Chance hätte, sich zu wundern, nachzudenken, sich (oder vielmehr seine Negativität) und seine Gesellschaft zu erkennen. Seiner falschen Väter, Führer, Freunde und Vertreter beraubt, hätte es wieder sein ABC zu lernen. Aber die Wörter und Sätze, die es bilden würde, könnten völlig anders ausfallen, ebenso seine Wünsche und Ängste... Das Nicht-Funktionieren des Fernsehens und verwandter Medien könnte so erreichen, was die immanenten Widersprüche des Kapitalismus nicht erreichten ⊢ den Zerfall des Systems" (Marcuse 1967, S. 256 f.). D. Kellner hat dieses „bizarr" anmutende Zitat interpretiert:

„... 1) die Medien sind der soziale Kitt, der das System zusammenhält; 2) sie sind allmächtig und manipulativ und dienen unmittelbar den Interessen der Stabilisierung und Reproduktion des fortgeschrittenen Kapitalismus; und 3) wenn sie ausgeschaltet würden (ggf. durch Subversion?), würde der fortgeschrittene Kapitalismus zerfallen, und die Menschen könnten endlich ihre wahren Bedürfnisse und Interessen herausfinden und dann ihre Befreiung erreichen" (Kellner 1982, S. 500).

In der Verhältnisbestimmung von Kunst (Kultur) und Gesellschaft hat Marcuse darauf hingewiesen, daß eine autonome ästhetische Praxis und eine aus zweckrationalen Handlungszusammenhängen gebildete Gesellschaft „eine prekäre, komplementär aufeinander verweisende Einheit bilden" (Dubiel 1982, S. 479). Diese Verhältnisbestimmung begreift er als ambivalent, und zwar deshalb, weil trotz ihres marginalen Status Kunst immanenter Bestandteil der gegebenen Gesellschaft sei, andererseits jedoch „draußen" stehe und somit ein transzendentes utopisches Potential darstelle, das über die Bedürfnisse der materiellen Produktion hinausgehende Wünsche und Imaginationen der Gesellschaft enthalte. Immanent sei darüber hinausgehend der Konflikt zwischen progressiven und regressiven Elementen für Kunst und Kultur. Als „affirmative Kultur" bezeichnet Marcuse die künstlerische Produktion der hochbürgerlichen Epoche. Diese habe sich pathetisch als Teil einer intellektuellen Kultur begriffen, die dem Bereich der materiellen Kultur („Zivilisation") unvermittelt gegenüberstehe. „Kultur war stets das Vorrecht einer kleinen Minderheit, eine Sache von Reichtum, Zeit und zufälligem Glück. Für die benachteiligte Volksmasse waren die ‚höheren Werte' stets bloße oder leere Ermahnungen, Illusionen, Täuschungen; bestenfalls waren sie Hoffnungen und Bestrebungen, die unerfüllt blieben. Die privilegierte Stellung der Kultur, die Kluft zwischen der materiellen Zivilisation und der geistigen Kultur, zwischen Notwendigkeit und Freiheit, war auch die Kluft, die das Reich der nicht-wissenschaftlichen Kultur als ein Reservat fortbestehen ließ. In ihm konnten Literatur und Kunst Wahrheiten erreichen und übermitteln, die in der etablierten

Wirklichkeit geleugnet und unterdrückt oder in gesellschaftlich nützliche Begriffe und Maßstäbe überführt wurden" (Marcuse 1968c, S. 154). Zwar bestehe heute noch diese höhere Kultur, sie werde aber zunehmend von der Gesellschaft vereinnahmt, bzw. die Gesellschaft habe längst die geistigen Bereiche isoliert, worin diese Kultur in ihrem Erkenntnisgehalt verstanden werden konnte. „Der Operationalismus im Denken und Verhalten verweist (diesen Erkenntnisgehalt, Th. H.) an die persönliche, subjekte, emotionale Dimension; in dieser Form können sie dem Bestehenden leicht eingepaßt werden — die kritische, qualitative Transzendenz der Kultur wird beseitigt und das Negative dem Positiven integriert. Die oppositionellen Elemente der Kultur werden so abgebaut: Die Zivilisation übernimmt, organisiert, kauft und verkauft die Kultur..." (S. 155). Das sich ändernde Verhältnis von Kultur und Zivilisation sei das Werk der „neuen" technologischen Gesellschaft.

Unter den Bedingungen einer technologischen Gesellschaft müsse die Etablierung einer Zufluchtstätte geistiger Unabhängigkeit die Form eines Rückzuges, bewußter Isolierung, „intellektueller Elitebildung" annehmen (S. 161). Eine „Neubestimmung der Kultur" müßte den mächtigsten ökonomischen und technologischen Trends zuwiderlaufen. „Sie würde die Befreiung des Denkens, Forschens, Lehrens und Lernens von dem bestehenden System von Werten und Verhaltensweisen bedeuten sowie die Ausarbeitung von Methoden und Begriffen, die imstande sind, die Grenzen der etablierten Tatsachen und ‚Werte' rational zu überschreiten" (ebd.).

An den akademischen Disziplinen übt Marcuse in diesem Zusammenhang heftige Kritik, da sie zunehmend zum behavioristischen „Pseudo-Empirismus" zu entarten drohen. Notwendig sei deshalb eine Wiederbelebung und Stärkung der nichtwissenschaftlichen Kultur. „Es scheint mir, daß das Gebiet der Literatur, Kunst und Musik unendlich schöner, wunderbarer, tiefer, komplexer und artikulierter ist..." (S. 168).

In dem Essay „Tod der Kunst im Zeitalter der Technologie?" konstatiert Marcuse, daß Kunst sich bisher nur verwirklichen konnte, indem sie Illusion blieb und Illusionen schuf. Gegenüber früheren Zeiten habe sich der Stellenwert von Kunst insofern geändert, als sie heute ein potentieller Faktor bei der Konstruktion einer neuen Realität werde. Voraussetzung dafür sei, daß Kunst als Erkennen und Rückerinnern sich auf die „ästhetische Macht der Ruhe" besinne, der „Ruhe des Bildes und der Statue, der Ruhe, die die Tragödie durchdringt und der Ruhe, die in der Musik vernommen wird. Ruhe als kommunikatives Medium, als Bruch mit dem Gewöhnlichen und Vertrauten; Ruhe nicht nur an einem bestimmten Platz oder zu einer bestimmten Zeit für die Kontemplation reserviert, sondern als eine ganze Dimension, die vorhanden ist, ohne gebraucht zu werden. Lärm ist überall der Aggression zugesellt. Urtrieb aller erotischen und ästhetischen Energie, sucht der narzistische Eros vor allem anderen die Gelassenheit. Die Gelassenheit, in der die Sinne dem, was in der täglichen Geschäftigkeit und in dem täglichen Vergnügen unterdrückt wird, ihre Aufmerksamkeit und ihr Gehör widmen können; in der wir wirklich sehen, hören und fühlen können, was wir und was die Dinge sind" (Marcuse o. J., S. 4/5). Kunst könne als Form der Imagination die Konstruktion einer neuen Gesellschaft einleiten... „In dem Maße, wie die ästhetischen Qualitäten die nicht-aggressiven Qualitäten par excellence sind, würde Kunst als Technologie und Technik die Entstehung einer neuen Rationalität hinsichtlich der Konstruktion einer neuen Gesellschaft implizieren, d. h.: die Entstehung neuer Verhaltensweisen und Ziele des technischen Fortschritts selbst" (S. 5). Die Verwirklichung von Kunst in diesem Sinne als Prinzip gesellschaftlicher Rekonstruktion setze einen grundsätzlichen gesellschaftlichen Wandel voraus, eine „totale Umorientierung des Lebens in einer neuen Gesellschaft". In einer solchen Gesellschaft würde „Kunst-Technik die Lebens-schützenden und Lebens-erweiternden Möglichkeiten der Materie freisetzen; das Leben würde von einem Realitätsprinzip beherrscht werden, welches die Energie der Aggression zugunsten der Energie der Lebenstriebe auf einer sozial erträglichen Stufe hält" (S. 6). In diesem Sinne sei Kunst tatsächlich eine Illusion: eine Darstellung dessen, was nicht ist. Dennoch: das „Gewußt-wie" liege schon vor, die Instrumente und Materialien für die Konstruktion eines · nicht-aggressiven, ästhetischen Milieus seien vorhanden. Die Verwirklichung, die wirkliche Änderung — Menschen und Gegenstände zu befreien — bleibe Pflicht der politischen Aktion. „Aber diese wesensfremde Aktivität heute ist vielleicht der Situation von Kunst zugehörig — und vielleicht sogar die Vollendung von Kunst" (S. 9). Dieser Prozeß

der gesellschaftlichen Veränderung soll im folgenden nachvollzogen werden.

7.2. Veränderung der Gesellschaft

Marcuse kann der Eindruck, daß der von Marx beschriebene
Klassenantagonismus aus der gesellschaftlichen Realität ver-
schwunden sei, nicht darüber hinwegtäuschen, daß Bourgeoi-
sie und Proletariat nach wie vor die grundlegenden Klassen
seien (Marcuse 1967, S. 15). Es bestehe nun aber für ihn das
Problem zu zeigen, daß der an sich unauflösbare Konflikt zwischen Lohn und Profit nach wie vor bestehe. Erschwert werde diese Behauptung durch das scheinbare Verschwinden des
Klassengegensatzes. Marcuse versucht also zu erklären, warum
die Integration der Gegensätze in der Industriegesellschaft
nur künstlich zustande kommt: ,,Zunächst einmal haben sich
die Möglichkeiten der Gesellschaft, sich der Opposition zu
stellen, gewandelt. Die ,spätkapitalistische Gesellschaft' kann
heute von einer Position der Stärke aus auf die Anwendung
von Terror verzichten, weil sie auf technologischem Wege viel
erfolgreicher ist. Die technischen Möglichkeiten der ,spätkapi-
talistischen Gesellschaft' gestatten den Übergriff der Herrschaft
auf das Individuum im Namen der Vernunft und zugunsten
aller sozialen Interessen. ,Die Produktivität und Leistungsfähigkeit' (der Industriegesellschaft), ihr Vermögen, Bequem-
lichkeiten zu erhöhen und zu verbreiten, Verschwendung in
Bedürfnis zu verwandeln und Zerstörung in Aufbau, das Ausmaß, in dem diese Zivilisation die Objektwelt in eine Verlänge-
rung von Geist und Körper des Menschen überführt'' (S. 29),
lasse nicht nur jeden Widerspruch unmöglich, sondern sogar
irrational erscheinen. ,,Und doch ist diese Gesellschaft als Ganzes irrational'' (S. 11). Ihren Fortbestand schöpfe sie aus der
Macht, Bedürfnisse zu befriedigen und so jede Kritik an den
eklatanten Widersprüchen vorbeizulenken: der Identität von
Wohlfahrtsstaat und Kriegsführungsstaat, der anwachsenden
Zerstörung, die mit anwachsender Produktivität zusammen-
geht. Zufriedenheit, die angesichts dieser widersprüchlichen
Tatsachen erzeugt werde, sei ,,Euphorie im Unglück'' (S. 25).
Der Lebensstandard sei ein verwalteter. Marcuses Theorie der
,,spätkapitalistischen Gesellschaft'' apostrophiert die Gesell-

schaft als stationär, denn sie sei das Opfer totaler Herrschaft in ihrer reinsten Form, der totalen Verwaltung, geworden. „Unter ihrer handgreiflichen Dynamik ist diese Gesellschaft ein völlig statisches System des Lebens: Sie reproduziert sich stets aufs Neue in ihrer unterdrückenden Produktivität und vorteilhaften Gleichschaltung" (S. 37). Die Integration des Systems stelle sich als Folge des verdrängten kritischen Bewußtseins dar. Das bedeute, daß eine Umfunktionierung der ehemaligen Träger der gesellschaftlichen Veränderungen stattgefunden habe. „Das Volk, früher das Ferment gesellschaftlicher Veränderungen, ist aufgestiegen, um zum Ferment gesellschaftlichen Zusammenhalts zu werden... Unter der konservativen Volksbasis befindet sich jedoch das Substrat der Geächteten und Außenseiter: die Ausgebeuteten und Verfolgten anderer Rassen und anderer Farben, die Arbeitslosen und Arbeitsunfähigen. Sie existieren außerhalb des demokratischen Prozesses; ihr Leben bedarf am unmittelbarsten und realsten der Abschaffung unerträglicher Verhältnisse und Institutionen. Damit ist ihre Opposition revolutionär, nicht ihr Bewußtsein. Ihre Opposition trifft das System von außen und wird deshalb nicht durch das System abgelenkt" (S. 267). Dem technischen Apparat sei es gelungen, das Individuum an einer Vorstellung seines wahren Glücks zu hindern. Das eindimensionale Denken, die eindimensionale Sprache beweisen und die totale Verwaltung garantiere den „Sieg über das unglückliche Bewußtsein". Die enormen Anstrengungen, die die Gesellschaft unternehme, um den Freiheitswillen des Menschen zu brechen, mache sie für das Individuum zur Hölle. Die „reine Form der Knechtschaft" bestehe für den einzelnen darin, „als ein Instrument, als ein Ding zu existieren" (S. 53). „Jene, die in der Hölle der Gesellschaft im Überfluß leben müssen, werden mit einer Brutalität bei der Stange gehalten, die mittelalterliche Praktiken und solche der Neuzeit wiederbeleben" (S. 44). An dieser Stelle sei darauf hingewiesen, daß es Marcuse weniger um den technisch-wirtschaftlichen Unterbau der industriellen Gesellschaft geht als vielmehr darum, Prozesse, die sich im Bewußtsein vollziehen, zu sezieren. So entsteht schon jetzt der Eindruck, daß Marcuse sich mehr vom kulturkritischen Fluidum der „spätkapitalistischen Gesellschaft" bannen läßt, statt den Blick auf das System selbst zu richten.

Aus der kritischen Analyse der „spätkapitalistischen Gesellschaft" projiziert Marcuse das Bild einer „freien Gesellschaft". Für ihn sei jede Verwandlung der technischen und der natürlichen Umwelt eine reale Möglichkeit. „Wir können heute die Welt zur Hölle machen, wir sind auf dem besten Wege dazu, wie Sie wissen. Wir können sie auch in das Gegenteil verwandeln. Dieses Ende der Utopie, d.h. die Widerlegung jener Ideen und Theorien, denen der Begriff der Utopie zur Denunziation von geschichtlich-gesellschaftlichen Möglichkeiten gedient hat, kann nun auch in einem sehr bestimmten Sinn als Ende der Geschichte gefaßt werden, nämlich in dem Sinne, daß die neuen Möglichkeiten einer menschlichen Gesellschaft und ihrer Umwelt, daß diese neuen Möglichkeiten nicht mehr als Fortsetzung der alten, nicht mehr im selben historischen Kontinuum vorgestellt werden können, daß sie vielmehr einen Bruch mit dem geschichtlichen Kontinuum voraussetzen, jene qualitativen Differenzen zwischen einer freien Gesellschaft und den noch unfreien Gesellschaften, die nach Marx in der Tat alle bisherige Geschichte zur Vorgeschichte der Menschheit macht" (Marcuse 1968a, S. 69). Eine der neuen Möglichkeiten, die die qualitative Differenz der freien von der unfreien Gesellschaft anzeige, bestehe darin, „das Reich der Freiheit im Reich der Notwendigkeit erscheinen zu lassen, in der Arbeit und nicht nur jenseits der notwendigen Arbeit" (S. 70). Die Verwirklichung des Projektes einer neuen Gesellschaft sei nur dann unmöglich, wenn „die subjektiven und objektiven Faktoren einer gegebenen gesellschaftlichen Situation der Umwandlung entgegenstehen – die sog. Unreife der gesellschaftlichen Situation, z.B. kommunistischer Projekte während der französischen Revolution. Oder vielleicht heute: Sozialismus in den höchstentwickelten kapitalistischen Ländern" (S. 70). Man könne also nur dann von einer Utopie sprechen, wenn ein Projekt der gesellschaftlichen Umwandlung wirklichen Naturgesetzen widerspreche. Nur ein solches Projekt sei im strikten Sinn utopisch, d.h. außergeschichtlich. Die Umwandlung der Gesellschaft könne aufgrund fehlender subjektiver und objektiver Faktoren als provisorisch unrealisierbar bezeichnet werden, denn die gesellschaftlichen Träger der Umwälzungen formieren sich erst in dem Prozeß der Umwälzung selbst. Man könne nicht mit einer Situation rechnen, in der die revolutionären Kräfte sozusagen als „ready-made" vorhanden seien, wenn die revolutionäre Bewegung beginne. Es gebe ein gültiges Kriterium für die mögliche Realisierung, nämlich, „wenn die materiellen und intellektuellen Kräfte für die Umwälzung technisch vorhanden sind, obwohl deren rationale Verwendung durch die bestehende Organisation der Produktivkräfte verhindert wird" (S. 72). Die materiellen und intellektuellen Kräfte, die für die Realisierung einer freien Gesellschaft eingesetzt werden können, seien nämlich da. Daß sie nicht für sie eingesetzt werden, sei der totalen Mobilisierung der bestehenden Gesellschaft gegen ihre eigene Möglichkeit der Befreiung zuzuschreiben (S. 72). Dieser Zustand mache allerdings in keiner Weise die Idee der Umwälzung selbst zu einer unrealistischen Vorstellung. So sei man sich heute nicht hinreichend darüber im klaren, was die technisch mögliche Abschaffung etwa der Armut, des Elends und der Arbeit impliziere. Das bedeute nämlich, daß diese geschichtlichen Möglichkeiten in Formen gedacht werden müssen, die in der Tat eher den Bruch als die Kontinuität mit der bisherigen Geschichte bedeute. Es gehe um einen Bruch mit der Kontinuität der Bedürfnisse, die die Repression schon in sich tragen: „Der Sprung in die qualitative Differenz ist nicht etwas Ausgedachtes, sondern etwas, das in der Entwicklung der Produktivkräfte selbst angelegt ist. Sie hat heute einen Stand erreicht, wo sie tatsächlich neue vitale Bedürfnisse fordert, um ihren eigenen Möglichkeiten gerecht zu werden" (S. 73). Diese Möglichkeiten der Produktivkräfte seien vor allem in der Technologisierung der Herrschaft und der weiteren Reduktion physischer Arbeitskraft im materiellen Produktionsprozeß zu sehen. Dies bedeute zum Beispiel die Negation des Leistungsprinzips, der Konkurrenz etc. An ihre Stelle würden andere Bedürfnisse treten, wie das Bedürfnis nach Frieden, das Bedürfnis nach Ruhe, das Bedürfnis nach Alleinsein (S. 75). Diese neuen Bedürfnisse würden als gesellschaftliche Produktivkraft eine totale technische Umgestaltung der Lebenswelt möglich machen.

An einigen Stellen wurde schon deutlich, daß sich Marcuse bei der kritischen Analyse der „spätkapitalistischen Gesellschaft" moralischer, politischer und ästhetischer Kategorien bedient hat. In dem Werk „Versuch über die Befreiung" (Marcuse 1969a) baut er auf diesen Kategorien ein „Kunstwerk der Gesellschaft" auf. Der Aufbau einer solchen Gesellschaft setze jedoch einen Menschentyp voraus, der sowohl eine andere Sensibilität als auch ein anderes Bewußtsein besitze: „Menschen, die eine andere Sprache sprechen, andere Ausdrucksformen haben, anderen Impulsen folgen; Menschen, die eine Schranke gegen Grausamkeit, Brutalität und Häßlichkeit aufgerichtet haben. Solch eine triebmäßige Transformation ist nur dann als Faktor sozialen Wandels denkbar, wenn sie in die gesellschaftliche Arbeitsteilung eindringt, in die Produktionsverhältnisse selbst" (S. 40).

Die neue Sensibilität und das neue Bewußtsein, die die gesellschaftliche Transformation bestimmen, erfordern eine neue Sprache, um die neuen Werte zu definieren und zu vermitteln. Die radikale Transformation der Gesellschaft impliziere das Bündnis einer neuen Sinnlichkeit mit einer neuen Rationalität. In der freien Gesellschaft werde die Phantasie des Individuums produktiv, da sie zwischen Sinnlichkeit auf der einen Seite und theoretischer wie praktischer Vernunft auf der anderen vermittle und dabei den Umbau der Gesellschaft leite (S. 67).

Das sei die Zukunft, aber sie breche bereits in die Gegenwart ein; „in ihrer Negativität antizipieren die heutige, entsublimierende und Antikunst eine Stufe, auf der die Kapazität der Gesellschaft zu produzieren dem schöpferischen Vermögen der Kunst, und der Bau der künstlichen Gesellschaft dem Umbau der wirklichen ähneln kann − ein Bündnis von befreiender Kunst und befreiender Technologie. Kraft dieser Antizipation bildet die ungeordnete, grobe, possenhafte, künstlerische Entsublimierung der Kultur ein wesentliches Element radikaler politischer Taktik" (S. 75/76).

Es gebe bereits Anzeichen für die Transformation der „spätkapitalistischen Gesellschaft": In der Produktions- und Konsumtionstendenz dieser Gesellschaft und der Ausbreitung der Warenform sei eine Schwächung der repressiven gesellschaftlichen Moral, die das System stütze, zu beobachten.

In der Formierung von noch relativ kleinen und schwächlich organisierten Gruppen, die kraft ihres Bewußtseins, ihrer Bedürfnisse, als potentielle Katalysatoren der Rebellion innerhalb der Mehrheit wirken, sieht Marcuse den Ausgangspunkt einer Revolutionierung der „spätkapitalistischen Gesellschaft". Er sei sich allerdings darüber im klaren, daß die Entwicklung eines radikalen politischen Bewußtseins bei den Massen nur denkbar sei, wenn die ökonomische Stabilität und der gesellschaftliche Zusammenhalt des Systems zu erschlaffen beginnen. Im Gegensatz zu Marx nehme die Arbeiterklasse in der

Stabilisierungsperiode der „spätkapitalistischen Gesellschaft" eine befestigende, konservative Funktion an, und die Katalysatoren der Umwandlung werden nur von außen wirksam. Treibende Kraft sei die Weigerung, sich leistungsfähig und normal in der Gesellschaft und für eine Gesellschaft zu verhalten (S. 94). Die Auflösung der gesellschaftlichen Moral könne sich in einem Zusammenbruch der Arbeitsdisziplin bekunden, im Bummeln, in wilden Streiks etc. Dadurch gerate die in das System der Repression eingebaute Gewalt außer Kontrolle. Denn selbst die totalitärste technokratisch-politische Verwaltung bedürfe, um reibungslos zu funktionieren, eines moralischen Rückgrats in Form einer relativ positiven Einstellung der ihr unterworfenen Bevölkerung.

Marcuses Theorie und sein Entwurf einer „freien Gesellschaft" sind zum Teil heftig kritisiert worden. Stichpunktartig läßt sich diese Kritik wie folgt zusammenfassen:

Marcuse sei nicht imstande, das Verhältnis der Momente zum Ganzen zu differenzieren, wie etwa Marx Produktivkräfte und Produktionsverhältnisse differenziert habe. Statt dessen biete er nur paradoxale Umbenennungen an: „Die totale Rationalität, die in Wirklichkeit Zerstörung sei; Freiheit der Bedürfnisbefriedigung, die in Wirklichkeit Unterwerfung sei" (S. 59). Seine Zielvorstellungen, sofern sie nicht einfach die Negationszeichen des „Schluß mit" oder „heraus aus dem Bestehenden" setzen, versichern lediglich — so Haug (1968) — das ganz Andere als Kategorie. „Ausdrücklich attestieren sie das Neue am Angezielten als neu" (S. 61).

Aufgrund ihrer radikalen Negativität bleiben Marcuses Zielbegriffe an das Bestehende geheftet, und das zu bestimmende Motiv fürs ganz andere bleibe durchweg das zu zerstörende Ganze. Bei Marcuse sei die Form der Kritik nicht mehr historische Arbeit, sondern bleibe abstrakt totale Negation. Außerdem stelle das Ästhetische wie das Erotische nicht per se die zweite Dimension dar. Es bedürfe nämlich immer noch der Übersetzung in rationale Worte.

„Die Spannung, endlich einmal — und sei es mit der gewagten Science-fiction-Prophetie eines Jules Vernes dieses Jahrhunderts — philosophisch vorausgeplant die Struktur der nächsten hundert Jahre vorgeführt zu erhalten, löst sich in Enttäuschung. Es ist nicht so sehr das Erstaunen darüber, daß die Gesellschaft zum Kunstwerk umgeformt werden soll; vielmehr breitet sich Erschrecken darüber aus, daß ein Soziologe dieses Jahrhunderts genau jene menschliche Zukunfterwartung, wie sie Friedrich Schiller in seiner ‚Ästhetischen Erziehung des Menschengeschlechts' kurz nach der Französischen Revolution und als deren idealistischen Widerhall entwarf, noch einmal hervorzieht und als ausreichend gerüstet ansieht, die gesellschaftliche Veränderung einer hochindustrialisierten Gesellschaft zu leisten" (Schultz 1969, S. IV).

Die lebens-, weil zukunftswichtige Suche nach dem „Menschen von morgen" ende bei Marcuse damit, daß er ein „Konterfei des idealistischen Persönlichkeitskults aus den Folianten der Philosophiegeschichte" zerre.

Marcuses Entwurf einer „konkreten Utopie" und damit der Versuch der Konzeption des Bildes vom „neuen Menschen" stelle die Neuauflage eines klassischen Bildungsideals dar. Aus der pauschalen Negation des Bestehenden werde die Konzeption einer Utopie in Form einer ästhetischen, künstlerischen Gesellschaft höchst fragwürdig (ebd.).

7.3. Resümee und Ausblick

Eine konkret-utopische Gesellschaft, d. h. eine Gesellschaft, die Menschenwürde für alle gewährleistet, sowie gleiche Existenzmöglichkeiten anbietet, liegt durchaus in der Entwicklungsmöglichkeit der Geschichte.

„Eine solche Gesellschaft wäre die in sich befriedete Menschheit. In der Idee einer solchen Menschheit, die ein Maximum innerer Konflikte vereint, findet die dialektische Theorie das soziale Subjekt, von dem sie den Maßstab der Rationalität bezieht" (Messelken 1969, S. 119).

Die in diesem Zusammenhang so bedeutende Frage, wie und wo sich individuelle Schöpferkraft im sozialen Maßstab einer Gesellschaft entwickeln kann, in der die materielle Produktion zunehmend automatisiert und standardisiert wird, versucht Marcuse durchaus realistisch zu beantworten: „Folgende Alternativen bieten sich an:

1. entweder ändert die materielle Produktion selbst ihren Charakter grundlegend und geht von entfremdeter in nicht-entfremdete Arbeit über, oder:
2. die materielle Produktion wird völlig von schöpferischer

Individualität geschieden (mit Ausnahme von technologischer Intelligenz und Phantasie, die sich im Produktionsapparat geltend macht), und die Individuen sind außerhalb
des materiellen Produktionsprozesses tätig" (Marcuse
1969b, S. 172).

Die erste Alternative impliziere einen grundlegenden Wandel
der Beziehungen der Produzenten und Konsumenten zum Apparat selbst. Die zweite setze einen Erziehungsprozeß voraus, der
auf kritische Rationalität des einzelnen ziele. Pessimistisch
bleibt Marcuse im Hinblick auf die Realisationschancen beider
Alternativen.

„Qualitative Änderung der Erziehung ist qualitative Änderung der Gesellschaft, und es besteht wenig Aussicht, daß sich
eine solche Änderung organisieren läßt; Erziehung bleibt ihr
hauptsächliches Erfordernis. Der Widerspruch ist real: Die bestehende Gesellschaft muß die Möglichkeit zur Erziehung für
eine bessere Gesellschaft bieten, und eine solche Erziehung kann
für die bestehende Gesellschaft bedrohlich werden. Daher können wir keine allgemeine Forderung nach einer derartigen Erziehung erwarten und Hilfe von oben" (S. 179).

Wie auch Enzensberger glaubt Marcuse, daß die „spätkapitalistische Gesellschaft" hinter ihren Möglichkeiten zurück-
bleibt. Die revolutionäre Opposition, die Enzensberger vor
allem im technischen Entwicklungsstand entdeckte, findet
Marcuse in den „Outcasts" der Gesellschaft, ganz gemäß seiner
Ansicht, der Widerspruch könne nicht innerhalb der Gesellschaft angesiedelt sein, da es sich dann nicht um einen Widerspruch, sondern um etwas von der Gesellschaft bereits Verein-
nahmtes handele. Auch bezüglich der Einschätzung des revolutionären Potentials können gewisse Parallelen zu Enzensberger festgestellt werden. Beide Autoren sind der Ansicht,
daß der oppositionelle Gehalt ein unbewußtes Faktum ist, das
erst über gesellschaftliche Veränderung zu seinem wahren Gehalt gelangt. Im Hinblick auf die Medien bedeutet dies, daß
zwar die Möglichkeit zu kritischem Gebrauch besteht, daß
sich die Medien jedoch noch in falschen Verwendungszusam-
menhängen befinden.

Besondere Bedeutung mißt Marcuse der Kunst bei. Problematisch ist jedoch der von ihm verwendete Kunstbegriff. Am
Beispiel der bildenden Kunst wird deutlich, wie irreal es ist,
heute noch von einer „Antikunst" zu sprechen. Bezüglich der

sog. „Outcasts" (arbeitslose Jugendliche?) wäre zu ergründen, inwieweit die Gesellschaft von dieser Opposition wirklich von *außen* betroffen wird.

Wenn man, wie Adorno, davon ausgeht, alle Kritik und alle Kreativität auch als gesellschaftlich bedingt anzusehen, sowie sich selber als Teil dessen zu begreifen, was man kritisiert, so ist ein „von außen", wie es Marcuse annimmt, nicht denkbar. In diesem Zusammenhang ist auch ein weiterer Gedanke Marcuses zu kritisieren (vgl. Marcuses „zweite Alternative"): Schöpferische Individualität wäre demzufolge in einer Art Freiraum neben der materiellen Produktion denkbar. Dieser Standpunkt wird besonders von Adorno immer wieder als trügerisch kritisiert. (Ein Beispiel aus den *Minima Moralia*):

„Die Möglichkeit des Wohnens wird vernichtet... Kein Einzelner vermag etwas dagegen. Schon wenn er sich mit Möbelentwürfen und Innendekoration beschäftigt, gerät er in die Nähe des kunstgewerblichen Feinsinns... wie entschlossen er auch gegen das Kunstgewerbe im engeren Sinn angehen mag... Das beste Verhalten all dem gegenüber scheint noch ein unverbindliches: das Privatleben führen, solange die Gesellschaftsordnung und die eigenen Bedürfnisse es nicht anders dulden, aber es ist nicht so belastend, als wäre es noch gesellschaftlich substantiell..." Als Schlußsatz formuliert Adorno: „Es gibt kein richtiges Leben im falschen" (S. 18).

Zwar ist auch nach Marcuse die Möglichkeit des individuellen kreativen Lebens neben der Produktion nicht voraussetzungslos, sondern bedarf des kritischen Verstandes des einzelnen bzw. − gesellschaftlich gesprochen − der Erziehung dazu. Der Aspekt der Erziehung wird jedoch nur sehr allgemein angesprochen.

Es ist jedenfalls offensichtlich, daß auch nicht-technologische Phantasie ihren Platz im „Produktionsapparat" findet.

In einer Unterhaltungssendung des Fernsehens wurde eine junge Frau vorgestellt, der es mit Hilfe einer Plakataktion gelungen war, eine Lehrstelle in einer Schreinerei zu bekommen. Sozusagen als Experte war auch ein Werbefachmann geladen, der es bedauerte, daß der Erfindungsreichtum der Frau nicht mehr für den Werbebereich zur Verfügung steht, sondern in einer Schreinerei gebunden ist. Wie Marcuse schrieb: „Die spätkapitalistische Gesellschaft bedarf des Terrors nicht mehr".

Widersprüchlich sind Marcuses Ausführungen zur „repressiven gesellschaftlichen Moral", die zwar überflüssig und entbehrlich sei (da der Einfluß auf die Individuen auf technologischer Ebene so erfolgreich ist), die relativ positive Einstellung der Bevölkerung werde jedoch noch benötigt. Diese scheinbare Widersprüchlichkeit findet sich auch bei Enzensberger, dort im Hinblick auf das subjektive Bewußtsein. Daß der Produktionsapparat ohne es funktionieren kann, ist mehrfach herausgehoben worden. Obwohl also das Individuelle in seiner extremen Form sogar störend wirkt, wird es „herausgezüchtet", damit an es appelliert werden kann (z.B. in der Aufforderung zum Kauf von Wohnungseinrichtungen).

8. Der Mensch — Ein sensitiver Dinosaurier? Neue Medien verändern immer die Kommunikationsstrukturen

Als Kontrast und Ergänzung zu den in dieser Arbeit versammelten kritischen Theorien über die gesellschaftspolitischen Funktionen von Massenmedien sollen im folgenden die philosophischen Überlegungen eines konservativen Klassikers der Medientheorie, Marshall McLuhans, referiert werden[20].

Wer McLuhans Gedankengänge im Zusammenhang kennen- und verstehen lernen will, wird sich in seinem Hauptwerk „Die magischen Kanäle" möglicherweise durch seinen aphoristischen Stil irreleiten lassen: Gerade dieser Stil bewirkt, daß es leicht möglich ist, ihn zu zitieren und seine Behauptungen und Beobachtungen aus dem Zusammenhang zu reißen. McLuhans aphoristischer Stil mag für ihn letztlich die Konsequenz aus der Überlegung sein, daß eine Welt der simultanen Prozesse nicht allein linear, d. h. nach streng-logischer Denkmethode, zu erfassen ist, sondern daß tiefere Erkenntnisse aus einer offenen geistigen Haltung heraus zu gewinnen sind, die die Erfahrungen aller menschlichen Sinne einbeziehen.

Dementsprechend bezieht er in seinen Schriften alle Erscheinungen ein, die in unserer Zeit in irgendeiner Weise einen Grad von Publizität erlangt haben oder unsere Lebensgewohnheiten beeinflussen: das Fernsehen wie das Radio, den Computer wie die Glühbirne, das Telefon und das Düsenflugzeug, den Krieg und die Atomwaffe, aber auch Beat-Musik, Pop-Art, Happenings und Teenager-Moden.

Alle diese Phänomene sind für ihn nicht Mittel der Veranschaulichung, sondern Gegenstände seiner Überlegungen. Sie bilden einen Komplex, aus dem sich nur schwer seine Hauptgedanken herauslösen lassen.

Ich werde im folgenden versuchen, wenigstens die wichtigsten und originellsten Überlegungen von McLuhan thesenartig zusammenzufassen.

Das „elektrische Zeitalter"
Für Marshall McLuhan ist das 20. Jahrhundert das Zeitalter der Elektrizität. Sie ist für ihn das „Medium unserer Zeit" schlechthin; nicht nur, weil sie den technischen Ablauf vieler Erschei-

nungen des technischen Lebens bestimmt, sondern weil Elektrizität zu einer totalen Wandlung unserer Welterfahrung, der zwischenmenschlichen Beziehungen und Lebensgewohnheiten geführt hat oder führen wird. Elektrizität hat es ermöglicht, ein weltumspannendes Netz wechselseitiger Kommunikation aufzubauen, das die Veränderung der menschlichen Gesellschaft nicht nur bewirkt hat, sondern geradezu bedingt.

Diese Veränderung setzt allerdings eine Weiterentwicklung, eine Adaption des menschlichen Bewußtseins an die neu entstandenen und neu wahrgenommenen Umweltverhältnisse voraus, von der wir noch weit entfernt sind. Der heutige Mensch, so stellt McLuhan provozierend fest, „sieht die Gegenwart durch den Rückspiegel", er „marschiert rückwärts in die Zukunft".

Nachhinkendes Bewußtsein

„Die neue Technologie", so McLuhan, „wird mit dem psychologischen Apparat der alten angegangen". Die Diskrepanz zwischen hochtechnisierter Umwelt und dem Bewußtsein des Menschen kann nicht nur Gefahren für den einzelnen, sondern auch für das soziale Gefüge als Ganzes hervorrufen. Diese Gefahren resultieren nicht so sehr aus den Inhalten der technischen Medien oder aus der Tatsache, daß sie psychische oder physische Schäden verursachen könnten (wie man sie etwa als Auswirkungen des Fernsehens auf Kinder befürchtet hat), sondern daraus, daß sich der Mensch die wahre Natur dieser Medien noch nicht bewußt gemacht hat.

Die Erweiterung der menschlichen Organe

In seiner ebenso umstrittenen wie originellen Theorie stellen Medien Ergänzungen, Erweiterungen oder Ausdehnungen der menschlichen Organfunktionen dar. McLuhans Thesen hierzu sind mittlerweile als Slogans bekannt geworden: „Das Rad ist eine Erweiterung des Fußes, das Buch — eine Erweiterung des Auges, Kleidung — eine Ausdehnung der Haut, der elektrische Schaltkreis — eine Ausweitung des zentralen Nervensystems."

In seinem Hauptwerk „Understanding Media" versucht er zu belegen, wie jede dieser Organausweitungen nicht nur das psychische Verhalten des Menschen, sondern auch das gesamte vom Kommunikationssystem geprägte Gefüge beeinflußt.

Entscheidend und zukunftsbestimmend ist die Analogie

zwischen dem zentralen Nervensystem und den elektrischen Medien, besonders den elektronischen Kommunikationsmitteln, die es dem Menschen ermöglichen, umfassender als bisher seine Sinnesorgane zu gebrauchen und auf Realitäten auszurichten, die nicht zum unmittelbaren Erfahrungsbereich gehören:

„Die Elektrizität bietet die Möglichkeit, mit jedem Aspekt eines Dinges oder eines Wesens sofort in Berührung zu kommen, wie das beim Gehirn selber der Fall ist." Die Welt wird so, was die Wahrnehmungs- und Erfahrungsmöglichkeit betrifft, zum „globalen Dorf"; sie erscheint dem Fernsehzuschauer als eine „brand-new all-at-onceness". Durch den rückwirkenden Einfluß der elektrischen Medien auf das menschliche Bewußtsein wird sich mit der Welt der Mensch selbst entscheidend verändern. „Die Kommunikationsmedien bestimmen, indem sie unsere Umwelt verändern, auch die Art und Weise unserer Sinneswahrnehmung. Die Erweiterung eines Sinnes verändert die Art, wie wir denken und handeln, unser Verhältnis zur Welt. Wenn sich dieses Verhältnis ändert, ändert sich auch der Mensch."

McLuhans Medientheorie, die Theorie der erweiterten menschlichen Organfunktionen, ist also geradezu eine Umdeutung der bisherigen Vorstellung, daß Medien erfunden und entwickelt wurden, um das menschliche Wahrnehmungsvermögen zu ergänzen oder um durch diese Medien auf die Umwelt einzuwirken. Für ihn ist die Tatsache entscheidend, daß nicht der Mensch Wesen und Funktion der Medien bestimmt und kontrolliert, sondern daß die Medien ihrerseits rückwirkend den Menschen verändern.

Diese Theorie impliziert, daß sich das menschliche Bewußtsein möglicherweise in ebenso entscheidender Weise verändern wird, wie es etwa die Domestizierung des Feuers oder die — für McLuhan bedeutsamere — Erfindung des Buchdrucks bewirkte.

Das „visuelle" Zeitalter

Als Beweis für die These, daß die Existenz eines Mediums die Struktur des menschlichen Denkprozesses verändern kann, indem es Einfluß auf Art und Umfang der sinnlichen Wahrnehmung gewinnt, führt McLuhan die Auswirkungen der Erfindung des Buchdrucks durch Gutenberg an.

Spätestens seit der Verwendung des phonetischen Alphabets durch die Griechen, im vollen Umfange aber mit der Erfindung der beweglichen Lettern und der damit verbundenen Massenverbreitung des Buches vollzieht sich eine Entwicklung, die zu einem „Monopol des Visuellen" geführt hat. Die menschliche Erfahrung wurde dadurch „vereinseitigt", daß nur noch das Auge als aufnehmendes Sinnesorgan beansprucht wurde, soweit es um Erfahrungen ging, die außerhalb des unmittelbaren Umwelt- und Erfahrungsbereiches lagen. Diese Vereinseitigung des Wahrnehmungsprozesses wurde gestützt und vertieft durch die Entdeckung der Perspektive in der Bildenden Kunst der Renaissance und durch die Entwicklung der Naturwissenschaft, in der das mechanische Prinzip und das Prinzip der kausalen Determination eine beherrschende Stellung erhielten.

Für die Entwicklung des menschlichen Denkprozesses bedeutete dies, daß die Aufspaltung von Wörtern als Lauteinheiten in einzelne Lettern sowie die Auflösung eines physikalischen Vorganges in kleinste, linear meßbare Einheiten zu einem abstrahierenden, sich linear vollziehenden Denkvorgang führen mußte, der das Bewußtsein des Menschen einseitig festlegte.

Das intellektuelle Disengagement

Diese Entwicklungen führten zu einer Isolierung des menschlichen Intellekts, dem eine unmittelbare, alle Sinne beanspruchende Welterfahrung nicht mehr möglich war, der die Welt nur noch „linear" begreifen und erfassen konnte. Daraus ergab sich eine indifferente, disengagierte Haltung, eine zunehmende Spezialisierung und Professionalisierung, für die der Blick auf die Totalität der Erscheinungen mehr und mehr eingeengt wurde.

Das Buch ermöglichte die Flucht des einzelnen in die Abgeschiedenheit und Isolierung des Studierzimmers; eine einseitige, lineare Kommunikation mit der Welt wurde möglich, der Dialog wurde durch das Traktat, die Vorlesung, durch die festgefügte Meinung ersetzt.

Die Folgen waren Erschütterungen des sozialen Gefüges und Störungen des menschlichen Bewußtseins, nicht zuletzt auch die Zerstörung der Einheit von Denken und Handeln.

Mit der Entwicklung der neuen elektronischen Medien aber hat sich das Primat des Visuellen überlebt.

Die multi-sensatorische Erfahrungsweise

Es geht McLuhan nicht nur darum, auf die Möglichkeit oder Notwendigkeit einer Bewußtseinsänderung hinzuweisen, er fordert sie geradezu als einen Akt der Befreiung und Überwindung des visuellen Zeitalters.

Die elektrischen Medien ermöglichen eine neue Totalität der sinnlichen Erfahrungen, die im besten Falle auf Gleichzeitigkeit und Ganzheitlichkeit aller Sinneswahrnehmungen beruht und neue Erkenntnismöglichkeiten sowie eine Veränderung des Denkprozesses einleiten kann.

„Das Streben unserer Zeit nach Ganzheit, Einfühlungsvermögen und Erlebnistiefe ist eine natürliche Begleiterscheinung der Technik, der Elektrizität. Das uns vorausgehende Zeitalter der maschinellen Industrie fand im festen Beharren auf persönlichen Ansichten die natürliche Ausdrucksform." Das bedeutet aber, daß auch der Dialog, die offene Gesprächsform, die dem elektrischen Zeitalter gemäße Kommunikationsform ist.

Die Bedeutung des Fernsehens

Durch das elektronische Medium Fernsehen wurde — so McLuhan — eine „Befreiung von der Knechtschaft des Visuellen" erst eigentlich möglich. „Bei Radio und Fernsehen — rein elektrischen Formen unter Ausschluß des mechanischen Prinzips — kommt es zu einem völlig neuen Verhältnis zwischen dem Medium und seinem Benutzer. Es ist ein Verhältnis hochgradiger Teilnahme und Einbezogenheit, das noch kein Mechanismus je geschaffen hat."

Diese Behauptung setzt schon deshalb in Erstaunen, weil in zahllosen Untersuchungen davor gewarnt wird, daß das Fernsehen zu einer vorwiegend passiven, rezeptiven Haltung führen kann und daß es zu einer Informations- und Reizüberflutung beiträgt, die das menschliche Empfinden eher abstumpfen und eine echte Erlebnisfähigkeit verkümmern läßt. Für McLuhan ist das Fernsehen per definitionem „ein audiotaktiles" Medium. Als elektrisches Medium ist es wie die Elektrizität überhaupt, „nur zufällig visuell und auditiv". Es ermöglicht uns, mit den Dingen direkter als bisher in Berührung zu kommen und auch in die räumlich und zeitlich entfernten Vorgänge einbezogen zu werden.

Auch hier setzt McLuhan eine Bewußtseinsänderung voraus: Der Fernsehzuschauer „entwickelt eine Gewohnheit des tiefen, taktilen Erkundens, (er) lebt in einer Welt des Tastbaren und der inneren Beteiligung. Er ist Schwimmer, der taucht."

Man kann diese Vorstellungen nur im Zusammenhang mit seiner ebenso originellen wie unbewiesenen Erklärung des Wahrnehmungsvorganges beim Fernsehen verstehen: Im Gegensatz zum Film, bei dem der Mensch eine sich bewegende Folge photographischer Bilder gewissermaßen als Gegenstand vor sich hat und wahrnimmt, wird beim Fernsehen nicht nur der Bildschirm, sondern durch ihn hindurch das menschliche Auge mit den punktuellen Eindrücken beliefert, wie sie der Elektronenstrahl in der Aufnahmekamera abtastet.

Das Bild, das der Zuschauer selbst rekonstruieren muß, setzt sich mosaikartig aus hellen und dunklen bzw. farbigen Einzelinformationen zusammen. Unter Zuhilfenahme aller übrigen Sinne werden sie zu einem Gesamteindruck verbunden. Das Medium verlangt also ein Dazutun, ein Mittun, somit eine innere Beteiligung.

Fernsehen ist daher ein „kühles" Medium: es „engagiert uns so sehr in dem Prozeß des Geschehens überhaupt, daß es selber kalt ist".

Wie alle „kühlen" Medien (die Cartoons und Comic Strips, das Telefon, die Hieroglyphe, das Seminar, das Einzelprodukt) zeichnet es sich dadurch aus, daß es verschiedene Sinnesorgane mit einer „unvollständigen Definition" beliefert und zur Teilnahme, zum Dazutun aktiviert.

„Heiße" Medien wie die Photographie, der Film, das Radio, das Buch, der Vortrag oder das Serienprodukt sprechen nur einen einzigen menschlichen Sinn an, geben ihm eine vollständige Definition und erfordern eine nur geringe, einseitige Aktivität.

Lernen im „elektrischen Zeitalter"

„Im Zeitalter der unmittelbar gegebenen Information gibt der Mensch es auf, sich mit zerlegender Spezialisierung zu beschäftigen und übernimmt die Rolle des Informationssammlers." Diese Entwicklung läßt sich schon heute absehen. Für die Schulkinder — hier bezieht sich McLuhan offensichtlich auf amerikanische Verhältnisse — bedeutet der tägliche Schulbesuch nur noch eine unwillkommene Unterbrechung eines selbstgewählten Unterrichts, der ihnen durch das Fernsehen zuteil wird, nicht so sehr mit der Absicht, formal zu erziehen, sondern mit der Wirkung, in eine Welt einbezogen zu werden bzw. eine Welt in sich einzubeziehen, die interessanter und vielfältiger ist als die Welt der Schule.

Als Beispiel dafür, daß der Mensch auch ohne Unterricht im formalen Sinne das Leben meistern kann, verweist er auf Faraday, der nur wenig formale Bildung genossen hatte und kaum Mathematik beherrschte, den aber zwei Qualitäten auszeichneten, die seinen Mangel an Bildung nicht nur ausglichen, sondern eine aufsehenerregende Entdeckung auf dem Gebiete der Elektrizität erst ermöglichten: ein phantastisches intuitives Vermögen, Unabhängigkeit und Originalität des Geistes.

Im elektrischen Zeitalter ist der offizielle Unterricht, ,,ideell gesehen, Zivilschutz gegen radioaktive Niederschläge von Medien''.

McLuhan prophezeit, daß der Mensch der Zukunft, dessen Arbeit sich zunehmend verkürzt, dafür bezahlt werde, daß er lernt; er wird allerdings nicht mehr ,,für das Leben'', für seinen späteren Beruf oder für seinen Lebensunterhalt lernen, sondern damit beschäftigt sein, ,,das Leben zu lernen''.

Ausblick

Nach McLuhan stellt uns jedes neue Medium auf eine neue Weise in die Welt, verändert unsere Umwelt.

Das heißt, daß ein neues Medium immer durch ein altes Medium beeinträchtigt wird. Wir werten etwa ein neues Medium immer in bezug auf das alte: Ein Auto ist ein Fahrzeug ohne Pferde, Fernsehen ist ein Wohnungskino oder ein Radio mit Bildern. Das ,,horseless carriage''-Syndrom hindert uns an der Einsicht, daß das Medium die Botschaft ist; die alten Medien behindern unser Verstehen des neuen Mediums. Daher McLuhans Angriff auf die große Aufmerksamkeit für den ,,content'' der Medien. Der Inhalt ist seinem Wesen nach sekundär, wir verwenden das neue Medium als ,,container'', als Verpackung für das alte.

Mit einem neuen Medium wird das gesagt, was wir schon im alten Medium sagen konnten: Der Inhalt des geschriebenen Wortes war das gesprochene Wort, der Inhalt des gedruckten war das geschriebene, der Inhalt des Films ist Literatur, der Inhalt des Fernsehens ist Film: ,,The medium is the message, the content is another medium''.

· Daß der Inhalt des Fernsehens Film ist, bedeutet, daß das Fernsehen uns Bilder bietet, wie der Film das auch macht. Je mehr man nun auf den Inhalt der Fernsehprogramme achtet, desto mehr sieht man nur, was der Film gegebenenfalls genauso oder nahezu so tun könnte. Das Besondere des Fernsehens ist aber nicht, daß es eine Bildsprache hat, sondern z.B., daß es diese Bildsprache jedem ins Haus liefert, und zwar so, daß Produktion und Konsumtion von Botschaften simultan erfolgen („instant information"). So beruht denn auch der spezifische Einfluß des Fernsehens nicht in dem, was es bringt, sondern in der Art und Weise, wie es das bringt: „The medium is the message."

Was McLuhan mit dieser Aussage treffen will, ist dies: Der Einfluß, den die Empfänger von „Botschaften" erfahren, ist zum Großteil auf das verwendete Medium zurückzuführen. Dieser Einfluß ist bei weitem größer als der Inhalt, der vom Medium ausgeht. Das bedeutet: Es sind die Medien, die uns gestalten, verwandeln und verändern. Dieser Satz ist eine Herausforderung, eine Auflehnung gegen allzugroße Aufmerksamkeit, die dem Inhalt von Medienbotschaften entgegengebracht wird.

McLuhans Hauptthese: Nicht der Inhalt eines Mediums ist wichtig, sondern die Art, wie wir auf das Medium, auf die Tatsache seiner Existenz reagieren.

Die zentrale These McLuhans, daß das „Wie" das „Was" der Medienprogramme dominiert, steht im Einklang mit den bisher angestellten Überlegungen: Die Inhalte treten hinter technischem Raffinement zurück. Auf den zweiten Blick scheint McLuhan daraus jedoch einen anderen Schluß zu ziehen. Zwar vermutet auch Adorno, daß die Inhalte schal und somit schon fast entbehrlich geworden sind, er unterstellt sie jedoch nicht als „längst bekannt". Dagegen scheint McLuhan sagen zu wollen, das „Alte" sei bereits hinreichend diskutiert und man wende sich mit Recht neuen (eher formalen) Fragen zu. Das Absehen von der Mitteilung oder auch die Entwöhnung von der Sprache (denn über die technische Seite der Medien ausschließlich zu reden bedeutet: nicht zuhören, was gesendet wird) scheint bei McLuhan beschlossene Sache und weiterer Analyse nicht wert. Verwirrend ist hier eine Parallele zur Kritischen Theorie, weil auch sie von der Unvermeidlichkeit der Entwicklung (Technisierung und Formalisierung) ausging.

Dahlmüller, Hund und Kommer (1973) resümieren über McLuhan:

„Ein passives Verhalten der Individuen, das vertrauensselige Warten auf die Segnungen einer Technik, deren Entwicklung nicht in ihrem Interesse liegt, wird begünstigt" (S. 32), wenn nämlich technische Veränderungen an Stelle von sozialen erwartet werden. Und: „McLuhan zeigt nicht auf, wie die Nachricht unter vom Kapital gesetzten Bedingungen zur Ware wird. Im Gegenteil, wider solche Analyse verkündet er die Scharlatanerie von der Ware, die eine Nachricht sei" (S. 30).

In der weitgehenden Abstraktion von den Inhalten zugunsten eines tiefen Fortschrittglaubens kann eine deutliche Parallele zu Enzensbergers Ausführungen gesehen werden. War es schon bei Enzensberger problematisch, den einfachen Vorgang des Einschaltens eines Fernsehgerätes als Zeichen aktiver Teilnahme anzusehen, so stellt sich auch hier die Frage, ob das Fernsehen als „kühles Medium" vom Buch u. a. zu unterscheiden ist. Denn „vollständige Definitionen" werden ja gerade vom Fernsehen geliefert, wie an Hand der Gleichzeitigkeit von Informationen (auf der Wort- und Bildebene) gezeigt wurde. Vorurteile gelangen zu uns, die wir nur mit Mühe als solche ausmachen können. Der Umgang mit Büchern erscheint schon durch das selbstgewählte Lesetempo sowie die Möglichkeit, etwas mehrmals zu lesen, weniger suggestiv. Daß ein Buch nur einen einzigen menschlichen Sinn ansprechen soll, ist schwer nachzuvollziehen. Man sollte in diesem Zusammenhang sich Sartres „Wörter" vergewissern: In seinen Augen waren die großen Dichter nicht tot, sie „hatten sich in Bücher verwandelt. Corneille, das war so ein dicker rötlicher mit Runzeln und einem Lederrücken, der nach Leim roch. Diese ungemütliche und strenge Gestalt mit den schwierigen Wörtern war eckig und stach mich in die Schenkel, wenn ich sie transportierte... Flaubert, das war so ein Kleiner in Leinen, geruchlos, aber mit gelegentlichen Kleisterspuren. Der vielseitige Victor Hugo hauste gleichzeitig auf allen Regalen. Soviel über die Körper..." (S. 49).

Zur Anteilnahme ist schließlich zu vermerken, daß das Mitgefühl am Leiden aus dritter Hand zumindest eine lernbare Haltung ist, die einem Menschen zu verschiedenen Gelegenheiten (in der Bahn, am Kiosk, beim Treppenputzen) „Mitspracherecht sichert". Und letztlich nennt auch McLuhan es eine „Ge-

125

wohnheit", die sich im Umgang mit dem „ganz Fremden" herausbildet.

Kritik an McLuhans „Rückspiegelungsdenken" hat Neil Postman (1985) formuliert: Dieses Denken gehe davon aus, daß ein neues Medium lediglich die Fortsetzung oder Erweiterung eines älteren sei (Auto = ein schnelles Pferd; Glühbirne = eine besonders starke Kerze). Diese Sichtweise zu teilen hieße zu verkennen, „auf welche Weise das Fernsehen eine Neubestimmung des öffentlichen Diskurses" vollbringe. „Weder setzt das Fernsehen die Schriftkultur fort, noch erweitert es sie. Es attackiert sie" (Postman 1985, S. 106). Allenfalls setze das Fernsehen die Tradition, die mit dem Telegrafen und der Fotografie einsetzte (Mitte des 19. Jahrhunderts), und nicht die, die mit der Druckpresse (15. Jahrhundert) begann, fort.

Zweifelsohne stehen McLuhans Arbeiten — so Rogge 1986 — in der humanistisch-qualitativen Tradition der amerikanischen Kommunikationsforschung, die es neben funktionalistischen und positivistischen Ansätzen schon in der Vor- und der unmittelbaren Nachkriegszeit gegeben habe. „McLuhan, von den technologischen Möglichkeiten der Medien als Mittel der Bildung und Humanisierung überzeugt, versucht, den (ambivalenten) Einflüssen der Medienkommunikation auf den Menschen nachzugehen. Sein Versäumnis ist, daß er die kommunikations- und informationstechnologischen Veränderungen unabhängig von historischen, politischen und ökonomischen Zusammenhängen betrachtet. Deshalb verkennt er die Verdinglichungs- und Entfremdungsprozesse in der Folge des technologischen und sozialen Wandels. Vielmehr neigt er — wie später sein Schüler Postman — zu Mystifizierungen und Pauschalisierungen, vor allem was die sozialen und individuellen Konsequenzen der Medienkommunikation anbetrifft" (Rogge 1986, S. 99).

9. Theater im Zeitalter der Technologie. Reservat authentischer Kunst und höherer Kultur

9.1. Vorbemerkung

Können nur noch diejenigen Kunstwerke ein aufklärerisches Mandat beanspruchen, die sich durch ihre esoterische (auratische) Form dem Sog massenkultureller Ideologie verweigern? Die Trennung von authentischer (höherer) Kunst und der Massenkultur potentiell zurechenbarer (niederer) Kunst wäre demnach − so Adorno − unabdingbar.

Ist geistige Unabhängigkeit unter den gegenwärtigen Bedingungen einer technologischen Gesellschaft nur noch durch Rückzug, bewußte Isolierung und „intellektuelle Elitebildung" möglich?

Zufluchtstätten einer solchen Bewegung könnten das Gebiet der Literatur, die Kunst und Musik sein.

Die Macht der „Bewußtseinsindustrie", die Herausforderung, die von den neuen Medien ausgeht, bedrohen das Ausdrucksvermögen unserer Öffentlichkeit und damit die Gestalt des Selbstbewußtseins der Bevölkerung und des einzelnen. Der Rückgang auf die Anfänge aller Öffentlichkeit ist deshalb notwendiger denn je:

„Das, was an Florenz entzückte, was die Musik ausmacht, das Theater, den klassischen Film, die Zeitungen, die Erzählkunst der Bücher, die Wissenschaft, die ja nicht allein aus Populärsendungen über Sterne und Tiere besteht. Dieser Reichtum hatte einen Mangel: Er war nicht durch jedermann zu erwerben, aber es wäre eine verbrecherische Verwüstungsaktion, die Nichterreichbarkeit des reichen Ausdrucksvermögens für jeden aufrechtzuerhalten und zugleich die in den klassischen Öffentlichkeiten versteckte Utopie zu beseitigen, daß es für den einen oder anderen und möglicherweise auch für alle, entgegen aller Wahrscheinlichkeit, erlangbar sei, etwas zu wissen, allseitig zu empfinden usf. Wer die klassischen Öffentlichkeiten zerstört, ist ein Geschichtsverbrecher" (Kluge 1985, S. 59). Der Reichtum der Erfahrung und das Geschichtenerzählen sind die Grundlagen der klassischen Öffentlichkeit, deren Charakteristikum eben der unmittelbare Zugang zu diesen Grundlagen ist. „Für diesen Verkehr gelten die Kriterien: Einmaligkeit und Dauer. Zertrenne ich die Dauer, ersetze ich die Einmaligkeit durch Übersprechen, so geht die Verbindung zu dieser menschlichen Wurzel verloren, und es entsteht abgeleitete, nicht aber klassische Öffentlichkeit" (S. 73). Kluge fordert als Antwort auf die Entwicklung der neuen Medien, die „Zeitorte der klassischen Öffentlichkeit, darunter das Kino, die Buchhandlung, den Konzertsaal, die Oper, aktiv zu verteidigen. Gehen sie an einer Stelle unter, müssen wir sie an anderer Stelle neu gründen. Spontan entsteht davon nichts. Das Bedürfnis der Zuschauer äußert sich nicht, solange sie kein Angebot vorfinden und selber (mangels klassischer Öffentlichkeit) isoliert und zerstreut sind. 17 Millionen Wünsche oder Bedürfnisse sind, für sich, kein materieller Stoff. Sie brauchen Zeitorte" (S. 108). Was bedeutet die Verteidigung von Zeitorten klassischer Öffentlichkeit wirklich? Beinhaltet die Forderung nach Aufrechterhaltung der Autonomie authentischer (höherer) Kunst tatsächlich ein aufklärerisches Mandat? Diesen Fragen soll u.a. am Beispiel der Institution Theater, die sich seit jeher als „geistige" Zufluchtsstätte sowie als Ort authentischer (auratischer) Kunst und klassischer Öffentlichkeit verstanden hat, theoretisch und empirisch nachgegangen werden.

Ohne auf einzelne historische Theaterformen und ihren Bezug zum jeweiligen Gesellschaftssystem näher einzugehen, lassen sich aus der Geschichte des Theaters drei Hauptfunktionen identifizieren:

– das Theater als Spiegelbild der Gesellschaft (als Reflex sozio-ökonomischer, familiärer, politischer und religiöser Verhältnisse);

– das Theater als Mittel sozialer Kontrolle (Primat der sozialen und historischen Ausdrucksweisen);

– das Theater als Instrument der Beeinflussung (Theaterereignis verstanden als gestaltendes Moment der Gesellschaft, als Initialzünder beim Entwurf von Konzepten nationaler Typen, als Antizipation von politischen Bewegungen, z.B. der Emanzipation des Bürgertums).

Aus diesen generellen Funktionsbestimmungen können mit einem kursorischen Blick über die Theatergeschichte sowohl die Mysterienspiele des Mittelalters (als Diener der Festigung des Glaubens), das Theater des ancien régime (als rationale Rechtfertigung der monarchischen Macht) sowie das Theater des späten Absolutismus (als Glanz und Glorie), das Theater unter den liberalen Regimes des Kapitalismus (als Erholung und Divertissement der besitzenden Klasse) als auch das gegenwärtige Theater in unserer Gesellschaft (als kommerzielles Unternehmen, als Kulturpflege, als Protest, als Meinungsbildner und als politische Plattform) bestimmt werden (Silbermann 1966, S. 173 f.). Um das Selbstverständnis der Theatermacher über das, was sie unter Theater verstehen bzw. das, was sie von zukünftigem Theater erwarten, zu erforschen, habe ich Ende 1988 eine Befragung an nordrhein-westfälischen Theatern mit exponierten Theaterproduzenten durchgeführt (vgl. Heinze 1989). Auf dieser Basis soll ein Fazit im Hinblick auf die eingangs formulierten Fragestellungen gezogen werden.

9.2. Gesellschaftliche Funktionen des Theaters

Jede Gesellschaft hat – so konstatiert Georg Fuchs 1905 in seiner „Schaubühne der Zukunft" – das „Theater, dessen sie wert ist, und niemand, auch nicht der gewaltigste Künstler vermag ihr ein anderes aufzuzwingen".

Ich muß gestehen – formuliert Max Frisch sechzig Jahre später – „die Vorstellung, daß plötzlich alle Theater außer Betrieb sind, finde ich blendend. Was unser Theater bedeutet oder nicht, nun wird es sich ja zeigen". Frischs Aussage verweist auf das Dilemma in der Diskussion über die gesellschaftlichen Funktionen des Theaters in den sechziger und siebziger Jahren. Die Theaterentwicklung erreichte Mitte und Ende der sechziger Jahre ihren Höhepunkt und stand in „engstem Zusammenhang mit den Protestbewegungen dieser Zeit; sie kann als Manifestation von deren kulturrevolutionärer Attitüde angesehen werden und ist von den Ideen dieser Bewegung getragen. Durch „workshops", eigene Festivals und einen sich rasch entwickelnden Tourneebetrieb entwickelte diese Theaterszene schon sehr bald einen hohen Grad internationaler Verflechtung. Die Gruppen arbeiteten in Land-Kommunen gleichermaßen wie in den großstädtischen Zentren und verstanden sich als „drittes Theater" (Barba). Geistiger Ahnherr dieser Bewegung ist der Surrealist Antonin Artaud, der große Antipode zu Brechts dialektischem Aufklärungstheater. Ein zweiter Entwicklungsstrang kennzeichnet diesen Theaterbereich, er führt in Grenzgebiete zwischen Theater und bildender Kunst; gemeint sind Formen des Happenings, der Aktionskunst und der Performance" (Brauneck 1982, S. 458/9).

Die interviewten Theatermacher und Experten – Roberto Ciulli (Mülheim), Volker Canaris (Düsseldorf), John Dew (Bielefeld), Hansgünther Heyme (Essen), Guido Huonder (Dortmund), Frank-Patrick Steckel (Bochum), Wolfgang Ruf (Köln) – haben diese Entwicklung zum Teil aktiv mitgestaltet oder kritisch begleitet. Es steht für sie außer Zweifel, daß die ästhetischen Erfahrungen, die sich in dieser experimentellen Grenzzone von bildender Kunst und Theater ausgebildet haben, prägenden Einfluß auf das bestehende Theater hatten. „Es ist kennzeichnend für das heutige Theater, daß es viele Berührungen mit diesen (experimentellen) Spielformen hat" (Ruf).

„Alle diese Formen sind in unser Bewußtsein übergegangen aus den 60er Jahren" (Dew). „Die Formen, die im Kontext der sog. 68er Bewegung entstanden sind, haben etwas bewegt: Sie haben das Theater als hermetische Institution kritisiert und eine Demokratisierung des Theaterprozesses eingeleitet" (Ciulli).

„Wir haben über ästhetische Ausformungen, Erarbeitungsformen etc. immerfort nachzudenken... Daß wir dabei auch auf die Arbeit dieser Gruppen schauen, ist selbstverständlich. Wie umgekehrt diese Gruppen auch auf die bestehenden Theater schauen" (Steckel).

„Das Theater übernahm vom Happening, der Aktionskunst oder der Performance entwickelte Elemente der Raum- und Szenengestaltung, mediale Techniken und Zeichensysteme in das geschlossene ästhetische System seiner Inszenierung; es bewahrte sich dadurch, daß es der ‚ganzheitlichen Ideologie des Happenings' (Werner Hofmann) nicht verfiel und seinen Spielcharakter nie in Frage stellte, eine kritische, reflexive Qualität, die dem Happening und der Aktionskunst vielfach verlorenging" (Brauneck 1982, S. 463).

Bemerkenswert an den Stellungnahmen der Theatermacher zur gesellschaftlichen Funktion des Theaters sind die – mehr oder weniger expliziten – Bezüge zu historischen Programmschriften, Stilperioden und Reformmodellen aus der Theatergeschichte, die zum Teil zurückgehen bis auf die Theaterentwicklung dieser Jahrhundertwende, z.B. zum „Theater der Zukunft: Stilbühne und Theaterreform um 1900". Charakteristisch für die Theaterreform dieser Zeit sind die Betonung des Kunstcharakters des Theaters entgegen der naturalistischen Verdoppelung der Alltagswirklichkeit, die Befreiung des Theaters von den Fesseln an die Literatur und die Konstituierung des Theaters als autonome Kunstform. Den Bezug zu dieser Stilepoche akzentuieren insbesondere Ciulli und Dew.

„Wir Theatermacher müssen darauf beharren, daß Theater eine Kunst ist. Die Schwierigkeit besteht darin, daß der Kulturbegriff immer breiter, immer beliebiger geworden ist, von Sport über die diversen Kunstgewerbe bis zur Theaterkunst und anderen Künsten. Wir haben den Begriff Kultur heruntergeschraubt auf die größtmögliche „Quantität". Theaterkunst — als strenge Kunst — muß im Kontext des Kulturbegriffs neu definiert und differenziert werden" (Ciulli). Theater sei eine kollektive Kunstform, die sich in einem vielschichtigen ökonomischen Kontext befinde, der gegenseitige Abhängigkeiten nach sich ziehe. Für Maler, für Schriftsteller sei dieser ökonomische Kontext reduziert. „Was uns aber verbindet, ist, daß unsere Kunst eine Welt anzeigen will, die wir noch nicht kennen. Eine Kunst ist immer eine neue Sicht. Vor Matisse waren die Farben, mit denen wir die Welt gesehen haben, andere. Theaterkunst ist eine Reise ins Unbekannte". Kunst findet — so Ciulli — immer in einem kreativen Prozeß statt. „Theaterschauspieler sind in dem szenischen Prozeß des Produzierens kreativ, erstellen etwas Neues... Ein Kunstwerk kann warten, Theater nicht. Theater stirbt im Augenblick, jeden Abend stirbt es". Ähnlich argumentiert J. Dew: „Theater ist nicht anders als andere Kunstformen. Es ist nur eigenartig, indem man es am Abend verbraucht, d.h. es stirbt im Augenblick seines Entstehens und ist nicht haltbar". Ciulli betont die Autonomie theatralischer Kunst und den Anspruch des Theaters auf Autorenschaft. „Ich beharre auf einer Trennung von Literatur und Theater. Literatur ist Vergangenheit. Wenn man sie liest, kann man nachvollziehen und feststellen, ob und in welcher Weise sie noch zeitgemäß ist. Nicht nur der Dramatiker ist Autor in dem Theaterkollektiv. Hier liegt auch ein Mißverständnis: Gemeinhin wird angenommen, es gäbe nur einen Autor und die Funktion der Theater-Künstler sei es, diesen Autor zu interpretieren. Dann streitet die Öffentlichkeit, ob objektiv, ob richtig interpretiert worden ist. Ich glaube, etwas anderes ist wesentlich: Wir haben den Dramatiker und neben dem Dramatiker gibt es andere am Theaterprozeß beteiligte Autoren. Der Zusammenprall verschiedener Autoren erzeugt ein X. Man braucht sich nicht die Mühe zu machen, zu suchen, ob das eine Interpretation war. Theater ist keine interpretatorische Kunst. Theater hat einen Anspruch auf Autorenschaft. Ich habe keine Vorlieben, weil ich davon ausgehe, daß das Theater keine Filiale der Literatur ist. Es ist auch nicht die Aufgabe des Theaters, ein altes Stück zeitgemäß zu machen. Theater ist ein Kollektiv von Autoren, die etwas Neues herstellen".

Pointiert beschreibt Felix Emmel bereits 1924 in seiner Schrift „Das ekstatische Theater" die eigenständige Funktion der Theaterkunst als einen „Umschöpfungsprozeß". Das Theater kann gar „keine bloße Reproduktion des dichterischen Werkes bieten. Denn reproduziert werden kann ein Kunstwerk nur mit den Mitteln der gleichen Kunst, der dieses Werk angehört, d. h. ein Bild mit malerischen Mitteln, ein Musikstück in Tönen und sofort. Wird aber der Gegenstand einer Kunst, wie das Drama, das ja der Dichtung zugehört, in einer ganz anderen Kunst (der theatralischen) mit neuen Mitteln von neuem gestaltet, so kann man nicht mehr von Reproduktion, man muß von Umschöpfung sprechen. Diese Umschöpfung ist — der Dichtung gegenüber — eine neuartige eigene Leistung der Bühne mit den besonderen Mitteln einer anderen Kunst".

In diesem Sinne argumentiert auch der Frankfurter Theatermacher Günther Rühle in seiner 1977 publizierten Schrift „Die Güter der Nation oder Das Problem". „Das Theater ist längst herausgetreten aus der engen Bindung an die Literatur, es drängt nach Autonomie und entliterarisiert sich dementsprechend. Anders gesagt: es versteht sich mehr als eine eigene, eigenständige Kunst, für die literarische Stücke nur Materialwert haben, der dieser zur Erscheinung verhilft. Darum die vielen Inszenierungsvariationen von Stücken, das Suchen nach Unentdecktem zwischen ihren Zeilen und Bildern, das bildhafte Hervorholen des Nicht-Lesbaren aus dem Text, die Rolle der subjektiven Perspektive in der Regie (statt des „objektiven" vom Blattspielen)... Die Kunstgeschichte des neueren Theaters bildet sich aus diesen Versuchen, aus solchen Verstößen in neue Imagination".

„Wenn eine Kultur sich entscheidet, Kunst von Politik zu trennen, entscheidet sie sich, ihre Kunst und ihre Künstler der

Impotenz zu überlassen. Es ist eine Entscheidung, die verhindert, daß Kunst oder Künstler den Intellekt dieser Kultur in irgendeiner Weise bereichern". In dieser Aussage gipfelt die 1970 formulierte Kritik von Gilbert Moses an der „apolitischen" Haltung des „weißen" Theaters in den USA, das er als „Propaganda-Theater" bezeichnet, da es „Bilder der heutigen Zeit darstellt, ohne sie kritisch zu hinterfragen". Das Selbstverständnis bundesdeutscher Theatermacher (zumindest der hier befragten) steht dieser Position des „weißen" Theaters diametral entgegen. Theater – so Heyme – überhaupt „Kunst ist politisch oder es ist schlechtes Gewerbe. Eine Kunst, die nicht politisch ist, ist keine Kunst... Wenn ich in Kalkutta Theater mache, dann mache ich es gegen die herrschenden Umstände, gegen die katastrophale Kanalisation. Wenn ich in Buenos Aires Theater mache, mache ich es gegen den dortigen Klüngel von Juden und Nazis. Das heißt also, Theater muß Stellung nehmen zu dem, was als Umfeld scheinbar unabänderlich ist... Im Sinne dessen, was die Polis von Athen verändern wollte, sollten wir an dieser Gesellschaft rütteln mit dem, was wir machen".

Ähnlich argumentiert Huonder: „Selbst wenn ich einen Anpassungs-Spielplan mache, ist es ein politischer Spielplan. Er würde die „Wendepolitik" unterstützen. Wichtig ist, daß man merkt, wo die Leute da oben stehen, auf welcher Seite sie stehen. Stehen sie auf der Seite der Unterdrücker oder der Unterdrückten? Da sind wir aufgerufen, wie auch immer. Eine heile Welt existiert nicht. Der Traum vom Glück ist auch eine politische Geschichte. Mit solchen Geschichten haben wir Theaterleute es auf alle Fälle zu tun. Da können wir uns nicht rausreden und sagen, wir machen unpolitisches Theater. Selbst l'art pour l'art ist eine politische Haltung! Man könnte mir dann nachweisen: „Du sagst zu nichts was, sollen die weiter AKWs bauen, wunderbar, sollen die in die Luft gehen. Dann aber bist Du für AKWs!" Man muß schon etwas tun, was die Leute ändert – ich denke, da liegt der Trugschluß bei l'art pour l'art." Sowohl die Vorstellung, Theater müsse eine „politische Volkshochschule" sein als auch die Forderung Erwin Piscators, des wohl wichtigsten Regisseurs eines politischen Agitationstheaters in Deutschland der zwanziger Jahre, das Theater habe unmittelbaren politischen Einfluß zu nehmen, werden von den Theatermachern als obsolet bezeichnet. Theater wird mehrheitlich eher im Brechtschen Sinne als argumentierendes Aufklärungstheater verstanden. „Theater war ... doch immer eher Reflex, Spiegel, Bewußtseinsvorgang, Phantasie anregender Vorgang als demagogisches oder wirklichkeitsveränderndes Medium" (Canaris). Das Theater hat — so Ciulli — die Funktion, Vergangenheit zu verarbeiten, in einer Gesellschaft das Erinnerungsvermögen lebendig zu erhalten. „Eine Gesellschaft ohne Gedächtnis ist eine tote Gesellschaft".

Unter den gegenwärtigen Bedingungen zunehmender Technologisierung des gesellschaftlichen Alltags ist Theater „das Letzte, Wesentliche, was wir überhaupt noch aufzugeben haben, alles andere ist schon aufgegeben" (Heyme).

„Brecht hat gesagt, daß Theater und Kultur Luxus sind, daß das Theater eben der Luxus ist für den wir leben. Ich glaube, daß diese Pointe in unserer jetzigen Gesellschaft, angesichts der Entwicklung zu einer immer stärker formierten, kommunikationslosen, architektonisch wie psychisch zubetonierten Gesellschaft, zutreffend ist. Theater kann aus sich heraus, medial, durch die Art seiner Vermittlung, seines Kommunikationsangebotes, ein Überlebensmittel für viele Leute in der Gesellschaft sein. Vorausgesetzt, daß es die Lebendigkeit, die seine Chance ist, bewußt annimmt und sich entsprechend immer neu zu dem Ausschnitt aus der Gesellschaft, der ins Theater geht, formuliert" (Canaris). Das Problem sei allerdings — so Heyme —, daß das Theater sich in einem luftleeren Raum einer Gesellschaft konfrontiert sehe, die „mit den alten Texten nichts mehr anzufangen weiß, die sie nicht als Reservat, zumindest ihres Widerstandes, gespeichert hat". Das Theater müsse immer mehr bei „Null" beginnen. „Die Veränderungsfähigkeit dieses Staates wird durch Kunst formuliert, und das will niemand mehr". Theater habe keine Lobby bei der Politik, außerdem fehle dieser Institution das Reservat des kritischen Publikums, das zu sich finden wolle. Trotz dieser Gegebenheiten und zunehmender finanzpolitischer Restriktionen sehen die Theatermacher nach wie vor die Möglichkeit, sich einen Freiraum, einen „hypothetischen Raum zu schaffen, in dem man bestimmte Erlebnisse vollziehen kann, die man sonst im gesellschaftlichen Alltag nicht vollziehen kann bzw. die verboten sind. Diese Erlebnisse geben die Möglichkeit, in einer Gesellschaft die eigene Kindheit, die an einem bestimmten Punkt des gesellschaftlichen Prozesses getötet wird, wieder zurückzugewinnen" (Ciulli). Emphatisch hat Max

Reinhardt 1929 diesen Gedanken expliziert: „Ich glaube an die Unsterblichkeit des Theaters. Es ist der seligste Schlupfwinkel für diejenigen, die ihre Kindheit heimlich in die Tasche gesteckt und sich damit auf und davon gemacht haben, um bis an ihr Lebensende weiterzuspielen".

Theater bietet „Spielräume für jene Lebenswünsche, die in der Alltagskommunikation in die innersubjektiven Enklaven verdrängt bleiben: Theater als ausgelebte Phantasie, aber auch als Kontemplation im ästhetischen Spiel, gleichsam realisierter Traum; schließlich als spielerisch gelebter Entwurf befreiten Lebens. Dies ist ein Programm der Hoffnung, das mit dem Theater seit seinen Anfängen verbunden ist. Unter dem inhaltlichen Aspekt der Handlungsstruktur erscheint dieses Moment als der Utopiegehalt des Theaters, begründet in seinem Wesen als Spiel" (Brauneck 1982, S. 30).

Theater ermöglicht, „sich selber am Rand der Gesellschaft zu bewegen, zu empfinden, was in einem konkreten gesellschaftlichen Kontext nicht möglich ist, sonst endet man in einer psychiatrischen Klinik oder im Gefängnis" (Ciulli). Manfred Brauneck (1982) hat diesen Zusammenhang in der Analogisierung von Theater und Traum bzw. Theater und Alltag systematisiert:"

„Die in den inneren Enklaven von Traum und Phantasie und in der ästhetischen Enklave Theater zugelassenen Symbolsysteme vermögen komplexere, die Tiefenstruktur der Subjekte bestimmende Sinngehalte in die Anschaulichkeit szenischer Situationen weiterzuleiten und damit der Erfahrung (als Traumerfahrung oder ästhetische Erfahrung) zugänglicher zu machen, als es in den respektiven Verkehrsformen des Alltags und den dort zur Verfügung stehenden Ausdruckssystemen der Fall ist. Dies ist ein zentrales Moment, das die Zeichensysteme von Kunst generell charakterisiert, in ihm liegt die Sprengkraft der ästhetischen Kommunikation gegenüber den Erfahrungsmöglichkeiten in der Alltagswirklichkeit. So werden die in der Alltagskommunikation weitgehend exkommunizierten Sinngehalte im Theater zur legitimierten Anschauung gebracht, bilden dort ihre Zeichen- und Symbolsysteme aus und erhalten unter den Bedingungen der ästhetischen Produktion und Rezeption Möglichkeiten ihrer spielerischen Verwirklichung. Das Theater ist mithin ein Praxisbereich, der von in der Alltagskommunikation geltenden Konvention weitgehend suspendiert...

Theater stellt also mit seinen Symbolsystemen Möglichkeiten der Kommunikation her, die im Alltag unterbrochen, fehlgeleitet oder entfremdet sind. Der Entfaltungsspielraum der Sprachspiele in der Theatersituation ist ungleich größer als im Alltag, wo die Regeln der Kommunikation einen Prozeß der Ökonomisierung und Pragmatik verfallen und in ihnen erstarrt sind, wo sie ihren Symbolcharakter weitgehend verloren haben und die Komplexität von Leben nicht mehr erfassen. Die entfremdeten Sprachspiele des Alltags verbergen die lebensgeschichtliche Individualität der Beteiligten fast ganz, sie finden in der Konventionalisierung ihr Ideal. Umso mehr vermag sich das Subjekt im Theaterspiel in seiner lebensgeschichtlichen Besonderheit darzustellen. Dieser Prozeß ist als kreatives Moment von größter Bedeutung; das Theater erhält aus der Aktivierung solcher Phantasie- und Spielpotentiale einen wesentlichen Teil seiner Faszination. Andererseits sind Irritation und Schock, den manche Inszenierung für den Zuschauer erzeugen, gerade eben darin begründet, daß diese mit den Tabus ihres Alltags konfrontiert werden. Im Theater wird die Subversion der Phantasie öffentlich" (S. 32).

Das Theater wird erst dann wieder es selbst werden – so Antonin Artaud (1969) in seiner berühmten Schrift „Das Theater und sein Double" –, „wenn es dem Zuschauer der Wahrheit entsprechende Traumniederschläge liefert, in denen sich sein Hang zum Verbrechen, seine erotischen Besessenheiten, seine Wildheit, seine Chimären, sein utopischer Sinn für das Leben und die Dinge, ja sogar sein Kannibalismus auf einer nicht bloß angenommenen und trügerischen, sondern inneren Ebene Luft macht". Neben dieser illusionären Perspektive wird von einigen Theatermachern die kathartische und Sublimierungs-Funktion des Theaters betont: „Theater hat ... eine Sublimierungsfunktion für die Gesellschaft. Man kann z. B. nicht jemanden umbringen und deshalb ist es vielleicht manchmal ganz gut, wenn dies auf der Bühne geschieht. Diese Funktion der Katharsis ist ganz wichtig. Ähnlich wie bei einem Wettkampfspiel hat das Theater die Funktion, Aggressionen abzubauen" (Huonder). Ähnlich argumentiert John Dew: „Theater hat immer verstanden, den Charme zu nutzen, tausend, zweitausend Leute eine Katharsis im altgriechischen Sinne zu zeigen und das ist sehr wesentlich heute. Es ist so ähnlich wie ein

Fußballspiel mit dem kleinen Unterschied, daß wir noch nicht Bierflaschen werfen".

Frank-Patrick Steckel sieht dagegen in der Frage nach der gesellschaftlichen Funktion des Theaters, daß etwas „faul" ist in dieser Gesellschaft. Eine Gesellschaft, „die auf sich halten würde und im großen und ganzen einen Begriff über sich selbst verfügen würde, würde diese Frage nicht stellen. Theater ist wahrscheinlich der einzige Selbstverständigungsort, der irgendwelchen Funktionen enthoben ist. Schule hat Funktionen, Kirche hat Funktionen... Theater hat in diesem Sinne keine Funktionen: Ein funktionsloser, funktionsfreier, jeder unmittelbaren Notwendigkeit enthobener Selbstverständigungsbereich, in dem die Gesellschaft, in der die Theater stehen, einen Versuch machen kann, sich über ihre eigenen Voraussetzungen und Zielsetzungen klarzuwerden bzw. zu erkennen, daß sie von ihren Voraussetzungen und Zielsetzungen nichts weiß. Wenn das Theater in diesem Zusammenhang nützlich sein kann, dann ist das die einzige Funktion, von der man sprechen kann".

9.3. Zur Relevanz klassischer Theateraufführungen

„Theater war für Jahrhunderte eine festliche Angelegenheit, an der große Menschenmassen teilnahmen und die lebendige Konflikte zwischen Mensch und Gott, Mensch und Mensch oder die inneren Konflikte des Menschen beschauten". Mit dieser Feststellung verweist Gilbert Moses auf die in letzten Jahren besonders starke Neigung, „sich intensiver als früher mit klassischen, überkommenen Texten, von der Antike bis zu dieser Jahrhundertwende, auseinanderzusetzen" (Ruf).

F.P. Steckel sieht in der Dialektik von Aufklärung und Mythologie die latente Sinnstruktur für die Aufführung von Klassikern. „Zeitgemäß ist das, was einer Zeit gemäß ist oder sein kann. Was einer Zeit gemäß sein kann bzw. wäre, würde aus einer Betrachtung der Zeit als mehrdimensionalem Gebilde hervorgehen. Dann würde man wahrscheinlich feststellen, daß es nichts gibt, was nicht aktuell wäre. Man kann fragen, ob das Aktuelle ein bloß Gutgemeintes oder ein dezidiert künstlerisch Durchgeformtes ist. In Amphitryon geht es z.B. um die Frage einer Begegnung zwischen Mensch und Gott. Die Tatsache, daß solche Begegnungen im Moment nicht stattfinden oder nicht stattzufinden scheinen, muß nicht bedeuten, daß sie stattgefunden haben oder stattfinden können... Schöpfung ist ein Unerklärtes bis dato. Insofern kann man nicht ganz sicher sein, ob nicht noch Zusammenhänge auftauchen, von deren Tragweite, Bedeutung und Dimensionen sich heute nicht träumen läßt. Ein Versuch, solche Dimensionen zu vergegenwärtigen, waren die Göttervorstellungen der Alten, insbesondere der Antike, auf die Kleist sich über Molière und Plautus bezieht. Die haben etwas sehr Konkretes, Menschliches. Was soll einen davon abhalten, die vielleicht etwas kindlichen Vorstellungen, was die Begegnung von Mensch und Gott betrifft, auf einer Bühne zu realisieren?"

Den „gesellschaftlichen Nutzen" solcher Aufführungen begründet Steckel damit, daß die gegenwärtige Gesellschaft unter einem Mangel an Spiritualität im Sinne von „Hat nichts mehr" leide, wo das Unerklärte bzw. Unerklärbare seinen Ort habe. „Früher gab es Tempel, in denen die Standbilder der Götter standen. Das war eine Hochzeit des Theaters. Das Theater ist angeblich die Stiftung eines Gottes. Was soll ein Theater machen zu einem Zeitpunkt, wo es keine Tempel mehr gibt, keine Standbilder der Götter, überhaupt keine Götter mehr gibt, überhaupt keinen Ort, an dem das Unerklärte aufbewahrt wird als solches, sondern nur noch die von der Mehrheit nicht verstandene Technologie, die ein Funktionsersatz in dieser Hinsicht zu bilden scheint? Für das Theater brechen problematische Zeiten an. Es muß seine Spiritualität sich selber dauernd zufächeln, sie kommt nicht mehr von außen, es ist auch kein Anspruch der Gesellschaft an das Theater mehr... Eine Gesellschaft ohne Mythen, das wußte das 18. und 19. Jahrhundert, ist eine Gesellschaft, die im Zusammenbruch begriffen ist. Andere Gesellschaften würden es nicht ertragen, so mythenlos zu existieren, wie wir es tun". Wird damit die klassische Aufklärungsfunktion des Theaters obsolet? „Das ist kein Widerspruch. Gerade die Aufklärung hat die Bedeutung von Mythen am klarsten erkannt und war weit davon entfernt, dieselben gewissermaßen durch Aufklärung zu zerstören. Nur ein grobianischer Aufklärungsbegriff kann der Meinung sein, dagegen auch noch zu Felde ziehen zu müssen. Mythen sind eine Art seelisches Ferment; ganze Völker hängen mit dem zusammen, was eigentlich auch Gegenstand des Theaters ist, nämlich dem Unerklärten, Unerklärbaren, dem nicht zu Begreifenden. Bricht das zusammen, bricht manches Andere zusammen" (Steckel).

Um zu beurteilen, ob ein „Klassiker" zeitgemäß ist, müsse man — so Heyme — wissen, was „gestern wesentlich" war. Nur dann sei es wichtig, sich heute damit auseinanderzusetzen. Unsere Gesellschaft leide allerdings an einem Verlust der historischen Komponente. „Wir haben die historische Komponente verloren und sind nicht in der Lage, über ein Stück von Molière nachzudenken ... was dieser Herr oder diese Gruppe in dieser Monarchie bewirkt hat... Dann kommt das nächste Fehlurteil, der Text sei nicht mehr zeitgemäß. Heiner Müller hat gesagt, alles Wesentliche ist geschrieben worden, jedes Thema ist eigentlich da. Es geht nicht darum, jetzt noch eine neue Schwarzwaldklinik-Story zu entwickeln. Die ist allemal schlechter als die Orestie. Es geht vielmehr darum, die Orestie an ein Publikum wie das der Schwarzwaldklinik heranzubringen. Das ist sehr schwierig. Die Texte sind schwer, die Bildungsvoraussetzungen sind geschrumpft, so daß das Publikum kein Verhältnis mehr zu Qualitäten mit dem Schwierigkeitsgrad dieser Texte hat. Nun ist alles Alte nicht gut, sondern es ist nur eine Qualität: Eine Kultur oder eine Kunst beweist ihre Qualität durch die Auswahlkriterien des Alten. Wenn diese Qualitätskriterien wirklich von der Gesellschaft verantwortet auf ein Stück oder eine Trilogie wie die Orestie anwendbar sind — sie sind es leider nicht, weil wir keine Kriterien mehr haben — dann müßte es nichts aktuelleres geben als die Orestie. Die Orestie diskutiert nämlich die Inthronisierung der Demokratie. Das ist das erste Material unserer abendländischen Literatur, das sich mit dieser geradezu utopischen, phantastischen großen Gründung eines Staates beschäftigt. Das Alte von dem Neuen zu trennen ist barbarisch. Es gibt keinen fließenden Übergang des Alten in das Heute. Ein Morgen kann man überhaupt nur formulieren, wenn man Kriterien, Bausteine des Gestern hat, sonst ist da nur Wüste in dem, was ich morgen sehe".

Die Inszenierung eines Shakespeare-Stückes oder eines antiken Stückes oder eines deutschen Klassikers ist für Canaris ein „spannender" und zugleich „ganz merkwürdiger Vorgang. Ernst Bloch hat dies genannt eine Kerze von zwei Seiten anzuzünden und zum Leuchten zu bringen. Das heißt, daß man ein historisches Material als Historisches ernst nimmt und erkennbar macht und es gleichzeitig von heute sieht und dadurch als von heute erfahrbar macht. Insofern kann eine kluge, im Blochschen Sinne von zwei Seiten leuchtende Klassikeraufführung ungeheuer zeitgenössisch sein. Ich finde das aufregend, weil die Theaterformen groß sind, die Sprache groß ist, weil die Gegenstände wirklich groß sind". Andererseits, und da ist sich Canaris mit der Mehrheit der Theatermacher einig, „muß das Theater auch neue Stücke, Gebrauchsstücke spielen. Im Glücksfall gelingt beides, nämlich daß man einen aktuellen Gegenstand nimmt und dafür eine Theaterform findet. Ich meine z. B. Peter Turrinis Stück „Die Minderleister", ein Stück, das zum Gegenstand die Krise in der Stahlindustrie hat und das, was sie für die betroffenen Arbeiter bedeutet. Ein aktueller Gegenstand also, den Turrini sehr theatralisch erzählt". Die Form, in der „Klassiker" in der Regel dargeboten werden, schafft — so W. Ruf — oft eine „Barriere, dramaturgisch wie sprachlich, auch die nicht mehr präsenten Bezüge zu mythologischen, historischen und kulturellen Beziehungen. Aufgabe einer Inszenierung ist es, dies so zu vermitteln, daß nicht 14tägige Einführungsseminare für ein breiter interessiertes Publikum nötig wären". Das Publikum erwarte allerdings vom Theater, daß es auch mit heutigen Problemen konfrontiert wird, „in einem heutigen Environment auf der Bühne, in dem nicht verschlüsselt über heute, sondern konkret und direkt über heute gesprochen wird". In diesem Sinne argumentieren auch Huonder und Dew. Es werden zu wenig „neue Stücke gespielt, die mit der Jetzt-Zeit zu tun haben" (Huonder). J. Dew hält sogar den Schauspiel-Spielplan heute für „genauso antiquiert" wie den Opern-Spielplan. „Man kann in unserem System nur Karriere machen, wenn man anhand von Repertoire-Stücken, sei es „Rigoletto" oder „Käthchen von Heilbronn" zeigt, daß man es anders machen kann als der Kollege, der das soeben gemacht hat. Dies hat zu einer immer größeren Verengung des Repertoires geführt. Man ist gerne bereit, „Hamlet" im Frack zu spielen, aber nicht bereit, Stücke zu spielen, die die heutigen Themen beinhalten, die heute geschrieben werden" (Dew).

Dew macht den deutschen Theatermachern den Vorwurf, daß sie sich zwar politisch „geben", daß aber das, „was uns hier bewegt oder bewegen sollte, das, was unter unseren Augen teilweise mit unseren Steuergeldern geschehen ist in Kambodscha z. B., nicht auf unseren Bühnen verarbeitet wird. Es gibt nicht einmal ein Stück über Rudi Dutschke oder über den

Schah, über Notstandsgesetze. Warum verarbeiten wir nicht die 68er auf der Bühne?"

9.4. Theater-Zuschauer

Im Theater wohnt der Zuschauer — so Alexander I. Tairow, der Verfechter eines „Schaupiel-Theaters", 1923 in seiner Schrift „Das entfesselte Theater" — dem „unmittelbaren Schöpfungsprozeß des Schauspiels gleichsam als Zeuge bei". Der Zuschauer solle zwar keinen aktiven Anteil am Bühnenkunstwerk haben, es aber „schöpferisch" aufnehmen. Dies ist der Grundkonsens der befragten Theatermacher bezüglich der Einschätzung der Möglichkeiten, den Zuschauer ins Spielgeschehen einzubeziehen. Die Wahrung der Differenz von Spielen und Zuschauen, Spielern und Publikum, sichert dem Theater seine „utopische Dimension" (Brauneck 1982). Es gab Theaterzeiten, bei den Griechen, bei Shakespeare, bei der Commedia dell'Arte, so Canaris, wo das „Publikum ins Spiel einbezogen war. Trotzdem gab es auch da schon den Trennungsstrich zwischen denen, die spielen und denen, die zuschauen. Gründgens hat einmal gesagt, wir stehen oben im Licht und kriegen Geld dafür, die sitzen unten im Dunkeln und müssen bezahlen. Das ist im Prinzip die Voraussetzung dafür, wie wir Theater produzieren". Das Einbeziehen des Publikums gelinge über die Art und Weise des Spielens, d.h. inwieweit durch das Spiel die „Phantasie des Publikums zum Überqueren der Rampe" angeregt werde. Nur durch die Trennung könne Kommunikation entstehen. „Mir ist es peinlich, wenn ich als Zuschauer im Theater sitze, es springt mir einer auf den Schoß und möchte, daß ich mitspiele. Dann denke ich, das ist nicht die Spielregel, aufgrund derer ich ins Theater gegangen bin".
 Ciulli hat in den siebziger Jahren das Publikum „in die szenische Aktion miteinbezogen. Es ging mir damals darum, daß das Publikum seine Scheu vor dem hehren Raum des Theaters verliert. Ich zweifle aber nun daran, ob Mitspielaktionen wirklich Kreativität entbinden. Eine wirkliche Einbeziehung des Publikums findet in dem kreativen Prozeß zwischen dem, was auf der Bühne geschieht und dem, was der Zuschauer unmittelbar empfindet, statt". Ein Publikum, das völlig in den gesellschaftlichen Alltag involviert sei, sei nicht fähig, „in diesem

künstlerischen Prozeß mitzuwirken. Es kommt, ich muß das einmal so formulieren, in einen Tempel mit „schmutzigen Schuhen". Man kann nicht mit schmutzigen Schuhen auf eine Bühne gehen. Der Prozeß der Reinigung vollzieht sich umgekehrt..."

Heyme begrüßt zwar Mitspieltheater als therapeutische Instanz in der Arbeit mit jugendlichen Gruppen, distanziert sich gleichzeitig von dessen Verallgemeinerung, zumal die Menschen erst einmal wieder die Befähigung erhalten müssen, „zuzuhören, zuzusehen, zu fühlen, zu denken, ehe sie darangehen sollten, mitzuspielen". Theater habe nämlich eine „Literaturaussage konkret zu verwirklichen... Da kann man nicht mitspielen, da kann man mitspielen als Mensch des Meinens, des Denkens, des Fühlens ... aber man kann nicht szenisch eingreifen". Gleichzeitig müsse man aber mehr an das Publikum herankommen. „Das heißt, daß man es durch Wirkungen, die Menschen noch zu öffnen vermögen, erst einmal aktiviert... Die Erarbeitung einer Produktion im Vorfeld, die Nachbearbeitung, die Wirkungsnähen, die an einem Abend möglich sind, die müßten potenziert werden".

Für Steckel stellt sich die Frage nach dem Sinn einer Hineinnahme des Zuschauers ins Spielgeschehen. „Das hängt in hohem Maße von dem Projekt ab, mit dem man es zu tun hat". Ähnlich argumentieren Huonder und Ruf. „Je jünger der Zuschauer ist, umso mehr ist dies möglich und notwendig. Kinder- und Jugendtheater als Mitspieltheater sind für das gesellschaftliche Verständnis von Theater sehr wichtig". Voraussetzung für die Einbeziehung des Publikums ins Spielgeschehen sind die textlichen und musikalischen Vorgaben: „Beispielhaft sind einige der letzten Stücke des sowjetischen Dramatikers Schatrow wie „Diktatur des Gewissens". Das sind Stücke, die in einer Situation des gesellschaftlichen Umbruchs die Bühne zum Tribunal über eine Umwertung von Geschichte und Gegenwart machen; zum Tribunal, auf dem moralisch-politische Fragen behandelt werden. Der Autor hat im Stück ganze Passagen vorgegeben, in denen er vom Theater erwartet, daß improvisiert wird und im Dialog mit dem Publikum aktuelle Szenen entwickelt werden... Wenn Theater sich als Chance des instrumentellen Eingreifens in aktuelle Diskussion versteht, ist die dramaturgische Möglichkeit des Mitspiels, des Einbeziehens zum aktiven Mitspielen ein wesentlicher Faktor, der allerdings an die Theatermacher hohe Anforderungen an ihre Fähigkeit zur intelligenten Improvisation und zur genügend offenen Inszenierung stellt" (Ruf).

Überlegungen zur Aktivierung des Theaterpublikums haben zu berücksichtigen, daß sich die Situation der Aufführung im Kerne widersprüchlich, antinomisch darstellt, d. h. es besteht eine nicht aufhebbare Antinomie des (in einer Gesellschaft starker Arbeitsteilung) professionalisierten Theaters zwischen der „Ich-Einvernahme" und „Ich-Distanzierung" des Publikums. Mit der „Ich-Einvernahme", die Brecht als „kulinarisches Theater" bekämpfte, soll die Möglichkeit und das Streben des Darstellers bezeichnet werden, das Publikum durch sinnliche Beeinflussung zu überwältigen. Ebenso produziert aber das Theater andererseits eine „Ich-Distanzierung", weil es dialogisch z. B. Widersprüche für das Publikum darstellt, das Publikum also zur Aufsichtsbehörde über Anklagen und Verteidigungen macht.

Dieser Widerspruch bzw. diese Verunsicherung ist durch die Fiktion des auf „höchste Augenblicke hin" (Clausen) konzipierten Theaters auszuhalten, „in dem die Distanz zum Publikum eigentlich überwunden wird und der Schauspieler seine Macht über die Zuschauer-Ichs auszuüben vermag" (Clausen 1969, S. 424).

Wie kann nun das Publikum diese Rollenzuweisung, nämlich potentiell „ergriffen", „bemächtigt", „ich-hingebend" zu sein, ertragen? Für die Erklärung dieses Phänomens weist Clausen auf zwei Gründe hin: „Einmal wird dem Publikum im noch und wieder erleuchteten Zuschauerraum und während der zentralen Pause „Teilhabe" an Repräsentation geboten... Zum zweiten dann ist die Rolle des potentiell Bemächtigten von vornherein auf den Aufführungsabend beschränkt und wird dann zum Ventil aufgestauter alltäglicher sozio-psychischer Pressionen. Diese müssen nun nicht unbedingt schmerzlich klar werden, sondern sie können in Standard-Seufzen, -Lachen, -Beifall und (selten) -Mißfallen abgelassen werden... Erleichternd wirkt es, daß dieses schablonenhafte Abreagieren durch eine von der Wirklichkeit entfernte, selber in der Darstellungstradition schablonenhaft fixierten Chiffresprache abgerufen wird: Die Selbstverständlichkeit für z. B. Wut, Angst, Ironie in Mimik, Gestik, Sprache und Erscheinungsbild von Rollen sind althergebracht, und das nicht ganz Selbstverständliche wird durch Ausstattung oder Regie gar nicht häufig angetastet" (S. 424/5).

143

„Keine andere Kunstform fordert so sehr die aktuelle physische und psychische Kondition wie das Theater; ein müdes Publikum, das nicht mitgeht, beeinträchtigt das Spiel auf der Bühne, ein lebendiges fordert die Spieler heraus, trägt zu deren Produktivität bei" (Brauneck 1982, S. 25). R. Ciulli bezeichnet Theater als „tragischste" Kunstform, da es im unmittelbaren Augenblick seiner Realisation auf ein kunstverständiges Publikum angewiesen sei, ein Publikum, „das seiner Zeit voraus ist". In Analogie zur Malerei versteht er unter einem kunstverständigen Publikum: „Es waren sehr wenige, die z. B. die Bilder von Matisse zu seiner Zeit verstanden haben. Theater braucht ein Publikum, das sofort versteht. Das ist die Tragik und die Schwierigkeit des Theaters". Gefordert sei deshalb eine Erziehung des Publikums, da Theater − als „sterbende Kunst" − nicht warten könne. Die Rede von der Passivität des Publikums hält er für ein Mißverständnis, das auf die unzureichende definitorische Bestimmung von Theater-Kunst zurückzuführen sei. Kunst sei immer ein individueller Prozeß, nie eine Gruppen- oder Massenrezeption. „Ich denke, daß es nicht wichtig ist, wieviele Menschen im Theater sind, sondern wie diese Menschen rezipieren. Es gilt eine Sensibilität dafür zu entwickeln, daß ab dem Moment, wo der Vorhang aufgeht, Theaterrezeption ein Prozeß in der Einsamkeit ist, jeder ist allein im Theater. Ein künstlerisches Erlebnis ist also ein individuelles Erlebnis". Das Ziel von Theaterarbeit bestehe darin, das Publikum zu individualisieren. „Jeder muß die Möglichkeit haben, einsam und allein an diesem kreativen Prozeß teilzuhaben, an einem Prozeß, der in Gang gesetzt, aber nie zu Ende geführt werden kann". Der kreative Prozeß mit dem Publikum dürfe nicht unterbrochen werden. Welche Möglichkeiten hat nun das Publikum, diesen kreativen Prozeß als Individuum weiterzuführen? „Jeder Theaterbesucher hat die Möglichkeit, die Bilder einer Inszenierung auf seine Biographie, auf seine Befindlichkeit im Moment des Erinnerns zu beziehen. Dies ist ein einsamer Prozeß und dadurch ein künstlerisches Erlebnis". Zur hier angesprochenen Dialektik von Spielen und Zuschauen resümiert Brauneck: „Theater wird zum analytischen Spiel für Spieler und Zuschauer. Das imaginierte Rollenspiel der Theaterhandlung wird dem Publikum zum Modell und zur Projektionsfolie in seinen einzelnen Momenten, den Gesten und Emotionen, aber auch im Zusammenhang als Lebensform, die in der Einfühlung gleichsam probeweise übernommen wird. Der Zuschauer begreift sich in einer Situation mit dem Spieler und dieser wieder mit seinem Publikum; der organisierende Rahmen dieser dialektischen Beziehung ist die Szene" (S. 32/3).

Für Canaris haben die modernen Massenmedien, insbesondere das Fernsehen, zwar eine zeitlang die Passivität des Publikums, die Lahmheit und natürliche Trägheit verstärkt. Allerdings habe er den Eindruck, „daß der Wunsch nach Aktivem, nach Teilhabe am Ereignis, enorm wächst. Ich habe im Moment zwei Aufführungen im Repertoire, zwei große Inszenierungen, nämlich „Trilogie der Sommerferien" in der Inszenierung von Hans Hollmann und „Kinder der Sonne" von Gorki in der Inszenierung von Werner Schröter, beides sehr lange Aufführungen... Für das Publikum war nicht die Länge der Aufführung problematisch. Es spürte vielmehr, daß hier etwas Ungewöhnliches stattfindet. Ein Ereignis, das so nur im Theater möglich ist, fördert offenbar im Zusammenhang mit der Qualität der Inszenierung die Nachfrage. Es scheint eine Tendenz zu geben, daß die Leute wieder mehr Lust haben, sich auch selber mit einer gewissen Anstrengung und Aktivität am Theater zu beteiligen".

F.P. Steckel bestätigt diese Beobachtungen. „Wir machen relativ viele Publikumsdiskussionen. Das Gespräch mit dem Publikum ist für uns immer außerordentlich informativ, und diese Gespräche sind sehr lebendig". Gleichzeitig konstatiert er ein „Verstummen" in Bereichen außerhalb des Theaters. „Dieses Verstummen, das man in Gesprächen über andere Dinge als die des Theaters beobachten kann..., kann man am wenigsten den Menschen anlasten, die verstummen. Für das Verstummen gibt es Gründe, die in den Menschen bis zu einem gewissen Grade zu suchen sind, für die es aber auch außerhalb ihrer Ursachen gibt. Wenn eine ganze Republik ... über Jahrzehnte in die Verblödung gesteuert wird und zwar vorsätzlich, auch in die Konsumverblödung, dann muß man sich am Schluß nicht wundern. Natürlich kann man bis zu einem gewissen Grade denen Vorhaltungen machen, die sich steuern lassen, denen aber vielleicht am wenigsten". In diesem Sinne argumentiert auch H.G. Heyme.

„Das Publikum ist nach der Arbeit in der sog. freien Zeit nur mehr zu konsumieren in der Lage und nicht mehr fähig, wirklich Sinnlichkeiten aufzunehmen, die des Denkens und

Fühlens. Dieses Konsumieren ist aus der Kapitalsituation unserer Gesellschaftsform entstanden".

In früheren Zeiten hat sich das Publikum als integraler Bestandteil einer Inszenierung oder der theatralischen Manifestation verstanden, es hat sich in einer direkten Kommunikation mit dem Theater auseinandergesetzt (vgl. Paul 1970). Insbesondere die höfischen und vorbürgerlichen Theaterformen haben den kommunikativen Austausch der Zuschauer untereinander als Selbstverständlichkeit angesehen. „Im höfischen Lebenszusammenhang war die Theateraufführung integriert in andere Formen von Geselligkeit und Lebenskultur, fand vielfach statt, während man aß und trank und miteinander redete. Heute gibt es Theatersituationen, bei denen ein kommunikativer Austausch auch unter dem Publikum stattfindet, kaum noch. Von der Idee, Shakespeare in einem Biergarten im Norden Berlins zu inszenieren, war der junge Brecht fasziniert. Die konventionelle bürgerliche Theaterpraxis hat die Formen der internen Publikumskommunikation auf die Pausen im Foyer beschränkt" (Brauneck 1982, S. 27).

Um diesem Prozeß gegenzusteuern, praktiziert bzw. begrüßt ein Teil der Theatermacher — von Fall zu Fall — Diskussionsveranstaltungen mit dem Publikum.

„Die Formen der Vorbereitung, Einführung, Nachbereitung müssen so gestaltet werden, daß sie dem Theater entsprechen und nicht einer Verschulung, die abschreckend sein könnte" (Ruf). Für Canaris hängt dies davon ab, wieweit bereits „die partnerschaftliche Auseinandersetzung zwischen Publikum und Theater gegangen ist". Es dürfe nicht verordnet sondern müsse ein gegenseitiges Bedürfnis sein. „Es gibt Theateraufführungen, da bietet sich Diskussion aufgrund des Stückes oder der Inszenierung an. Ich finde es aber auch vollkommen in Ordnung, wenn man nach einer Theateraufführung fröhlich, traurig, stumm oder lauthals artikulierend davon geht und versucht, mit sich selber klar zu kommen". Heyme berichtet in diesem Zusammenhang über positive Erfahrungen aus der Vergangenheit. „In Stuttgart ... gab es herrliche Schlachten mit dem Publikum, die sehr viel gebracht haben im Hinblick auf das Verstehen, Begreifen von Theater, in Bezug auf die Auseinandersetzung mit Themen, die heute anliegen, oft mit alten Texten, oder mit heutigen Texten. Das Publikum zu öffnen, es zu spalten, in Individuen zu spalten; Kunst ist Agitation gegen Masse, das muß eine Nach- und Vorbereitung haben. Damit meine ich nicht, daß das Theater bzw. der Kunstvorgang des Theatralischen der eigenen Verantwortung enthoben ist. Die Produktion selbst muß sein. Aber danach sollte man doch gerade in der heutigen Zeit miteinander sprechen". Diskussionen können demgegenüber für Ciulli nur aus taktischen Gründen sinnvoll sein, „um einem Publikum die Funktion von Theater bewußt zu machen". Einen künstlerischen Prozeß könne man nicht mit Diskussionen nachvollziehen.

„Die diskursive Form hat meine Dramaturgie zu entwickeln, etwa über das Programmheft. In der Dramaturgie müssen auch Diskussionen über die Funktion von Theater, über Theater-Ästhetik, organisiert werden. Unmittelbar nach der Theateraufführung sollte nur das Schweigen sein." In diesem Sinne begründet auch J. Dew seine Distanz gegenüber Diskussionsveranstaltungen im Theater. „Wenn sich ein Stück nicht selbst erklärt in den drei Stunden, die zur Verfügung stehen, dann ist irgendetwas nicht in Ordnung mit der Aufführung. Da hilft kein Programmheft, keine Einführung und keine Diskussion nachher".

9.5. Theater und Massenmedien

Die Aura, die um das Geschehen auf der Bühne ist, kann von dieser nicht abgelöst werden und äußert sich in einem „Hier und Jetzt". Die technischen Kommunikationsmedien heben diesen auratischen Schein auf und damit das Erlebnis des „Hier und Jetzt" (vgl. dazu Sontag 1980, S. 177 f.). M. Brauneck (1982) hat die Aura des Theaters pointiert beschrieben: „Theater ist reine Aktualität, existiert allein in seinem authentischen Vollzug als aktuelle Situation in der Dialektik von Spielen und Zuschauen. Darin liegt die Lebendigkeit von Theater als Kunstform begründet... In seiner auratischen Unmittelbarkeit verweigert sich das Theater der Reproduktion; jede Aufführung ist in einem prinzipiellen Sinne einmalig, als aktuelle Handlung und Erlebnis ein Moment des Lebens selbst... Gespieltes Theater bleibt wie gelebtes Leben allein in der Erinnerung bewahrt. Film- oder Videoaufzeichnungen von Theater brechen diese Authentizität grundsätzlich, machen deren Verlust unmittelbar erfahrbar, sind nicht mehr Theater, nicht einmal eine Kopie davon" (S. 24/5). Die Kontroverse um die Bedeutung der Massenmedien, insbesondere des Fernsehens, für die Existenz des Theaters dreht sich primär um die Frage nach einer sinnvollen Kooperation zwischen diesen Medien und um eine in der eigenständigen Besonderheit begründeten Entwicklung von Theater und Fernsehen. Der Kooperationsaspekt wird von den Theatermachern unterschiedlich gewichtet. Man sollte — so Heyme — in der heutigen Zeit, „wo Medien zur Verfügung stehen, mit Medien arbeiten. Theater kann sich dieser gesellschaftlichen Entwicklung als Instrument der Farbe, der Musik, des Films, der Videotechnik nicht entziehen. Wir müssen rein in die Medien und innerhalb dieser Medien versuchen, den Rest von Kultur, die letzten Steinchen, die da sind, wieder zur größeren Qualität zu entwickeln. Das heißt Filme machen, Fernsehen machen, Rundfunk machen, das alles natürlich als Verweis des ganz Anderen, des Theaters". Für Canaris braucht ein selbstbewußtes Theater die Kooperation mit den technischen Kommunikationsmedien nicht zu scheuen. „Wir haben überhaupt keinen Grund, Angst vor diesen Medien zu haben, jedenfalls nicht dann, wenn wir sie nicht auf ihrem eigenen Feld, wo sie uns überlegen sind, zu schlagen versuchen. Ich halte überhaupt nichts davon, hinter dem Fernsehen herzulaufen, indem wir möglichst ausstattungsaufwendig und spannungsgeladen produzieren sowie versuchen, per Entertainment das Fernsehen zu überholen. Wir müssen auf unsere ureigenen elementaren, das heißt spontanen, direkten Mittel zurückgreifen... Wenn man von diesem Selbstbewußtsein ausgeht, braucht man sich auch nicht vor möglichen Kooperationsformen zu scheuen. Das Fernsehen ist kein Teufelswerk, genausowenig wie das Theater das gottgegebene Allheilmittel ist, sondern das sind Medien, mit denen man nach den jeweils spezifischen Gesetzen von Produktion und Rezeption umgehen kann. Wenn man die durchschaut und im Griff hat, warum soll man dann nicht etwas zusammen machen"? Einhellig wird die Dokumentations- und Informationsfunktion von Fernseh-Theateraufführungen hervorgehoben, dabei allerdings die Qualität dieser Aufzeichnungen in Frage gestellt. Theateraufführungen im Fernsehen können anregen, Lust machen darauf, „das auch mal life zu erleben" (Ruf). Allerdings wurde — so Ciulli — „jahrelang der Fehler gemacht, daß man im Fernsehen nur photographiertes Theater bestellt hat. Damit hat man erreicht, daß jede Theateraufzeichnung fürs Fernsehen eine schlechte Werbung für das Theater ist". J. Dew vergleicht eine Fernsehaufzeichnung von Theater mit einer „vergilbten Postkarte" im Gegensatz zum „Gemälde", das einer authentischen Theateraufführung entspreche. „Die schlimmste Gattung ist die perfektionierte Vorstellung, das heißt eine Vorstellung, die ohne Publikum aufgenommen worden ist, mit Korrekturen und Filmschwanks, womöglich auch noch bei einer Oper mit Playback. Da bekommt man eine schöne Leiche. Die Farbe einer Aufführung, dieser gewisse Zirkusakt — fällt der Darsteller vom Seil oder nicht — entfällt".

Im Fernsehen treten — so Huonder — Verluste ein: „Man stellt sich einen Wald nicht mehr vor, sondern sieht ihn nur, so wie er ist. Gefährlich sind die sog. Life-Sendungen. Ich finde die Art von „life dabei" verroht. Sie bringt die Leute in einen toten, phantasieleeren Raum". Die Fernsehaufzeichnung von Theateraufführungen ist eine Konserve, unabhängig davon ob sie „auf der Bühne, in einem Durchlauf oder bei verschiedenen Aufführungen gemacht, ob sie filmisch etwas akzentuiert wurde. Mit dieser Konserve kann nicht der Dialog, der bei ein- und derselben Inszenierung jeden Abend im Theater unterschiedlich abläuft, vermittelt werden" (Ruf).

Fernsehen und Theater sind zwei grundverschiedene, wesensfremde Medien. Dies hat insbesondere Canaris systematisch expliziert: „Der gravierende Unterschied besteht darin, daß die Produktionsweise ganz stark die Rezeption beeinflußt. Im Fernsehen sortiere ich die optischen wie akustischen Impulse für den Zuschauer vor. Ich manipuliere das, was der Zuschauer sehen soll, ich gebe vor, was er sehen darf, ich schneide ab, was er nicht sehen soll. Das heißt, ich löse die Totale einer Szene auf in einzelne Einstellungen. Das ist im Fernsehen notwendig aufgrund der Produktionsweise, im Theater dagegen die Aufgabe, die der Zuschauer selber zu übernehmen hat, natürlich angeregt, verführt durch das, was von der Bühne kommt. Er tut es letztlich in eigener Verantwortung und bringt seine Fantasie entscheidend ins Spiel ein. Das führt dann zu dem Ergebnis und zu dem Vorgang, der uns immer wieder überrascht, daß dieselbe Theateraufführung von den tausend Leuten, die da sitzen, sehr verschieden wahrgenommen wird. Außerdem ist die Produktionsweise, vor allem für die Schauspieler, eine andere. Der Schauspieler muß auf der Bühne eine Figur spielen

149

in einem Bogen von Anfang bis Ende, einen identischen Bühnenbogen. Er muß ein Bühnenereignis herstellen, das um 19.30 Uhr anfängt und um 23.00 Uhr aufhört, mit der ersten Liebesszene anfängt, am Ende mit dem Eifersuchtsmord endet und nicht umgekehrt, wie das beim Fernsehen immer wieder der Fall ist, wo die Schauspieler eine große Rolle scheibchenweise produzieren. Die wird dann am Schneidetisch montiert und existiert als Ereignis, das an die Identität des Schauspielers gebunden ist, nicht. Die Zuschauer im Theater wollen dagegen mit ihrer Fantasie, mit ihren Emotionen, mit ihrem Verstand an dem Produktionsprozeß lebendig teilhaben. Das ist die Spannung von Theater".

Prinzipiell wird in dem technischen Kommunikationsmedium Fernsehen keine Konkurrenz für das Theater gesehen. Gleichwohl könnte die Sozialisation durch das Fernsehen, die eine kulturelle „Verflachung" und „Verdummung" der Zuschauer provoziert, auch Auswirkungen auf die Rezeption von und Erwartungshaltung gegenüber Theateraufführungen haben. „Das Fernsehen ist keine Konkurrenz für die Theaterkunst. Wenn das Prinzip der ständigen Unterschätzung des Publikums und der Gesellschaft weiter als Prinzip der Entscheidung, was im Fernsehen zu senden ist oder nicht, bestehen bleibt, dann sehe ich keine Gefahr" (Ciulli). Erst wenn das Fernsehen sich in eine andere Richtung bewege, könne es zu einer Konkurrenz für das Theater werden. „Durch die neuen Massenmedien ist Theater als lebendige Begegnung von Menschen auf der Bühne und Menschen vor der Bühne nicht in seiner Existenz gefährdet... Es kommt allerdings darauf an, daß das Theater sich auf seine ureigenen Möglichkeiten noch stärker besinnt und nicht glaubt, es könne nur unter Zuhilfenahme all dieser neuen technischen Errungenschaften überleben. Gerade das, was am Theater anachronistisch wirkt, macht seine Lebendigkeit und Kraft aus" (Ruf).

Fernsehen habe die „Wirtschaft im Rücken", im Gegensatz zum Theater und deshalb könne es — so Hounder — zu einer Gefahr werden, „weil eine Verflachung eintritt, der gegenüber das Theater es ganz schwer haben wird. Wir können natürlich auch flach werden, aber dann sollten wir es bleiben lassen und alle nur noch in die Glotze gucken. Inhaltlich ist das Fernsehen keine Konkurrenz. Ein Clown im Zirkuszelt, da können die im Fernsehen machen was sie wollen, das ist nie dasselbe".

Heyme beurteilt die Entwicklung von Film und Fernsehen als „Katastrophe". „Die Anstalten haben mehr und mehr sich darauf besonnen, in den letzten Jahren einem Publikum hinterherzulaufen, was es gar nicht gibt und damit einer Entwicklung voranzugehen, die noch gar nicht da ist. Sie werden ihrer Aufgabe als Anstalt des öffentlichen Rechts überhaupt nicht mehr gerecht. Im Gegenteil: Es ist ein öffentliches Unrecht, was da propagiert wird. In den Sendern und Rundfunkanstalten findet immer weniger Kunst statt. Ich meine, diese Medien müßten alle dem Grundproblem dieser Gesellschaft zuarbeiten. Insofern würde ich sie auch als Partner erwarten. Nur das, was ich jetzt sehe, dieser Schwachsinn, der in der Glotze durchgehend abläuft, ist natürlich eine Konkurrenz im Sinne der absoluten Verdummung von Publikum, von Menschen, mit denen wir konfrontiert sind. Insofern ist das eine riesige Konkurrenz, nicht im Verhältnis zum Theater, sondern zur Chance, die ein Mensch in dieser Gesellschaft überhaupt noch hat, ist das etwas tödliches".

9.6. Veralltäglichung und Profanisierung des Theaters?

Was bedeutet — so wurde eingangs gefragt — die Verteidigung von Zeitorten klassischer Öffentlichkeit, wie das Theater, wirklich?

Die Theatermacher haben — mit unterschiedlicher Akzentuierung — diese Frage entschieden, durchaus im Sinne Adornos und Kluges, beantwortet. Canaris und Heyme fassen mit ihren Stellungnahmen zur Notwendigkeit der Subventionierung von Theater wesentliche Aspekte der Argumentationen zusammen. „Für diese Gesellschaft ist es notwendig — und darauf kann sie stolz sein —, daß sie sich einen Bereich hält, wie früher die Fürsten sich den Hofnarren gehalten haben, aber auf demokratisch kontrollierte Weise, in dem ihr der Spiegel vorgehalten wird; in dem im doppelten Sinne auf ihre Kosten gearbeitet wird — und zwar nicht profitorientiert, sondern in dem freien Raum, den das Grundgesetz für die Kunst vorgesehen hat. Für das sinnvolle Fortbestehen unserer Gesellschaft ist es wesentlich, daß solche Räume — das muß nicht nur das Theater sein — erhalten bleiben" (Canaris).

Das Zentrum, der Begriff der Urbanität definiert sich — so

Heyme — neben „ganz wenig anderem durch die Kunst und die des Theaters. Wir Theaterleiter, die Schauspieler, alle Arbeitenden am Theater sind aufgefordert Demokratie zu wollen, sich damit auseinanderzusetzen, zu streiten, uns als einen wesentlichen Punkt in dieser Gesellschaft zu begreifen... Das Problem ist die verlorene Wirkung auf ein Publikum, ein Publikum, das fremdbestimmt ist, was mit der riesigen freien Zeit, die immer größer wird, überhaupt nichts anfangen kann. Diese Freizeit ist die Zeit der größten Unfreiheit. Arbeit ist trotz aller Maloche, aller Katastrophe dieser verteilten Arbeit, mehr Freiheit als die sog. freie Zeit. Freie Zeit wieder als Moment von Freiheit zu begreifen, ein Individuum wieder gegen andere Individuen überhaupt herstellen zu können, formulieren zu dürfen, das ist eine Aufgabe der Kunst. Die kann nicht alleine von den Theatern geleistet werden, sondern muß von dieser Gesellschaft getragen werden, von den Schulen, den Kindergärten, den Universitäten, und da liegt die eigentliche Katastrophe".

Einer „kulturellen" Öffnung des Theaters stehen die Theatermacher allerdings gespalten gegenüber. Entschieden abgelehnt wird eine solche Entwicklung von Ciulli und Steckel. „Dadurch degeneriert Theater, ähnlich wie der Begriff von Kultur degeneriert, so daß schon ein Wettbewerb, in dem Frauen Pullover stricken, zur Kultur gehört. Man kann Kultur sehr weit fassen. Aber in diesem Spektrum muß man Theaterkunst unbedingt differenzieren. Theater ist ein heiliger Ort. Wir müssen die Kraft haben, wieder heilige Orte zu schaffen. Unsere Gesellschaft profanisiert das Sakrale und heiligt das Profane. Aber gerade das Sakrale ist für eine lebendige Gesellschaft ein wesentliches Element" (Ciulli).

Ebenso pointiert weist Steckel dem Theater eine besondere kulturelle Bedeutung zu: „Möglichst weit weg von Kegelbahn, Bierhähnen, vom großen Fernsehschirm, möglichst weit weg von allem. Irgendwo ein Theater, da ist eine Tür, da kann man reingehen und wieder rausgehen und eine Bühne, auf der stehen Schauspieler und sonst nichts. Wenn ich mir vorstelle, ich würde da reingehen und das Geräusch von umfallenden Kegeln hören, dann würde ich gleich selbst umfallen. Theater ist nicht ein allgemeines Vergnügen wie andere Vergnügungen auch. Warum ist es eigentlich schwieriger ins Theater zu gehen als ein Glas Bier zu trinken? Beim Glas Bier haben die wenigsten Leute Hemmungen, ins Kino geht man auch als würde man ein Glas

Bier trinken. Beim Theater kommt irgendetwas ins Spiel, das man nicht genau bestimmen kann: Ein unterstellter Anspruch oder ein Anspruch, den man an sich selber hat, dem man meint nicht genügen zu können. In dem Sinne, daß man meint, die sind sowieso schlauer als ich, da brauch' ich nicht hinzugehen oder die Schwierigkeiten, die ich habe, werden vom Theater sowieso nicht gelöst. Diese merkwürdige Besonderheit des Theaters muß auch bis zu einem gewissen Grad durch seine Isolation von anderen Unterhaltungsgegebenheiten sich ausdrücken". In diesem Phänomen sieht Steckel auch den Grund für die Abstinenz der Arbeiter gegenüber dem Theater. „Was soll ein Arbeiter vom Theater erwarten? Deswegen wird der Acht-Stunden-Tag nicht kürzer, und die Arbeit nicht einfacher... Wenn es Schwierigkeiten gibt, stellt sich die Situation anders dar. Was macht man, wenn man plötzlich mitgeteilt bekommt, man wird jetzt abgebaut aufgrund der Tatsache, daß die Chefs beschlossen haben, in irgendeiner Weise zu fusionieren? Dann fängt man an darüber nachzudenken, ob das wirklich so sein muß. Und dann kommt man möglicherweise in Bereiche, in denen das Theater doch von Interesse ist, weil es gewisse Möglichkeiten hat, solche Fragen auch zu beantworten, sie mindestens öffentlich zu stellen in einer etwas geschlosseneren Form und gelegentlich auch zu beantworten".

Dieser kulturellen Haltung entgegen sehen die übrigen Theatermacher eine Öffnung des Theaters durchaus als sinnvoll – und von Fall zu Fall – als notwendig an. „Wofür ich bin ist, daß wir die gegebenen Häuser zwar so nehmen wie sie sind und bespielen, weil wir sie vermutlich nicht umbauen können, daß wir sie aber in dem Sinne zum Marktstand bzw. zur Markthalle machen, daß wir viele verschiedene, auch heterogene, durchaus nicht nur im engeren Sinne theatralische Veranstaltungen anbieten. Diese Öffnung ist wichtig und notwendig. Wenn wir etwas erreicht haben in den letzten zwanzig Jahren, dann dies, daß eine gewisse Schwellenangst abgebaut zu sein scheint" (Canaris). In diesem Sinne argumentiert auch Heyme: „Es gibt einen Unterschied zwischen Kultur und Kunst. Dieser ganze Kegelkram hat nichts mit Kunst, sondern etwas mit Kultur zu tun. Eine Zahnbürste unterscheidet sich eben von Aischylos. Das eine ist Kunst, das andere Gewerbe. Andererseits: Wo man Theater spielt ist letztenendes gleichgültig. Wir können es besser in unseren Häusern, aber man kann es auch in jeder Kneipe tun. Was man auch tut, um in dieser Gesellschaft den Untergang aufzuhalten, ist richtig. Wenn ich die Chance habe, mich neben einer Kegelbahn breit zu machen und die Kegelbrüder oder Kegelschwester von ihrem Krempel, der sie auch von sich wegführt, abzulocken, dann ist das gut und wichtig. Es gilt allerdings ganz klar zu sagen: Wir sind nicht eine Institution wie ein Kegelclub, sondern wir sind das wirklich schlechterdings Andere. Wenn dieses Andere sich einzunisten vermag in Freizeitgestaltung oder in das, was man darunter versteht, dann ist das allemal richtig. Nur muß man sehr genau wissen, daß man das Gegenteil vertritt".

Die Grenze des Theaters gegenüber einer profanen Nutzung (Varieté, Quizveranstaltungen, Industrieverkaufsschauen) wird von den Theatermachern hoch angesetzt. „Da ist die Grenze sehr hoch anzusetzen. Das heißt, ein solcher Tempel der Rückbesinnung, der Besinnung auf Wesentliches, wenn wir den im Kern auflösen durch einen solchen Krempel, halte ich das für tödlich. Wir müssen in diesen Monstern von Städten zumindest einen Raum finden, wo man denken, fühlen kann über Grenzen hinaus, die uns durch diese Gesellschaft gesetzt sind. Wenn wir den beschmutzen, halte ich das für einen großen Fehler. Um diese Gesellschaft in Frage zu stellen, bedarf es eines Hauses, in dem grundsätzlich Theater und Kunst stattfindet und nicht das Gegenteil" (Heyme).

„Die Grenze wäre schon die Modenschau. Die Modenschau hat etwas mit dem Theater zu tun, ist aber eine Verkaufsschau. Theater ist der Raum, wo eben nicht gewerblich verkauft wird. Wir sollten diesen Freiraum, den die Gesellschaft uns gegeben hat, auch als solchen bewußt behaupten und nicht als Kongreßhalle oder Messehalle in Anspruch nehmen" (Canaris).

Die Grenze besteht für Hounder dann, „wenn das Theater politisch mißbraucht wird. Da würde ich alle Parteien ausschließen. Man soll das Theater nicht zu sakrosankt machen. Sakrosankt ist es während der Arbeit und während der Aufführung. Da muß gewährleistet sein, daß wirklich die nötige Ruhe herrscht, um kreative Arbeit zu leisten. Ansonsten muß es ein Lebensraum sein".

Der politisch-ökonomisch begründeten Forderung nach einer „Demokratisierung" von Kunst und Kultur stehen die Theatermacher kritisch gegenüber.

Ciulli hat zwar nichts dagegen, daß der Begriff Kultur so

breit wie möglich gefaßt wird, führt diese Intention aber auf ökonomische Interessen zurück. „Man hat sehr früh erkannt, daß in dem Bereich viel Geld zu verdienen ist. Die subventionierte Theaterkunst hat sich diesem Prozeß zu entziehen und ihren Platz in der Kulturlandschaft neu zu bestimmen". Für Steckel machen Theater oder theaterähnliche Veranstaltungen nicht alleine Kultur aus, sondern nur den geringsten Teil. „Die Krankenhäuser, die Schulen, die Straßen, die Häuser, die Rat-Häuser, alles das ist auch Kultur. Das ist weitgehend demokratisiert. Es stellt sich die Frage, unter welchen Voraussetzungen man eine Demokratisierung von Kultur diskutiert. Mao Tse Tung hat das im Hinblick auf eine revolutionäre Gesellschaft diskutiert, die sich in einem intensiven Transformationsprozeß befindet, in dem Kultur im weitesten Sinne, aber auch Theater oder Literatur oder bildende Kunst einen instrumentellen Faktor bilden können im Sinne von Erziehung der Massen". Dies sei ein anderer Vorgang als das, was Adorno als Kulturindustrie kritisiert habe und sich gegenwärtig u. a. am Phänomen „Starlight-Express" manifestiere. Dies beruhe auf völlig anderen Voraussetzungen. „Einmal auf der Erkenntnis, daß die Phantasie des Menschen eine Art Rohstoff darstellt, der verarbeitbar ist, und zweitens die Verarbeitung dieses Rohstoffes in profitorientierter Form betreibt; damit dieser Profit entsteht, gewissermaßen es auf Massenwirkung anlegen muß. Starlight ist nicht dazu da, um im Sinne Mao Tse Tung's die Massen zu erziehen, sondern um den Massen das Geld aus der Tasche zu ziehen. Dieses kulturindustrielle Phänomen ist ganz und gar an seine kapitalistische Struktur gebunden und wird mit dieser kapitalistischen Struktur auch zugrunde gehen". Huonder stellt die Qualität des Produkts „Starlight" in Frage. „Das ist nicht etwas, um Kultur zu verbreiten. Dazu ist der Anspruch einfach zu gering. West-Side-Story ist sicher ein Werk von anderer Qualität, hat auch ein anderes Libretto, da findet schon etwas Anderes statt, da wird auch anders über Liebe und sonstige Geschichten verhandelt als in Starlight-Express. Ich denke, das ist eine Zeiterscheinung, das ist nicht etwas, was hunderte von Jahren bleibt, wie ein Stück Romeo und Julia, sprich West-Side-Story. Es ist furchtbar, daß Kommunen auf so etwas abfahren, uns mit diesem Zeug messen und sagen, das ist Klasse, das heißt eigentlich die Volksverdummung wollen!"

9.7. Ausblick

Dem Theater kommen — aufgrund seiner Affinität zur gesellschaftlichen Wirklichkeit — besondere gesellschaftspolitische Funktionen zu:
- Analyse und Bewußtmachung gesellschaftlicher Strukturen
- Transzendieren geltender Ausdrucksstandards und des geltenden Rollenrepertoires
- Aufzeigen humaner Bedürfnisse, Entwürfe befreiten Lebens, Angebote von Spielräumen für Lebenswünsche.

Theater begreift sich — dies kann als Konsens der befragten Theatermacher konstatiert werden — als systemgebundener Widerspruch, es ist nicht reines Spiel ohne jede weitere Bestimmung, es ist gesellschaftlich (darin manifestiert sich die Spiel-Ernst-Dialektik des Theaters). Das Rollenspiel als symbolisches Handeln auf dem Theater ist nicht einfach ein zweites gesellschaftliches Rollenhandeln, es zeigt vielmehr in seiner zentralen Thematik den Widerspruch der gesellschaftlichen Möglichkeiten mit der gesellschaftlichen Wirklichkeit des menschlichen Wesens auf (Brecht). Dieser Zusammenhang wird deutlich, wenn die Analogien zwischen dem Geschehen auf der Bühne und den menschlichen Beziehungen ganz allgemein dargestellt werden. ,,Theater ist ein aus menschlichen Reaktionen und Impulsen erzeugter Vorgang, es entsteht aus dem Kontakt zwischen Menschen. Das ist sowohl ein biologischer wie geistiger Zustand" (Grotowski 1970, S. 51).

Aufgrund seines Modellcharakters ist das Theater potentiell imstande, die gesellschaftlichen Zwänge und Abhängigkeiten, denen die einzelnen Individuen ausgesetzt sind, zu durchbrechen und damit der Gesellschaft ein produktives Beispiel zu geben. ,,Das Theater als ein vom Wesen her kollektiver und demokratischer Schöpfungsprozeß ... könnte in diesem Zusammenhang Pionierdienste oder doch zumindest Hilfsfunktionen leisten, indem es nichts anderes tut, als was ihm konstitutionell vorgegeben ist: Nämlich sowohl die Einheit von Ich und Arbeit als auch die Solidarität zwischen den Menschen in durchaus emanzipierter Weise, wenn auch nur temporär und in einem symbolischen Rahmen, herbeiführen. Die Gefahr dabei ist, daß der theatralische Effekt, der eine Nachfrage erzeugt, für deren volle Befriedigung die Stunde noch nicht gekommen ist, durch den Warenfetischismus der

Kulturindustrie sofort wieder in sein Gegenteil verkehrt wird..."
(Paul 1970, S. 10).

Zu fragen ist, ob die Institution Theater der einzige, ausschließliche Ort der Realisation theatralischer Ereignisse sein muß — was von der Mehrheit der befragten Theatermacher so gesehen wird. Das Theater könnte durchaus versuchen, auf die gesellschaftliche Umgebung überzugreifen:

— theoretisch in Modellen der Rollentheorie, die szenische Aspekte der Institution Theater auf gesellschaftliche Ereignisse überträgt,

— praktisch könnte das Wirklichkeitstheater in antagonistische Situationen der gesellschaftlichen Wirklichkeit einzugreifen versuchen.

In der Theatralisierung des gesellschaftlichen Lebens kann Theater-Kunst als das der (technologischen) Gesellschaft gegenübergestellte Besondere sich in gesellschaftlicher Praxis aufheben; das Theatralische würde hier ein Movens zur kognitiven, emotionalen und pragmatischen Erfassung der Wirklichkeit selbst.

II. Kritische Theorien und (qualitative) Methoden zur Codierung und Decodierung von Produkten der Massenkultur (popular culture)

1. Gesellschaftspolitische und ökonomische Aspekte der Massenkommunikation

Die bestehenden Strukturen der Massenkommunikation sind keine Selbstverständlichkeit, sondern Resultat historisch-gesellschaftlicher Prozesse. Das heißt: Massenkommunikation vollzieht sich als sozialer Prozeß in spezifischen Gesellschafts-formationen (und konkreten historischen Situationen in ihnen) und wird von den in diesen Gesellschaftsformationen herr-schenden Gesetzmäßigkeiten bestimmt (vgl. Bisky/Friedrich 1971, S. 21). Die Entwicklung der industriellen Produktions-weise setzt eine bestimmte Entfaltung der allgemeinen Be-dingungen des gesellschaftlichen Produktionsprozesses, d.h. der Kommunikations- und Transportmittel, voraus und ruft sie hervor.

Die Entstehung und Entwicklung der Massenkommunika-tion drückt die gesellschaftliche Notwendigkeit aus, die Massen der Bevölkerung in das arbeitsteilige System industrieller Gesellschaften zu integrieren. „In dem Maße, in dem mit der Herausbildung der Warenwirtschaft und der Industrialisierung der Produktion die Parzellenstruktur der Gesellschaft kom-plexeren und umfassenderen sozialen Beziehungsmustern weicht, wächst und spezialisiert sich das Informationsbedürf-nis der Gesellschaft" (Aufermann 1972, S. 61).

Aufermann stellt in diesem Zusammenhang die Frage: „Inwiefern — wenn überhaupt — ist es heute im Zeitalter einer technisch hochgradigen Kommunikationsdichte (Kommu-nikationssatelliten, Transistoren, Empfänger, Videotechnik, Fernschreiber, elektronischer Fotosatz, Kassettenfernsehen...) um die Erkennbarkeit der objektiven, durch die Struktur der

ökonomischen Beziehungen (Markt- und Arbeitslage) bestimmten Interessen der Masse der Rezipienten, um die es bei
der Massenkommunikation ja wohl gehen soll, besser bestellt,
als es vergleichsweise um die des Klasseninteresses der hier nur
zur Problemkennzeichnung paradigmatisch angeführten historischen Figur der Parzellenbauern gute 100 Jahre zuvor bestellt
war"? (S. 63). Diese Zweifel scheinen berechtigt, wenn man den
Analysen und Interpretationen der referierten Medientheoretiker folgt, die im wesentlichen von folgenden Hypothesen ausgehen: Die „Bewußtseinsindustrie" ist mit der Entwicklung der
elektronischen Medien zum Schrittmacher der sozio-ökonomi-
schen Entwicklung industrie-„kapitalistischer" Gesellschaften
geworden. Sie infiltriert alle anderen Sektoren der Produktion,
übernimmt immer mehr Steuerungs- und Kontrollfunktionen
und bestimmt den Standard der herrschenden Technologie
(Enzensberger 1970; 1971).

Ihre Macht über die Gesellschaft wächst mit der Menge der
Produkte, mit der Wirksamkeit der sie vermittelnden Medien
und mit der Zahl der Menschen, die daraus Informationen über
ihre Stellung in der Gesellschaft, ihre Orientierung für eigenes
gesellschaftliches Verhalten beziehen.

Mit der Zersplitterung, Komplexität, Weiträumigkeit und
Wandelbarkeit der normativ-sozialen, wie der physikalisch-tech-
nischen Umwelt nimmt zweifellos der „informationelle Aspekt
des grundlegenden menschlichen Informationsbedürfnisses"
(Aufermann) an Bedeutung zu. Nur, „soll die Rede vom wach-
senden Informationsbedürfnis Sinn haben, muß Information
als sozial-signifikanter Bezugsinhalt konzipiert werden, d. h.
Information muß dazu taugen, den Empfänger insofern zum
potentiellen Sender zu machen, als eben diese Information
seine Abhängigkeitsbereiche, die sich zunehmend über seinen
persönlichen und direkten Erfahrungshorizont ausweiten, zumindest soweit transparent macht, daß er in ihnen kommuni-
zierend bestehen und – gemäß seinen Interessen – konflikt-
bewußt agieren kann. Erst dann wird ein – wie J. Habermas
formuliert – ‚herrschaftsfreier Dialog aller mit allen' möglich,
auf den die Geschichte hindrängt" (Aufermann 1972, S. 62).

Diesem idealistischen Modell von (Massen-)Kommunikation
steht eine Medienwirklichkeit, deren politisch-ökonomischer
Hintergrund im folgenden umrissen werden soll (vgl. dazu Prokop 1985, Piper 1985), diametral entgegen.

In dem Maße, in dem Publizität und Massenkommunikation dem Kapitalverwertungsprozeß eingegliedert worden sind, fielen sie unter dieselben Gesetze, denen der gesamte übrige ökonomische Bereich unterliegt. Diese trivial klingende Feststellung ist gleichwohl notwendig angesichts verschiedener Versuche, Kriterien aufzustellen und herauszufinden, wieviel selbständige „publizistische Einheiten" heute nötig seien, um Meinungsmanipulation zu verhindern, oder welcher Grad von Pressekonzentration einer demokratischen Gesellschaft zumutbar sei. Derart „zwangsneurotisch anmutende Zahlenspiele" (Hinz 1969, S. 288) lenken von der wirklichen Problematik ab, da sie es versäumen, das einzelne Phänomen der Massenkommunikation in den Kontext der gesamtgesellschaftlichen oder doch zumindest gesamt-ökonomischen Entwicklung zu stellen.

Eine solche Entwicklung, nämlich die fortschreitende Kapitalkonzentration, setzte in den hochentwickelten kapitalistischen Staaten mit der zweiten Hälfte des 19. Jahrhunderts ein. Die vollkommene Konkurrenz möglichst vieler kleinerer Unternehmen untereinander — wenn dieses Ideal liberalistischer Wirtschaftstheorien überhaupt je empirisch aufzufinden war — hatte sich als auf die Dauer unerträglich herausgestellt: Konkurrenz ist für jede Unternehmensentscheidung ein Risikofaktor; Profitmaximierung als Unternehmensziel verlangt jedoch Reduktion des Risikos, Kalkulierbarkeit der Profitchancen. Das ist der marktökonomische Hintergrund, auf dem Kapitalkonzentration sich vollzieht. Ein betriebsökonomischer kommt hinzu: Der Einsatz immer komplizierterer Produktionstechnologien verlangt hohe Investitionen und ist nur dann rentabel, wenn die neue Kapazität annähernd voll ausgelastet ist; die jeweilige technologische Kapazität bestimmt somit den output, brachliegende Kapazitäten produzieren Verluste.

Wie Konzentration im Bereich der Massenkommunikation aussieht, läßt sich am größten westdeutschen Zeitungskonzern exemplarisch studieren. Der Springer-Konzern vereinigte in sich bereits 1966 37,9 Prozent der verkauften Gesamtauflage aller Tageszeitungen einschließlich der Sonntagszeitungen in der BRD, 89,1 Prozent der verkauften Gesamtauflage aller überregionalen Tageszeitungen, 83,6 Prozent der verkauften Gesamtauflage aller Sonntagszeitungen, 50,1 Prozent der verkauften Gesamtauflage aller Rundfunk- und Fernseh-Programmzeitschriften (Holzer 1971, S. 200). Derart starke horizontale Konzentration wird verstärkt durch vertikale, d. h. durch Vereinigung hintereinander-gelagerter Produktionsstufen: Springer läßt seine Zeitungen zum Teil in eigenen Druckereien herstellen und ist außerdem an Papierfabriken beteiligt (Hund 1970, S. 54/55). Daneben spielt bei nicht wenigen Konzernen diagonale Konzentration, d. h. rein kapitalmäßige, nicht produktbezogene Verflechtung mit Unternehmen anderer Branchen eine Rolle: Springer ist beteiligt an einem Reisebüro-Konzern. Zum weiteren Ausbau der Machtstellung großer Konzerne gehört die „Diversifikation" des Warenangebots; zum Springer-Konzern gehören Buchverlage, Nachrichtenagenturen und eine AV-Produktionsgesellschaft. Mit der Verminderung der Zahl der publizistischen Einheiten, d. h. der politischen Redaktionen der Tagespresse — von 225 im Dezember 1954 auf 140 im Mai 1971 (Diedrichs 1972, S. 76) — verbindet sich der Trend zur höheren Auflage einer einzelnen Einheit. Dies hat für ein auf Profitmaximierung ausgerichtetes Zeitungsunternehmen zumindest zwei Vorteile: Zum einen sinken die Herstellungskosten, zum anderen steigt die Attraktivität der Zeitung für die inserierende Wirtschaft. Letzteres ist das wichtigste; denn das Anzeigengeschäft ist die Haupteinnahmequelle: Bereits 1964 belief sich der Anteil des Anzeigengeschäfts an den Gesamterlösen sowohl bei den aktuellen Illustrierten, Frauen- und Modezeitschriften als auch bei den Abonnementzeitungen der Tagespresse auf ca. zwei Drittel; bei den ausschließlich im Straßenverkauf vertriebenen Tageszeitungen betrugen die Anzeigenerlöse fast die Hälfte der Gesamterlöse (Holzer 1971, S. 198 u. 200).

Die jüngsten Medien, Funk und Fernsehen, scheinen dieser Problematik enthoben zu sein: In den meisten industrie-kapitalistischen Ländern — die große Ausnahme sind die USA — sind diese Medien entweder verstaatlicht, wie in Frankreich, oder sie haben den Status einer öffentlich-rechtlichen Anstalt, wie in der BRD. Die öffentlich-rechtliche Organisationsform der bundesdeutschen Rundfunk- und Fernsehanstalten tritt mit dem Anspruch auf, am ehesten allseitige Information und Meinungspluralismus als die Grunderfordernisse einer demokratischen Gesellschaft absichern zu können gegen staatliche Übergriffe ebenso wie gegen die Einflußnahme partikularer Privatinteressen. Die Realität zeigt jedoch, daß zumindest gegen private Einflußnahme der aufrechterhaltene Anspruch an Einlösbarkeit verliert. Von den 1054,2 Mio. DM Gesamteinnahmen der Landesrundfunkanstalten im Jahre 1966 waren 341,7 Mio. Erlöse aus Werbesendungen; das ist ein gutes Drittel. Die entsprechenden Zahlen desselben Jahres für das ZDF sind 292,9 und 133,2 (ebd. S. 201). Damit sind die Anteile der Werbeerlöse hier zwar nicht so hoch wie bei der Presse, aber hoch genug, um die daraus resultierende Abhängigkeit der Anstalten von der privaten Wirtschaft nicht zu übersehen. „Der offene Widerspruch zwischen dem Charakter einer Institution des öffentlichen Rechts und dem Einbau von Reklame ins Fernseh- und Rundfunkprogramm wird bei den meisten Anstalten vordergründig durch eine juristische und finanzielle Ausgliederung der Werbung eliminiert. Zur Arbeitsgemeinschaft Werbefernsehen der ARD gehören sieben Gesellschaften. Diese Gesellschaften verbinden die Anstalten nicht nur direkt mit dem Kapitalmarkt, sondern zudem noch dadurch, daß jene Werbegesellschaften mit den großen bundesrepublikanischen Ateliersgesellschaften stark liiert sind" (S. 202-204). Hinzu kommt eine weitere Verflechtung mit der Privatwirtschaft durch die Beteiligung der Anstalten an einer privaten Film- und Fernsehserien-Einkaufsgesellschaft (S. 204). Die Zukunft audiovisueller Massenkommunikation wird mehr und mehr im Zeichen der Kassettenproduktion stehen (vgl. Metzger 1972, S. 179 f.). Mediengiganten wie Springer und Bertelsmann haben hinsichtlich der Planung und Entwicklung von Kassetten einen entscheidenden Vorsprung gegenüber den Fernsehanstalten, bei denen bisher die Diskussion über die Kassette auf breiter Basis nicht stattgefunden hat. Dieser Entwicklungsvorsprung der Privatwirtschaft könnte die Anstalten zu „Einkäufern von Programmpaketen" degradieren und sie somit ihrer „öffentlich-rechtlichen Unschuld" (Metzger 1972, S. 183) vollends berauben.

„In der BRD haben die sog. Neuen Medien (neu am privaten Fernsehen sind nur die Eigentumsverhältnisse) das Konzentrationskarussell, das Anfang der 80er Jahre fast zum Stillstand gekommen war, erneut in Gang gesetzt. Die fünf bundesdeutschen Medienkonzerne Bertelsmann, Springer, Holtzbrinck, Bauer und Burda bilden heute ein ,Oligopol von miteinander verflochtenen Anbieterkonzernen', neben dem wenig Raum für andere bleiben wird. Bertelsmann hat vierzig Prozent an dem luxemburgischen Fernsehsender RTL-Plus übernommen, während die anderen vier Konzerne an dem deutschen Fernsehprogramm SAT 1 beteiligt sind. Bauer, Burda und Springer kontrollieren zusammen ca. neunzig Prozent des Marktes für Programmzeitschriften, die für die Durchsetzung des privaten Fernsehens nicht ohne Bedeutung sind. Bertelsmann, Springer und der Filmhändler Leo Kirch wiederum haben, gemeinsam mit sechs der großen Hollywood-Gesellschaften, eine Firma zum Betrieb eines Abonnementfernseh-Kanals gegründet, der täglich drei Spielfilme zeigen soll. Gleichzeitig nimmt Kirch über die Firma PKS auch seine Interessen im SAT 1-Programm wahr" (Piper 1985, S. 75).

Ein weiterer Gesichtspunkt verdient in diesem Zusammenhang Beachtung. War für die frühkapitalistische Handelspresse die Information selbst die Ware, deren Verkauf die Profite brachte, so ist für die modernen Medien die der Werbebranche angebotene Dienstleistung die allererste Ware, von deren Verkauf das Medium abhängig ist. Und nicht nur das; attraktiv für das Insertionsgeschäft sind die Medien nur dann, „wenn sie der Werbebranche große Publika und damit den dahinter stehenden Industrien absatzgarantierende Konsumentengruppen offerieren; solche Offerten vermag jedoch nur zu machen, wer sich in extremer Weise den vermeintlichen – nicht zuletzt von den Massenmedien selber indoktrinierten Interessen des Publikums anpaßt" (Holzer 1971, S. 209). Wenn also die Medien vom Insertionsgeschäft profitieren wollen, müssen sie auch und gerade in dem Teil ihres Angebots, der nicht auf direkte Werbung abgestellt ist, bestrebt sein, Konformität und Akklamationsbereitschaft, und das heißt: Konsumentenverhalten zu produzieren. (Der vielerorts beklagte „Niveau"-schwund des massenmedialen Angebots dürfte hier seine Ursache haben.)

Die Reduktion des ehemals räsonnierenden Publikums auf eine amorphe Konsumentenmasse hat Konsequenzen auch für den – im engeren Sinne – politischen Bereich: Da in der Öffentlichkeit anstelle der postulierten Rationalität die „abgefeimtesten Tricks" der jeweils neuesten Psychologie vorherrschen, muß konsequenterweise Politik, sofern sie öffentlich wirksam sein will, ihre Adressaten als Verbraucher ansprechen. In diesem Sinne progressiv zu sein, kann eine Partei für sich beanspruchen, wenn sie, wie die FDP bereits im Wahlkampf '69, ihre Strategie von einer Werbeagentur sich entwerfen läßt.

Übersicht über die größten deutschen Medienkonzerne

Bertelsmann-Konzern (mit Gruner+Jahr)

Zweitgrößter Medienkonzern der Welt, größter Europas
Rangplatz 68 unter den 500 umsatzstärksten bundesdeutschen Unternehmen
Viertgrößter Anbieter von Publikumszeitschriften in der Bundesrepublik
Größter bundesdeutscher Buchclub-Betreiber (4,8 Millionen Mitglieder Inland, 16 Millionen Mitglieder weltweit)

Zahl der Mitarbeiter:	ca. 31 000		(1982/83)
Konzernumsatz:	6,6	Mrd. DM	(1983/84)
		(+ 6,5 %)	
Jahresüberschuß:	271	Mio. DM	(1983/84)
		(+ 70,4 %)	
in % vom Umsatz:	4,1	%	(1983/84)
Eigenkapital:	712	Mio. DM	(1982/83)
Gruner+Jahr			
Weltumsatz:	2,15	Mrd. DM	(1983/84)
		(+ 12,0 %)	
Jahresüberschuß:	190	Mio. DM	(1983/84)
		(+ 6,1 %)	
Anzeigenumsatz Inland:	517	Mio. DM	(1983/84)
		(+ 6,2 %)	
Investitionen:	2–3	Mrd. DM	(geplant bis 1986)
davon für neue Medien: pro Jahr	100	Mio. DM	(geplant bis 1986)

Verkaufte Auflage der
Publikumszeitschriften
einschl. qualifizierter
Beteiligungen: 6,6 Millionen Ex. (IV/1982)
Wichtige Objekte bzw. Geschäftsbereiche:
    Stern, Brigitte, Capital, Essen + Trinken, Schöner Wohnen, Buchclubs, Tonträger
(Geplante) Aktivitäten in neuen Medien:
    40%-Beteiligung an RTL-Plus, Pay-TV mit Spielfilmen (Joint Venture mit amerikanischem Major), Verwertung von Buch- und Musikrechten, Servicethemen, Vermarktung beim Abonnenten.

(Quelle: v. Bismarck/Gaus/Kluge/Sieger 1985, S. 195)

Springer-Konzern

Rangplatz 159 unter den 500 umsatzstärksten bundesdeutschen Unternehmen
Zweitgrößter Anbieter von Publikumszeitschriften in der Bundesrepublik
Größter Anbieter von Tageszeitungen (Marktanteil 30,21 % IV/1982)

Zahl der Mitarbeiter:	ca. 11 430		(1983)
Konzernumsatz:	2,36	Mrd. DM	(1983)
	(+ 4,5 %)		
Gewinn:	36,1	Mio. DM	(1983)
	(+ 17,6 %)		
in % vom Umsatz:	1,5	%	(1983)
Anzeigenumsatz Inland:	1 047	Mio. DM	(1983)
	(+ 6,8 %)		
Eigenkapital (Grund-kapital + eigenkapital-ähnliche Posten):	202,7	Mio. DM	(1983)
Investitionen:	200	Mio. DM	(1983)
davon für neue Medien:	10–50	Mio. DM	(1983, geschätzt)
Verkaufte Auflage der Publikumszeitschriften:	7,3	Millionen Ex.	(IV/1982)
Verkaufte Auflage der Tagespresse:	6,4	Millionen Ex.	(IV/1982)

Wichtige Objekte:
  Bild-Zeitung, Die Welt, B.Z.-Berlin, Journal für die Frau, Sportzeitschriften, Programmzeitschriften
(Geplante) Aktivitäten in neuen Medien:
  Btx-Programm, ECS-Konsorte, Nachrichtensendungen (APF), regionales Fenster Berlin, möglicherweise Sportsendungen.

Holtzbrinck-Konzern

Rangplatz 302 unter den 500 umsatzstärksten bundesdeutschen Unternehmen
Zweitgrößter bundesdeutscher Buchclub-Betreiber

Zahl der Mitarbeiter:	ca. 5 500		(1982/83)
Konzernumsatz:	1,28	Mrd. DM	(1982/83)
	(+ 5 %)		
Investitionen:	70	Mio. DM	(1982/83)
Marktanteile:			
Buchclubs:	25	%	(1982/83)
Taschenbücher:	25	%	(1982/83)
Schulbücher	18	%	(1982/83)
Hardcover-Bücher	10	%	(1982/83)

Wichtige Objekte bzw. Geschäftsbereiche:
  Wirtschaftswoche, Handelsblatt, DM, Saarbrücker Zeitung, Buchclubs
(Geplante) Aktivitäten in neuen Medien:
  ECS-Konsorte, Wirtschaftssendungen, Messe-TV, Regionalfenster der Saarbrücker Zeitung bei RTL-Plus

(Quelle: v. Bismarck/Gaus/Kluge/Sieger 1985, S. 196)

Bauer-Konzern

Rangplatz 358 unter den 500 umsatzstärksten bundesdeutschen Unternehmen (bezogen auf den Bauer-Verlag-KG-Umsatz)
Größter Anbieter von Publikumszeitschriften in der Bundesrepublik (konsolidierter Marktanteil 32,24 % IV/1982)

Zahl der Mitarbeiter:	ca. 8 500		(1982)
Konzernumsatz:	2,16	Mrd. DM	(1982)
		(+5,4 %)	
Umsatz Bauer Verlag KG:	1 015	Mio. DM	(1983)
		(+12,8 %)	
Eigenkapital:	197	Mio. DM	(1982)
Verkaufte Auflage Publikumszeitschriften:	17,7	Millionen Ex.	(IV/1982)

Wichtige Objekte:
 Bravo, Neue Post, Das Neue Blatt, Neue Revue, Tina, Playboy, Programmzeitschriften
(Geplante) Aktivitäten in neuen Medien:
 ECS-Konsorte, »Bravo-typische« Jugendrock-Show, Servicethemen

Burda-Konzern

Rangplatz 398 unter den 500 umsatzstärksten bundesdeutschen Unternehmen (bezogen auf Burda-GmbH-Umsatz)
Drittgrößter Anbieter von Publikumszeitschriften in der Bundesrepublik

Zahl der Mitarbeiter:	ca. 4 450		(1983)
Weltumsatz:	2	Mrd. DM	(1983, geschätzt)
Konzernumsatz:	885	Mio. DM	(1983)
Umsatz Burda GmbH:	846	Mio. DM	(1983)
		(+1,2 %)	
Jahresüberschuß:	16,3	Mio. DM	(1983)
		(+5,9 %)	
in % vom Umsatz:	1,9	%	(1983)
Anzeigenumsatz Inland:	283,4	Mio. DM	(1983)
		(+7,1 %)	
Eigenkapital:	182,4	Mio. DM	(1983)
(Anlage-)Investitionen:	47,8	Mio. DM	(1983)
Verkaufte Auflage der Publikumszeitschriften:	10,9	Millionen Ex.	(IV/1982)

Wichtige Objekte:
 Bunte, Freundin, Freizeit-Revue, Das Haus, Mein schöner Garten, Handarbeits- und Modezeitschriften, Programmzeitschriften
(Geplante) Aktivitäten in neuen Medien:
 ECS-Konsorte, »Bunte Talk-Show«, Live-Shows, Quizsendungen, Servicethemen.

(Quelle: Media Perspektiven, Heft 9/1984, S. 670 f.)

Die Aktivitäten des Bertelsmann-Konzerns

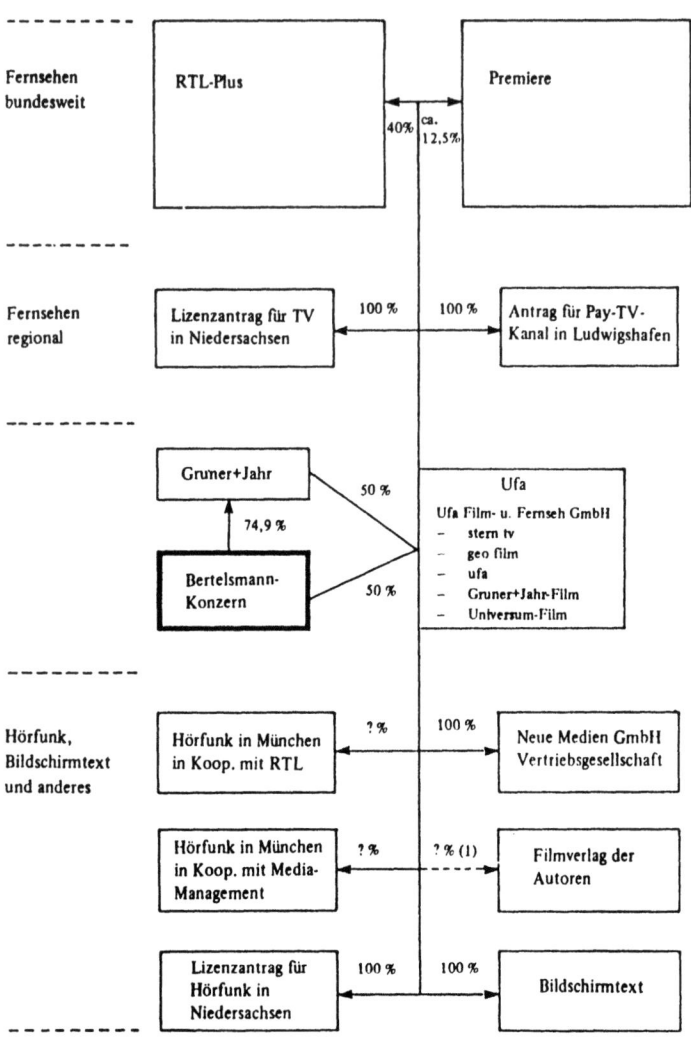

1) Beteiligung ist geplant, aber noch nicht vollzogen.

(Quelle: Media Perspektiven, Heft 2/1985, S. 125)

Die Aktivitäten des Springer-Konzerns

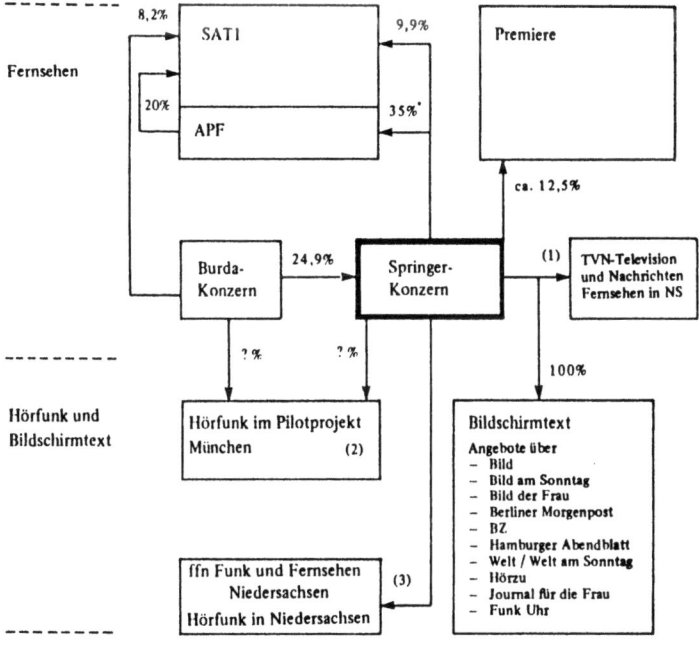

1) Beteiligung geplant, wenn TVN die Lizenz erhält.
2) In Kooperation mit Kabel Media Programmgesellschaft und dem Burda-Konzern.
3) Beteiligung über Bild-Ausgabe Hannover.

(Quelle: Media Perspektiven, Heft 2/1985, S. 126)

Die Abonnementfernseh-Kooperation von Bertelsmann, Springer und Kirch

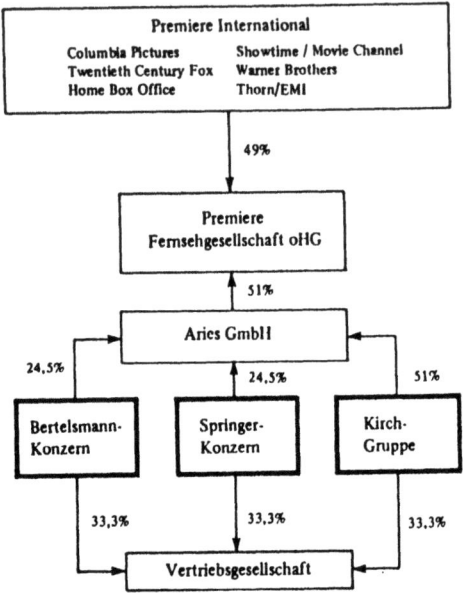

(Quelle: Media Perspektiven, Heft 2/1985, S. 121)

Aktivitäten des Filmhändlers Leo Kirch
im deutschsprachigen Raum

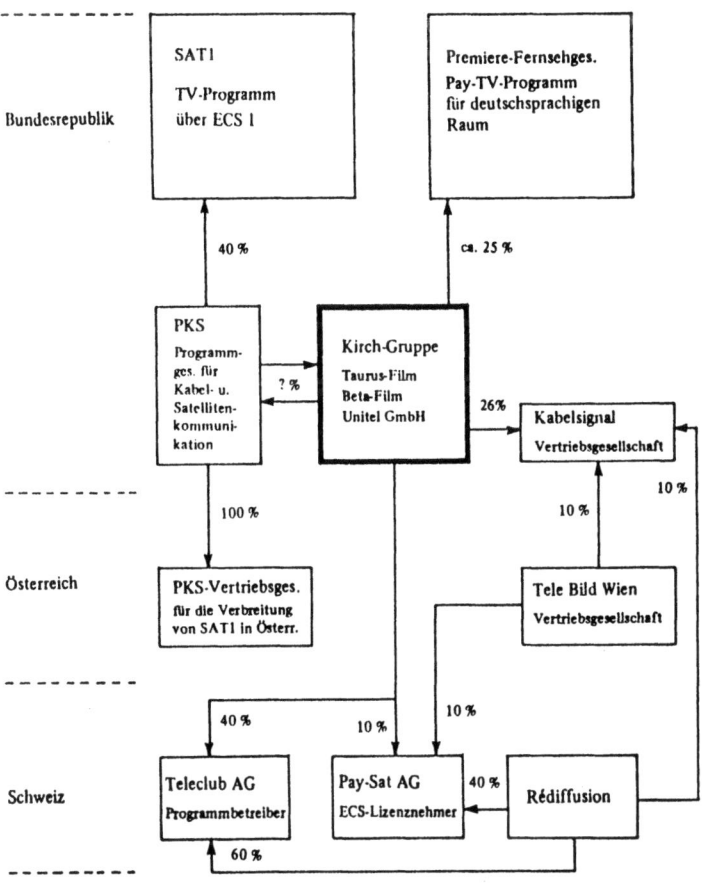

(Quelle: Media Perspektiven, Heft 2/1985, S. 123)

2. Kommunikationstheoretische Aspekte und schichtspezifische Merkmale der Codierung und Decodierung von Informationen

2.1. Vorbemerkung

Die Literatur zur Soziologie und Psychologie der (Massen-)-Kommunikation weist eine überwiegende Menge formaler Informations- und Kommunikationsmodelle aus. Dagegen sind Publikationen, die — auf dem Hintergrund einer kritischen Gesellschaftstheorie — das Phänomen (Massen-)Kommunikation — hierbei insbesondere den Prozeß der Encodierung und Decodierung von Informationen — inhaltlich detailliert und umfassend beschreiben oder sogar erklären, außerordentlich selten. Erst die Analyse der semiotischen (Zeichen, Symbole, ihre Wirkung und Bedeutung) und schichtspezifischen (soziokulturellen) Merkmale der Decodierung von Informationen würde jedoch eine Bestimmung des gesellschaftlichen Stellenwertes und der Bedeutung dieser Informationen im weitesten Sinne ermöglichen.

Im folgenden wird zunächt eine formale Definition dessen versucht, was in der einschlägigen Literatur unter Kommunikation zusammengefaßt wird. Formal bleibt auch noch die definitorische Abgrenzung von interpersonaler und Massenkommunikation. In Anlehnung an Aufermann wird sodann auf den strukturellen Zusammenhang von interpersonaler und Massenkommunikation aufmerksam gemacht. Die Darstellung des Hartwigschen „Modell(s) für Kommunikation als Produkt und Konsum von Informationen" beinhaltet eine erste Annäherung an die inhaltliche Konkretisierung der schichtspezifischen Analyse von Decodierungsvorgängen.

2.2. Formale Kommunikationsmodelle

„Mit Kommunikation soll jede erkennbare, bewußte oder unbewußte, gerichtete oder nicht gerichtete Verhaltensänderung bezeichnet werden, mittels derer ein Mensch (oder mehrere Menschen) die Wahrnehmung, Gefühle, Affekte, Gedanken oder Handlungen anderer absichtlich oder unabsichtlich beeinflußt" (Spitz 1959).

Akzeptiert man diese Definition, so muß man zu den Kommunikationsmitteln alle Mittel und Wege zählen, mit deren Hilfe Informationen und Gedanken mitgeteilt und ausgetauscht werden. Hierzu gehören das gesprochene Wort, das Signal, die Geste, das Bild, visuelle Darstellungen, das gedruckte Wort, Funk, Film und Fernsehen, „alle Zeichen und Symbole also, durch die Menschen versuchen, sich gegenseitig Gedanken und Wertvorstellungen mitzuteilen" (Schramm 1964, S. 15). Kommunikation ist demnach Informationsübertragung durch Zeichen und Symbole. „Wir können uns nur in den Zeichen mitteilen, die wir kennen, und wir können diesen Zeichen nur die Bedeutung zuordnen, die wir für sie gelernt haben. Wir können eine Mitteilung nur im Rahmen und Sinne der Zeichen, die wir kennen, und den Bedeutungen, die wir für sie gelernt haben, dechiffrieren" (S. 17).

Folgende vier Funktionselemente sind – nach Aufermann – für das Zustandekommen von Kommunikation konstitutiv (vgl. Abbildung):

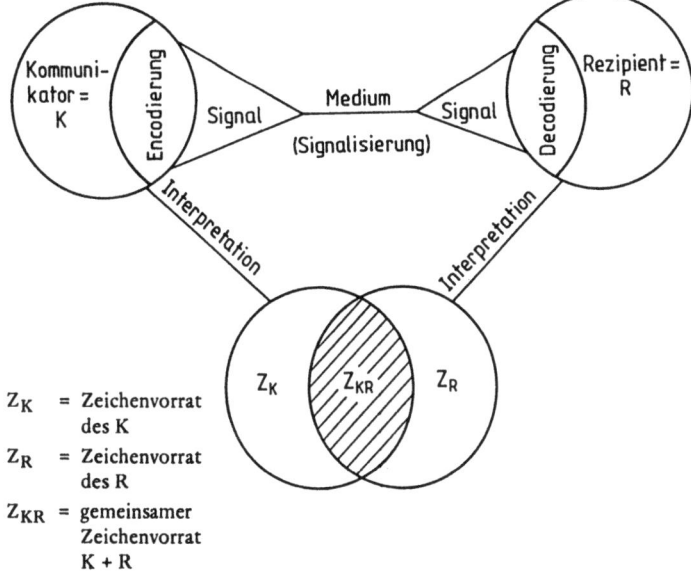

Z_K = Zeichenvorrat des K

Z_R = Zeichenvorrat des R

Z_{KR} = gemeinsamer Zeichenvorrat K + R

Abb.: Funktionselemente von Kommunikationssystemen (vgl. Aufermann 1971, S. 13)

— Der Kommunikator encodiert zur Realisierung seiner Aussageintention Bedeutungsinhalte in entsprechende Zeichen bzw. Zeichenkomplexe;

— dies erfolgt auf der Basis eines vereinbarten oder herstellbaren gemeinsamen Zeichenvorrats (Alphabet, Bezeichnungen) sowie dessen geregelter Verwendung (Code) zur Formung von Aussagen;

— die codierte Aussage überwindet mittels eines materiellen oder energetischen Trägers (Medium) in Form von (transformierbaren und transportfähigen) Signalen die jeweilige raumzeitliche Distanz zwischen dem Kommunikator und Rezipienten;

— der Rezipient decodiert die als Signale übermittelten und erkannten Zeichen bzw. Zeichenkomplexe (Nachricht) in entsprechende Bedeutungsgehalte zur Interpretation der Aussageintention des Kommunikators (Aufermann 1971, S. 12).

Auf diesem Grundschema basieren — mit jeweils typischen Abwandlungen — alle Kommunikationssysteme, vom Grenzfall des intrapersonalen bis zum „allgemeinen Massenkommunikationssystem" (Aufermann 1971, S. 13 f.).

Dazwischen ordnet Aufermann verschiedene Formen der interpersonalen Kommunikation (dyadische und Gruppenkommunikationssysteme) sowie Übergangsformen von der interpersonalen zur Massenkommunikation (sektorales Kommunikationssystem, sektorspezifisches Massenkommunikationssystem) ein.

Zu analytischen Zwecken erscheint es sinnvoll, unter Berücksichtigung der strukturellen Verwandtschaft aller Kommunikationssysteme zwei — in bezug auf ihre medialen Voraussetzungen verschiedene — Haupttypen des Informationsaustausches zu unterscheiden: die interpersonale und die Massenkommunikation.

Der Schritt von der interpersonalen zur Massenkommunikation läßt sich vor allem dadurch definieren, „daß die Information bei der interpersonalen Kommunikation einfach — medial gebrochen erscheint, während für die Massenkommunikation gilt, daß nicht nur ein für Sender und Empfänger verbindlicher Signalvorrat bestehen muß, sondern die Informationsübertragung zusätzlich noch über ein weiteres, technisches Medium läuft, also doppelt — medial gebrochen ist" (vgl. Hund 1970, S. 62 u. 72).

Immer wieder wird in der einschlägigen Literatur darauf hingewiesen, daß in der Massenkommunikation im Gegensatz zur interpersonalen Kommunikation eine einseitige und, durch technische Übertragungsmittel bedingt, indirekte Informationsübertragung stattfindet. Maletzke versteht unter Massenkommunikation alle Formen von Kommunikation, bei der Aussagen „öffentlich (also ohne begrenzte und personell definierte Empfängerschaft), durch technische Verbreitungsmittel (Medien) indirekt (also bei räumlicher oder zeitlicher oder raumzeitlicher Distanz zwischen den Kommunikationspartnern) und einseitig (also ohne Rollenwechsel zwischen Aussagendem und Aufnehmendem) an ein disperses Publikum (also eine nicht homogene Gruppe mit nicht immer genau zu ermittelnden Beziehungen) vermittelt werden" (Maletzke 1963, S. 32).

2.3. Schichtspezifische Merkmale der Codierung und Decodierung

Aufermann setzt sich kritisch mit jener „pauschalisierenden Sichtweise" auseinander, die das Publikum der Massenkommunikationsmittel als „große Masse der öffentlich rezipierenden Konsumenten" apostrophiert (Aufermann 1971, S. 24). Die kulturkritische Sorge, daß die massenkommunikationstechnisch ermöglichte Quantität der Rezipientenschaft in eine desozialisierende Qualität umschlagen könne bzw. längst umgeschlagen sei, verstelle den Blick dafür, daß die – zugegeben – auf Standardisierung und Simplifikation beruhende Erleichterung des Zugangs bisher unerreichter unterprivilegierter Schichten zu neuen Wissensbereichen und Urteilsdimensionen auch emanzipatorische Konsequenzen im Sinne der Abschaffung der kulturellen Privilegierung bürgerlicher Schichten haben könne (ebd.).

Eine solche „emanzipatorische Wende" massenkommunikativer Möglichkeiten wäre durchaus denkbar, „wenn der Masse des Publikums im Zusammenhang einer Umstrukturierung der gesamten Wirtschaftsgesellschaft (Abendroth) erfahrungsadäquate Inhalte sowie sprachlich verselbständigte Kommunikationshilfen vermittelt würden, durch die sie sich ihrer gesellschaftlichen Lage und Interessen bewußt werden kann" (ebd.).

Aus dieser Sicht ist – in Übereinstimmung mit Aufermann – eine differenzierte Analyse der „sozial-relationalen Verstrebungen" innerhalb der Rezipientenschaft von Massenkommunikationsinhalten zu fordern, die über die individual-psychologischen und sozial-kategorialen Ansätze zur Erklärung des Publikumsverhaltens hinausgeht.

Es käme darauf an, den gesamtgesellschaftlichen Wirkungszusammenhang zu erfassen, innerhalb dessen „das soziale Gefüge der kommunikativen Verhaltensweisen der Rezipienten (erst) seine realen Ausprägungen ... (erfährt)" (Aufermann 1971, S. 27).

„Solange die beziehungsstiftenden Produktionsverhältnisse, die für die jeweilige Gesellschaftsformation kennzeichnend sind, innerhalb derer sich die gesellschaftlich-kommunikativen Beziehungen aufbauen und mit der sie sich tendenziell auch verändern ... kaum thematisiert werden (können), kann der gesellschaftstheoretische Stellenwert der Ergebnisse der empirischen Forschung nicht ermessen werden; sie eignen sich bei dieser Sachlage jedoch hervorragend dazu, als ideologische Versatzstücke zur Aufrechterhaltung des gesellschaftlichen Status-quo verwertet zu werden" (ebd.).

Mit dem folgenden Schema versucht Aufermann, den Zusammenhang von Massenkommunikation und interpersonaler Kommunikation sowie deren Vermittlung im Rahmen der „gegebenen" Produktionsverhältnisse zu verdeutlichen.

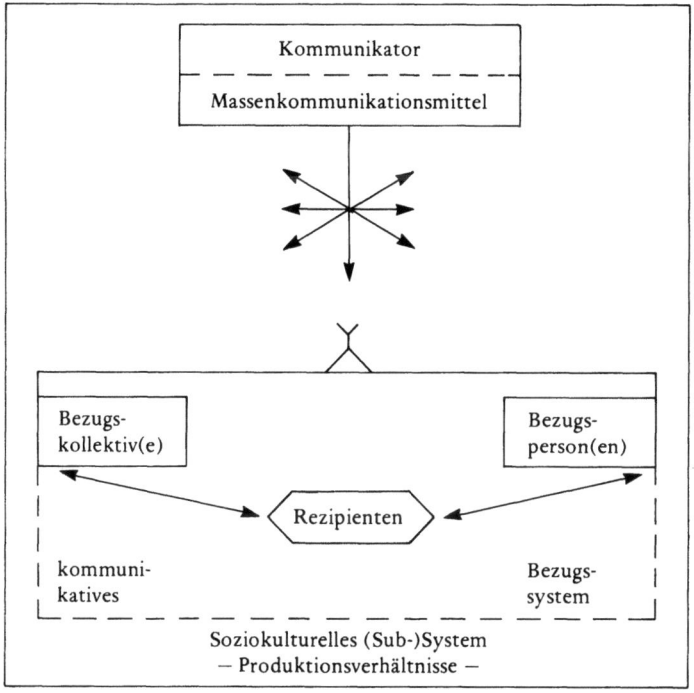

Abb.: Sozialrelationales (Massen-)Kommunikationsmodell (Aufermann 1971, S. 30)

Die Analyse und Ergänzung von Forschungsergebnissen bezüglich der Frage, inwieweit die Rezipienten „als jeweils den beziehungsstiftenden Produktionsverhältnissen nach charakteristische interaktive Gesellschaftsmitglieder betrachtet werden (können), deren soziale Beziehungen und Bezugnahmen entscheidende Bestimmungsgründe ihres Kommunikationsverhaltens, ihrer Selektion und Interpretation von Kommunikationsinhalten" darstellen (Aufermann 1971, S. 30), wären für eine alters- und schichtspezifische Auseinandersetzung mit dem Phänomenbereich Massenkommunikation von allergrößter Bedeutung.

177

Das von Hartwig (1970a) konzipierte „Modell für Kommunikation als Produktion und Konsum von Informationen" könnte Grundlage eines Forschungskonzepts zur Ermittlung schichtspezifischer Merkmale der Codierung und Decodierung von Informationen sein (vgl. Abbildung).

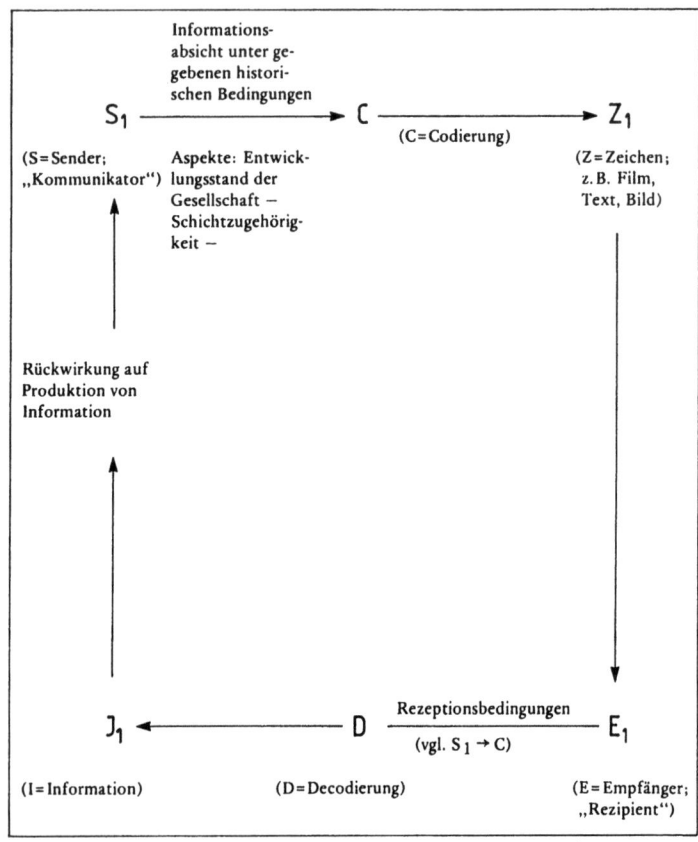

Abb.: Modell für Kommunikation als Produktion und Konsum von Informationen (Hartwig 1970a, S. 36)

Dieses Modell ist insofern interessant, als es die soziokulturelle Determination der Produktion und Rezeption sowie die jeweiligen gesellschaftlichen Vermittlungen von Informationen berücksichtigt.

Hartwig weist darauf hin, daß es keine gesellschaftsunabhängige Bildsprache und -rhetorik gibt, daß jede „Bildgrammatik" auf — im schicht- bzw. klassenspezifischen Sozialisationsprozeß erworbene — Rezeptionsmechanismen bezogen ist.

Was Bourdieu (1970/1982) für die Rezeption von Kunstwerken konstatiert, daß nämlich „die Geschichte der Wahrnehmungsinstrumente eines Werkes die unerläßliche Ergänzung zu der Geschichte der Produktionsinstrumente (bildet und daß) ein jedes Werk in gewisser Weise zweimal gemacht wird, nämlich vom Urheber und vom Betrachter oder — genauer — von der Gesellschaft, der dieser Betrachter angehört" (Bourdieu 1970, S. 175), das gilt in gleicher Weise für die Rezeption von Informationen überhaupt, also auch für die Rezeption von Massenkommunikationsinhalten.

Bourdieu weist nach, daß „diejenigen, die für die Werke des überlieferten Bildungsgutes eine fremde Sprache sprechen (dazu verurteilt sind), ihrem ästhetischen Verständnis Kategorien und Werte zu substituieren, wie die, nach denen sich ihre alltägliche Wahrnehmung orientiert" (S. 168). Das heißt, jeder Akt der Decodierung bedient sich eines mehr oder weniger komplexen oder mehr oder weniger vollständig verfügbaren Codes. Die Verwirrung und Blindheit der „ungebildetsten Betrachter" (Bourdieu) gegenüber kulturellen Produkten weist darauf hin, daß die Wahrnehmung von Kunstwerken vermittelte Entschlüsselung ist: Die von den ausgestellten Werken angebotene Information, die die Entschlüsselungsfähigkeit des Betrachters übersteigt, sieht dieser so an, als besäße sie keinerlei Bedeutung, präziser, keine Strukturierung und Organisation, da er sie nicht zu decodieren vermag (S. 164). Konsum von Kunst ist also als ein Akt der Dechiffrierung oder Decodierung anzusehen, der die „bloß praktische oder bewußte und explizite Beherrschung einer Geheimschrift oder eines Codes voraussetzt" (Bourdieu 1982, S. 19). Die Fähigkeit des Sehens bemißt sich am Wissen, „an den Begriffen, den Wörtern mithin, über die man zur Bezeichnung der sichtbaren Dinge verfügt und die gleichsam Wahrnehmungsprogramme erstellen.

Von Bedeutung und Interesse ist Kunst einzig für den, der die kulturelle Kompetenz, d.h. den angemessenen Code besitzt. Die bewußte oder unbewußte Anwendung des Systems der mehr oder minder expliziten Wahrnehmungs- und Bewertungsschemata, das künstlerische Bildung ausmacht, bildet die verborgene Voraussetzung jener elementaren Form von Erkenntnis: dem Wieder-Erkennen der eine Epoche, eine Schule oder einen Autor prägenden Stile, und allgemeiner der Vertrautheit mit der immanenten Logik der Werke, die der künstlerische Genuß erheischt. Wem der entsprechende Code fehlt, der fühlt sich angesichts dieses scheinbaren Chaos an Tönen und Rhythmen, Farben und Zeilen ohne Vers und Verstand nur mehr überwältigt und ‚verschlungen‘" (ebd.). Die Konfrontation mit einem Kunstwerk hat — so Bourdieu — nichts „von jenem Spontanerlebnis an sich, das man gemeinhin so gern in ihr sehen möchte; wie auch jener Akt der affektiven Verschmelzung, die ‚*Einfühlung*‘, einen Erkenntnisakt voraussetzt und die Anwendung eines kognitiven Vermögens, eines kulturellen Codes impliziert" (S. 20). Das heißt, es gibt zwar die allgemeine Fähigkeit zur Decodierung im physiologischen Sinne als gattungsspezifische Anlage, jedoch sind aktuell nur bestimmte soziokulturell determinierte Weisen der Decodierung gegeben; Decodierung gibt es demnach nur im konkreten Gesamtzusammenhang der gesellschaftlichen Produktion des Lebens. Das bedeutet, die Fähigkeit, seine Sinne zu gebrauchen (Decodierung), kann nur als Moment eines Prozesses bestimmt werden, in welchem die Beziehungen der Menschen untereinander und darüber vermittelt zu Gegenständen auch in ihren ökonomischen und politischen Momenten bestimmt würden. Anders gesagt: „Die gesellschaftliche Stellung eines Subjekts bestimmt auch das sinnliche Moment seiner Beziehung zur Welt. Emanzipation der Sinne wäre, sofern es um sie ginge, demnach nicht erreichbar in einem isolierten Lernprozeß, sondern nur im Verlaufe eines Vorganges, in dem ein Subjekt seine gesellschaftliche Identität erwirbt und letztlich — im objektiven Sinne — nur unter der Bedingung einer veränderten Gesellschaft" (Hartwig 1970b, S. 11).

3. Methodische Überlegungen zur Analyse von Produkten der Massenkultur

3.1. Vorbemerkung

An dieser Stelle sollen methodische Überlegungen zur Interpretation von Produkten der Massenkultur („popular culture") in Anlehnung an Baacke (1971), Bourdieu (1970/1982), Panofsky (1974[2]) sowie Wember (1972/1976), Oevermann (1979/1983) und Lenssen/Aufenanger (1986) konkretisiert werden. Als Einstieg in diese methodische Expertise greife ich auf Baackes ideologiekritische Analyse der kommerziellen Jugendzeitschrift „Bravo" zurück. Dieses Beispiel wird deshalb gewählt, da Baacke in seinem methodischen Instrumentarium wesentliche der zuvor dargestellten theoretischen Überlegungen aufgegriffen hat. Baackes Kritik an „Bravo", die er als typisch für kommerzielle Jugendzeitschriften in der BRD ansieht, richtet sich vorwiegend gegen die in ihr dargestellte und durch sie verstärkte Mentalität, gegen die durch Inhaltsstruktur, Auswahl und Anordnung von Informationen und Aussagen erkennbaren Intentionen und gegen die an Leserzahl und Reaktionen von Rezipienten erkennbare Übereinstimmung von Absicht und Wirkung.

Baacke geht in seinem methodischen Ansatz von vier Problembereichen aus, von denen die ersten drei an dieser Stelle relevant sind:

a) Komplexität und Dimension der Zuordnung von Sprache und Bild;

b) Vermittlung zwischen Phänomen und Struktur;

c) Distanz zwischen Emission und Rezeption;

d) das Problem kultureller Legitimation.

3.2. Zum Problem der Komplexität und der Dimension der Zuordnung von Sprache und Bild

Ausgangspunkt für Baackes methodische Überlegungen ist Heimanns Darstellung der Funktion von Sprache und Bild. Sprache erlaubt im Vergleich zum Bild eine relativ eindeutige Verständigung. Zusammenwirkend mit dem Bild „ordnet sie, grenzt ein, systematisiert, aspektiert, kategorisiert, vergittert,

181

erschließt optisches Material nach der Tiefe hin, repräsentiert die Formalität" (Heimann, zit. nach Baacke 1971, S. 239).

Das Foto dagegen „detailliert, konkretisiert, häuft Reize an, repräsentiert Seinsfülle und Offenheit, vertritt Materialität" (ebd.). Diese Doppelcodierung von Informationen durch die Verknüpfung von Wort und Bild — durch die Erklärung und mögliche Diskursivität der Sprache und durch die bildliche Dokumentation des Vorhandenen — beschreibt Heimann mit dem Begriff der „Vergitterung des Bildes" (Baacke 1971, S. 239).

Die Seinsfülle des Bildes geht dadurch zwar verloren, sein Wert als Informationsmittel im Hinblick auf eindeutige Aussagen aber wird gesteigert. Deshalb können Sprache und Bild zusammen zu Verständlichkeit und, darüber hinaus, zu Redundanz führen. Es wäre jedoch falsch, dem Bild ausschließlich Seinsfülle, Offenheit und Sensibilität und der Sprache ausschließlich Rationalität, Diskursivität und Stringenz zuzuschreiben. Sprache kann auch durchaus sensibilisierend oder emotionalisierend wirken.

Auch gibt es „kontemplative, kühle Bilder, deren Verständnis Distanz und rationale Akuratesse erfordert" (S. 240). Diese Überlegung zeigt, wie komplex und mehrdimensional die Zuordnung von Sprache und Bild sein kann. Baacke bringt als Beispiel für Doppelcodierung eine „Ultra-Soft-Reklame" (Lippenstift) aus „Bravo" (S. 230/232).

Die Intention dieser Werbung — Kaufentschluß der Leserin — soll durch das Versprechen von Partnerschaft und Zärtlichkeit erreicht werden (schwarzhaariger Männerkopf schmiegt sich an blondes junges Mädchen). Bild und Text sind unabhängig voneinander zu verstehen. Dadurch entsteht Redundanz. Hier wird zwar das Bild durch die Sprache vergittert: Es sagt aus, daß es sieben Farbnuancen des Lippenstiftes gibt. Auch wenn man selbst nicht blond und der Freund schwarzhaarig ist, erscheint deshalb die Erfüllung des Versprochenen möglich. Der emotionale Appell wird durch den Text in die Sagbarkeit heraufgeholt: Die Leserin weiß, daß sie im Geschäft nach sieben verschiedenen „Ultra-Soft-Lippenstiften" fragen kann. Das Bild hingegen „legt die Verheißung des Textes erst fest" (S. 240), es „hält den Wunsch-Impetus in Gang" (S. 241).

Mit dieser Doppeldecodierung mit gegenseitiger Vergitterung und Öffnung kennzeichnet Baacke das Verfahren von Propaganda und Werbung, deren Ziel in der „Expression des gewünschten Wunsches beim Rezipienten" besteht (S. 241).

3.3. Vermittlung zwischen Phänomen und Struktur

Baacke unterscheidet — in Anlehnung an Panofsky (1974²) und Bourdieu (1970) — bei der Interpretation von Wort-Bild-Patterns der Massenkommunikation zwei Sinnschichten:
— die „primäre Sinnschicht", die den „Phänomensinn", d.h. das Erkennen der sinnlichen Eigenschaften eines Dinges betrifft (S. 241);
— die „sekundäre Sinnschicht": Sie betrifft den „Bedeutungssinn", der mit Hilfe sachgerechter Begriffe und kulturellen, historischen sowie politischen, soziologischen und psychologischen etc. Wissens allein eine „wirkliche Deutung" ermöglicht (S. 241).
Die Funktion des Bedeutungssinnes läßt sich aufteilen in:
— eine ikonographische: Sie entschlüsselt „Themen und Vorstellungen, die in Bildern, Geschichten und Allegorien ihren Ausdruck finden" (S. 242), und in
— eine ikonologische: Sie untersucht den immanenten Sinn, indem sie die ikonographischen Bedeutungen des Werkes und dessen Kompositionsverfahren auf „kulturelle Symbole, als Ausdruck der Kultur einer Nation, einer Epoche oder einer bestimmten Klasse" zurückführt (S. 242).
Die rein „phänomenale Beschreibung" setzt nichts weiteres voraus, als „daß wir uns das Bild gut ansehen und es auf Vorstellungen beziehen, die uns aus der Erfahrung geläufig sind" (Panofsky 1974², S. 87).
Allerdings ist eine zutreffende Beschreibung abhängig von einem „Vertrautsein mit den allgemeinsten Darstellungsprinzipien, von denen die Gestaltung des Bildes bestimmt wird, d.h. von einer Stilerkenntnis, die hier wie dort nur durch ein Hineinwachsen in die historische Situation erworben werden kann" (S. 88). Das heißt: Jede „primitive" Deskription eines Kunstwerks (die Aufdeckung des bloßen „Phänomensinns") ist eine „gestaltungsgeschichtliche" Interpretation.
Bei der „ikonographischen" Aufdeckung des „Bedeutungssinns" bedarf es — so Panofsky — einer „Oberinstanz", vor deren „Forum sich die Zusammenbeziehung der außerkünstlerischen Vorstellung (in diesem Falle also eines literarisch überlieferten Inhalts) mit der gegebenen Bilderscheinung allerst rechtfertigt" (S. 89). Diese „Oberinstanz" ist bei der Erschließung des „Bedeutungssinns" die Typenlehre. Unter „Typus"

versteht Panofsky eine solche Darstellung, in der „sich ein bestimmter Sachsinn mit einem bestimmten Bedeutungssinn so fest verknüpft hat, daß sie als Träger dieses Bedeutungssinnes traditionell geworden ist" (S. 90). Aufgrund der Typengeschichte ist es möglich, den tatsächlichen Bedeutungssinn eines Kunstwerkes zu bestimmen. Allerdings treten sowohl bei der Aufdeckung des „Phänomensinns" als auch insbesondere bei der Erschließung des „Bedeutungssinns" die Grenzen subjektiver Interpretationsleistungen zutage. „Die Quelle der Interpretation ... ist allemal das Erkenntnisvermögen und der Erkenntnisbesitz des interpretierenden Subjekts, nämlich unsere vitale Daseinserfahrung, wenn nur der Phänomensinn aufgedeckt werden soll, und unser literarisches Wissen, wenn es sich um den Bedeutungssinn handelt" (S. 92). Objektives Korrektiv für die Aufdeckung beider Sinndimensionen ist die „Überlieferungsgeschichte". Die „Überlieferungsgeschichte zeigt uns in der Tat die Grenze, bis zu der unsere Gewaltanwendung (Interpretation, Th. H.) gehen darf; denn wenn wir berechtigt, ja geradezu genötigt sind, von uns aus das ans Licht zu ziehen, was in den Dingen selbst tatsächlich nicht gesagt worden ist, so zeigt uns die Überlieferungsgeschichte, was auch nicht hätte gesagt werden können, weil es im Hinblick auf Zeit und Ort entweder nicht darstellungsmöglich oder nicht vorstellungsmöglich gewesen wäre" (S. 93).

Dies wird dort besonders deutlich, wo sich die Interpretation über die „Schicht des Bedeutungssinns" hinaus in die „letzte" und „höchste" Schicht, in die Region des „Dokumentsinns" bzw. „Wesenssinns" bewegt. Den Hervorbringungen der Kunst liegt – so Panofsky – „über ihren Phänomensinn und über ihren Bedeutungssinn hinaus ein letzter wesensmäßiger Gehalt" zugrunde: die „ungewollte und ungewußte Selbstoffenbarung eines grundsätzlichen Verhaltens zur Welt, das für den individuellen Schöpfer, die individuelle Epoche, das individuelle Volk, die individuelle Kulturgemeinschaft in gleichem Maße bezeichnend ist" (S. 93).

In diese letzte Schicht des „Wesenssinns" einzudringen, sei die „höchste" Aufgabe der Interpretation. Der objektive Rahmen für diese Auslegung (Interpretation) ist die „allgemeine Geistesgeschichte, die uns darüber aufklärt, was einer bestimmten Epoche und einem bestimmten Kulturkreis weltanschauungsmäßig möglich war" (S. 94). Das folgende Zitat faßt die

objektiven Dimensionen für die Aufdeckung des „Phänomen-",
„Bedeutungs-" und „Wesenssinns" noch einmal zusammen:
„Die Gestaltungsgeschichte belehrt uns über die Modalitäten, unter denen sich im Wandel der historischen Entwicklung
die reine Form mit bestimmten Sach- und Ausdruckssinnen
verbindet; die Typengeschichte belehrt uns über die Modalitäten, unter denen sich im Wandel der historischen Entwicklung die Sach- und Ausdruckssinne mit bestimmten Bedeutungs-
sinnen verknüpfen; die allgemeine Geistesgeschichte endlich belehrt uns über die Modalitäten, unter denen sich im Wandel der
historischen Entwicklung die Bedeutungssinne (also z.B. die
Begriffe der Sprache und die Melismen der Musik) mit bestimmten weltanschaulichen Gehalten erfüllen" (ebd.).

Panofsky hat die hier beschriebene Problematik der Deu-
tungsarbeit von Kunstwerken in einer Tabelle zusammengefaßt
(S. 95).

Gegenstand der Interpretation	Subjektive Quelle der Interpretation	Objektives Korrektiv der Interpretation
1. Phänomensinn (zu teilen in Sach- und Aus- druckssinn)	Vitale Daseinserfahrung	Gestaltungsgeschichte (Inbegriff des Darstellungsmöglichen)
2. Bedeutungssinn	Literarisches Wissen	Typengeschichte (Inbegriff des Vorstellungsmöglichen)
3. Dokumentsinn (Wesenssinn)	Weltanschauliches Urverhalten	Allgemeine Geistes- geschichte (Inbegriff des weltanschaulich Möglichen)

Die von Panofsky entwickelten Kriterien für die Interpretation von Kunstwerken sind — so Baacke (1971) — auch auf
Massenprodukte der „Bewußtseinsindustrie" anwendbar. Baacke
interpretiert z.B. die Abhängigkeit zwischen Anzeigenkun-
den, Rezipienten und Journalisten einer Zeitschrift und deren gemeinsame Abhängigkeit vom Wirtschaftssystem als ein
Rückkoppelungssystem, das den Habitus von Text-Bild-Arrange-
ments bestimmt. Die ikonologische Betrachtung läßt so Text-
Bild-Verknüpfungen als „Variable gesellschaftlicher Gewohnheiten und Zwänge" erkennen (S. 243).

3.4. Distanz zwischen Emission und Rezeption

„Die Lesbarkeit eines Kunstwerkes hängt für ein bestimmtes Individuum (ich ergänze: eine Epoche/eine Gruppe von Menschen) von der Distanz zwischen dem Emissionsniveau (verstanden als der Grad der immanenten Komplexität und Verfeinerung des vom Werk erforderten Codes) und dem Rezeptionsniveau ab (das sich daran bemißt, inwieweit das Indiviuum den Code beherrscht, der dem vom Werk erforderten Code mehr oder weniger angemessen sein kann)" (S. 245). Distanz zwischen Emission und Rezeption ist nur an der Wirkung des Werkes auf den Rezipienten erkennbar. Große Distanz ist bei der Betrachtung eines Kunstwerkes zu erwarten. Sie irritiert den Rezipienten, zeigt ihm neue Deutungsmöglichkeiten, sensibilisiert und kann Kreativität erzeugen. Demgegenüber ist weitgehende Übereinstimmung zwischen Emissions- und Rezeptionsniveau eine Voraussetzung für z.B. „programmierten Unterricht" oder für die Werbung.

Im folgenden soll das methodische Instrumentarium zur sequentiellen Feinanalyse (Bild/Text) von Produkten der „popular culture" in Anlehnung an Wember (1972/1976), Oevermann (1979/1983) und Lenssen/Aufenanger (1986) entwickelt werden.

3.5. Methoden optischer Gestaltung

In seinem Buch „Wie informiert das Fernsehen" nennt Wember (1976) verschiedene Möglichkeiten, wie der Bildinhalt insbesondere mit Hilfe von Kamera-Einstellungen intensiviert werden kann. Wembers Ausführungen beziehen sich zwar darauf, wie das Fernsehen Dokumentationssendungen gestaltet, sie lassen sich jedoch auch der Analyse von Unterhaltungsserien zugrundelegen.
— *Die Intensivierung der Bildinhalte wird durch brisant-aktuelle Motive erreicht.*
   Da solche Motive — im Gegensatz zur aktuellen Berichterstattung — bei den Dreharbeiten zu einer Serie selten zur Verfügung stehen, werden Sequenzen mit einer raschen Steigerung zu einem dramatischen Höhepunkt eingebaut, wobei auch die Technik der Aneinanderreihung mehrerer kurzer Szeneneinstellungen verwendet wird.

— *Intensivierung durch Besonderheiten der Bildinhalte*
Die Besonderheiten werden bei Serien mit Hilfe solcher Dar-
stellungsformen präsentiert, welche in der Alltagswelt der
Zuschauer eher selten vorkommen: z. b. Hubschrauber-
Szenen oder die Darstellung einer Fahrt mit Schnellbooten.
— *Intensivierung der Bildinhalte durch Perspektive*
Die Kamera-Perspektive ist eines der wichtigsten Elemente
bei der Gestaltung der Serienhandlung. Mit ihr können unterschiedliche Stimmungsbilder verdeutlicht und Verfrem-
dungseffekte erzielt werden (z. B. bei Aufnahmen aus extremen Weitwinkelpositionen). Die richtige Wahl der Perspektive ist auch entscheidend bei der Aufnahme von Dialogszenen. Es kann dabei nicht nur das Handlungsgeschehen
dramaturgisch aufgewertet werden, sondern es können ebenso Mängel in den Textpassagen durch raffinierte Kamerafüh-
rung überbrückt werden. Beispielsweise wird der Sprechende
von vorne gezeigt, gleich darauf folgt eine Aufnahme in
einer um 180° gewendeten Position, die den Sprecher nun
von hinten mit Blickrichtung auf den Gesprächspartner
zeigt, welcher gleich darauf mit seinem Text beginnt. Diese
Vorgangsweise ist auch bei Dialogszenen in Kinospielfilmen
zu finden, es wird dafür in der Filmtechnik die Bezeichnung
,,Schuß — Gegenschuß" verwendet. Mit dieser Methode
kann die mimische Reaktion der Gesprächspartner auf das
jeweils Gesagte erfaßt werden.
  Nicht unerwähnt bleiben darf, daß die Beleuchtung bei
den Kamera-Einstellungen ebenfalls eine herausragende Bedeutung hat. Licht- und Schattenwirkung sind dramaturgisch verwertbar, bei der Guldenburg-Serie z. B. wird davon
ausgiebig Gebrauch gemacht. So wird der Werbemanager in
einer Szenen-Einstellung mit einem unten abgestrahlten
Licht beleuchtet, was eine bedrohlich wirkende Stimmung
erzeugen soll.
— *Intensivierung der Bildinhalte durch Vergrößerung*
Durch das Element der Vergrößerung wird eine Hinweis-
funktion erreicht, die durch Kombination mit einem Zoomeffekt noch verstärkt werden kann, da der Zuschauer mit
Hilfe des sich kontinuierlich verändernden Vergrößerungs-
maßstabes zum abgebildeten Objekt sozusagen hingeführt
wird. Diese Methode ist allerdings durch eine Sichtweise
gekennzeichnet, die bei Betrachtung mit bloßem Auge ver-

borgen bleibt, d.h. nur mit technischen Hilfsmitteln bewerkstelligt werden kann. Im Zusammenhang mit dieser Problematik spricht Kracauer von „Kamera-Realität".

— *Intensivierung durch Schärfe*
Dabei wird eine Schärfeverlagerung vorgenommen, so daß die Fokussierebene vor oder hinter dem aufzunehmenden Objekt liegt und während der Aufzeichnung auf das Objekt selbst verschoben wird. Auch diese Methode dient einem Hinweiszweck für den Zuschauer.

— *Intensivierung durch die Kamera-Bewegung*
Sie wird hauptsächlich dazu eingesetzt, einen Panoramaüberblick (z.B. bei Landschaftsaufnahmen) zu ermöglichen, sie dient aber auch dazu, eine statische Bildwirkung zu verhindern.

Neben den Intensivierungsmöglichkeiten zeigt Wember auch den sog. „Induktionseffekt". Er bedeutet, daß eine Szeneneinstellung mehr Inhalt erhält, als sie von sich aus besitzt. Die unmittelbar vorhergehende Szene induziert einen bestimmten Eindruck auf die nachfolgende Einstellung. Bei der Serie „Das Erbe der Guldenburgs" wird diese Methode ebenso wie bei „Dallas" und „Denver" häufig zur Ortsbestimmung eingesetzt: Es wird zunächst ein Panoramabild eines Hauses mit Gartenanlagen gezeigt, dann folgt eine Szene innerhalb der Wohnräume, die der Zuschauer dann automatisch aufgrund des Induktionseffektes als zum gezeigten Gebäude gehörig identifiziert. Gelegentlich wird die Induktionswirkung auch zur Zeitpunktbestimmung verwendet: Um die Gleichzeitigkeit von Handlungen an verschiedenen Orten zu demonstrieren, werden kurze Sequenzen aneinandergereiht. Durch den Induktionseffekt soll der Zuschauer ein zeitgleiches Ablaufen der Handlungen empfinden. Diese Methode ist insofern problematisch, als die Aneinanderreihung insgesamt eher verwirrend wirkt, da dem Zuschauer kaum Zeit zur Einordnung in einen Gesamtzusammenhang bleibt.

3.6. Textanalyse nach Maßgabe der objektiven Hermeneutik

Auch zur Analyse der Struktur des Kommunikats, dem WAS von Fernsehsendungen, hat U. Oevermann das Verfahren der „objektiven Hermeneutik" entwickelt und in Form einer „einzelrekonstruktiven" Analyse der „Fernsehkommunikation in der BRD" (1983) praktisch erprobt. Seine Feinanalyse besteht in der extensiven Sinnauslegung protokollierter *sprachlicher* Äußerungssequenzen. Aufgrund der Rekonstruktion von Interaktionsstrukturen eröffnet sich die Möglichkeit zu klären, welchen Stellenwert dem Fernsehen als „Medium der Kulturindustrie" zukommt. Die Beschränkung auf sprachliches Material begründet Oevermann damit, daß Sprache die Kernbedeutung der Interaktion trägt.

Theoretischer Bezugsrahmen
Die theoretischen und programmatischen Überlegungen von Oevermann (1979/1983) gehören zu den gegenwärtig relevantesten sozialisationstheoretischen Ansätzen in der BRD. Kerngedanke der von ihm konzipierten soziologischen Sozialisationstheorie ist, daß die Entwicklung des Subjekts weder als externe Prägung des Verhaltens, noch als Ausreifung interner Muster, sondern als in sozialen Interaktionszusammenhängen vollzogen verstanden wird. Das bedeutet, daß das Individuum Produkt seiner Umwelt ist, sich gleichzeitig aber auch in der unverwechselbaren Einzigartigkeit seiner Lebensgeschichte von den Anderen unterscheidet. Ziel der Oevermannschen Sozialisationstheorie ist die „rekonstruktive Explikation der Struktureigenschaften der sozialisatorischen Interaktion" (Oevermann 1979, S. 353). Dabei wird unterstellt, daß selbst der „vollsozialisierte" Erwachsene — aufgrund der individuellen Selektivität seiner lebensgeschichtlichen Entwicklung — die Regeln der sozialisatorischen Interaktionszusammenhänge (Lebenswelten) nicht restlos aufschlüsseln kann und sich somit nur begrenzt seiner Entwicklungsbedingungen bewußt ist. Die sozialisatorische, entwicklungsbildende Leistung seines Handelns vollzieht sich objektiv, ohne daß er das subjektiv jeweils so beabsichtigt haben müßte.

Dies ist das zentrale Thema der „objektiven Hermeneutik". Oevermann behauptet, mit der „objektiven Hermeneutik" eine Methodologie entwickelt zu haben, die nicht nur als ein „für die Soziologie allgemein geltendes forschungslogisches Programm" Gültigkeit beansprucht, sondern am Anfang der sozialwissenschaftlichen Analyse sowohl in der Sozialpsychologie, der Psychoanalyse oder der Geschichtswissenschaft zu stehen habe. „Konkreter Gegenstand der Verfahren der objektiven

Hermeneutik sind Protokolle von realen, symbolisch vermittelten sozialen Handlungen oder Interaktionen, seien es verschriftete, akustische, visuelle, in verschiedenen Medien kombinierte oder anders archivierte Fixierungen" (Oevermann 1979, S. 387). Die theoretischen Eckpfeiler der „objektiven Hermeneutik" sind der von Levi-Strauss entwickelte Strukturalismus, die Chomskysche Kompetenztheorie, die Psychoanalytische Theorie mit ihrem Begriff des Unbewußten und der unbewußten Triebrepräsentanzen sowie das von Mead entwickelte Modell des „taking the attitude of the other". Oevermann betrachtet die Strukturen der individuellen Entwicklung als identisch mit denen der sozialen Entwicklung: Individuelle Entwicklung (Ontogenese) und soziale Entwicklung (Phylogenese) fallen zusammen. Er führt zur Klärung des Gegenstandsbereiches der „objektiven Hermeneutik" zwei Realitätsebenen sozialer Wirklichkeit ein: Die Realität der objektiven Bedeutung des Handelns der Individuen im interaktiven Zusammenhang und die Realität der subjektiven Repräsentanz dieser objektiven Bedeutung in Form kommunizierbarer Intentionen. Es handelt sich dabei um isoliert voneinander empirisch erfaßbare Realitätsbereiche. Der zentrale Begriff, der die objektiv-interaktive Bedeutung des Handelns konstituiert, ist der der „latenten Sinnstruktur". Die „latenten Sinnstrukturen" stellen eine „soziale Realität von objektiven Bedeutungsstrukturen" dar. Sie liegen der sozialen Realität als deren Erzeugungsschemata zugrunde. Als ideales Reservoir von Bedeutungsmöglichkeiten regulieren sie die Handlungschancen in einem Sozialsystem, welche von den Handelnden in subjektiver Abschattung realisiert werden. Mit anderen Worten: Die „latenten Sinnstrukturen" bezeichnen den Code der sozialen Realität. Die Konstitution von „latenten Sinnstrukturen" beruht nicht auf Leistungen des Subjekts, „sondern es sind die interaktionsstrukturinhärenten Regeln verschiedenen Typs, syntaktische Regeln, pragmatische Regeln, Regeln der Sequenzierung von Interaktionen, Regeln der Verteilung von Redebeiträgen etc., die interaktionsgenerativ die latenten Sinnstrukturen konstituieren" (S. 370). Die Entwicklung des Individuums zeige sich in der Bildung seiner Strukturen, die „das Ergebnis von Rekonstruktionen darstellen, die das sich bildende Subjekt an den unabhängig von seinen Voraussetzungen konstituierten Strukturen seines praktischen Handelns, eben jenen Struktureigenschaften sozialisatorischer Interaktion vornimmt" (S. 353). Die „spezifische Leistungsfähigkeit der sozialisatorischen Interaktion", das charakteristische Merkmal der Sozialisation bzw. der individuellen Entwicklung sei die – beim Kind noch gering entwickelte – Fähigkeit, in den sozialisatorischen Interaktionen, an denen das Individuum teilnimmt, den Sinn objektiver, latenter Bedeutungsstrukturen zu erkennen. Entwicklung ist somit identisch mit der Erweiterung der „Sinninterpretationskapazität" (ebd.).

„Objektive Hermeneutik" grenzt sich von traditioneller Hermeneutik (Dilthey) dadurch ab, daß es ihr bei der Sinnauslegung (unter soziologischem Aspekt) nicht auf die Erforschung des subjektiv gemeinten Sinns ankommt, sondern auf die Rekonstruktion objektiver, latenter Sinnstrukturen, die sich unabhängig von den Intentionen der Subjekte als soziale Realität konstituieren.

Zur Methode
Mit seinem Verfahren beansprucht Oevermann „eine für die soziologische Forschung allgemein bedeutsame hermeneutische Methodologie zu explizieren" (S. 352). Diese hermeneutischen Verfahren seien die „fundamentalen, die Präzision und Objektivität der Analyse erst sichernden Erkenntnisinstrumente der Sozialwissenschaften" (ebd.). Ausgangspunkt der Analyse sind z.B. Sprechakte, soziale Handlungen (im Film/Fernsehen), die mittels Aufzeichnungsgeräte erfaßt und verschriftlicht worden sind. In der Analyse wird der Text daraufhin befragt, welches Sinnpotential (bezogen auf die untersuchungsleitende Fragestellung), welche möglichen Lesarten er enthält, welche von diesen Lesarten in der Sequenzanalyse begründet bzw. ausgeschlossen werden können und welche Sinnstruktur der Text als ganzer, d.h. als Handlungsprotokoll, hat. Der Sinn eines Textes erschließt sich, wenn der Kontext, auf den er bezogen ist, bekannt ist. Eine Aussage verstehen wir, wenn wir den Kontext rekonstruieren können, zu dem diese Äußerung stimmig ist. Aufgabe des Rekonstruktionsverfahrens ist somit die Entschlüsselung der jeweiligen Kontexte. Bei diesem Verfahren werden verschiedene Interpretationszyklen durchlaufen. Dabei werden Regeln wirksam, nach denen Äußerungen mit bestimmten Kontextbedingungen verknüpft werden können. Mit Hilfe der sequentiellen Feinanalyse (Sequenzanalyse) ist es möglich, diese Regeln aufzuspüren. Der Text wird untersucht im Hin-

blick auf den Verlauf der Interaktion und deren Sinnstrukturen. Gegen eine Bedeutung oder Begründung des Textproduzenten wird eine alternative Folie (Lesart) gesetzt und geprüft, ob die Deutung des Textproduzenten verglichen mit der Deutung des Hermeneuten „undicht" oder widersprüchlich ist. Dies geschieht dadurch, daß gefragt wird, was eine Äußerung normalerweise für ein im Leben stehendes Subjekt bedeutet. Dabei werden eine Reihe von gedanklichen Deutungen „phantasiert" und somit der „äußere Kontext" eines Interaktes gewonnen. Die Ausdeutung erfolgt in einer Gruppe, um eine möglichst große Anzahl von Lesarten zu produzieren.

Jeder Hermeneut verläßt sich auf seine Alltagskompetenz, über die er als voll sozialisiertes Handlungssubjekt – ebenso wie der Textproduzent – verfügt. Im nächsten Schritt werden die Besonderheiten des untersuchten Falles herausgearbeitet. Dabei werden zunächst die Daten herangezogen, die – wie z.B. äußere biographische Daten – unmittelbar extrahiert werden können. Daraufhin wird geprüft, wie die einzelnen Interakte miteinander verknüpft sind. Man wählt die zu Beginn der Interpretation fixierte Interaktionssequenz für eine Feinanalyse aus und konfrontiert sie mit den aus den bisherigen Interpretationszyklen gewonnenen Deutungen (Hypothesen). Dabei werden einige der vorab in der „streitsüchtigen" Interpretengruppe entwickelten Lesarten falsifiziert, andere bestätigt. Während dieses zweiten Schrittes wird von den Interpreten eine Hypothese über den „inneren Kontext" des Handlungssystems formuliert, die die Folie für die Rekonstruktion der Interaktionssequenz abgibt. Der Hermeneut liest den Text (Sequenzen) in der Haltung des „absolut Anderen", d.h. er suspendiert sich selbst aus dem Handlungsgeschehen des Textproduzenten und begibt sich auf die Ebene des Handlungssystems. Eine wichtige Regel für den „objektiven" Hermeneuten ist die sog. „Sparsamkeitsregel", d.h.: Erst dann, wenn alle vorhergegangenen Rekonstruktionen der Kontextinformationen nicht mehr sinnvolle Erklärungen des Handlungssystems zu leisten vermögen, wird auf individuelle, innerpsychische Repräsentanzen des Textproduzenten zurückgegriffen. Dies geschieht deshalb, um „Individualpsychologisches und Individualspezifisches nicht zum Grund, sondern zur Folge sozialer Erscheinungen zu machen, nicht an den Anfang einer soziologischen Erklärung zu setzen, sondern allenfalls als deren Randbedingung erscheinen zu lassen" (Heinze 1987,

S. 79). An weiteren Interaktionssequenzen wird die Hypothese, auf die sich die Interpretengruppe einigen konnte, überprüft, gegebenenfalls erweitert bzw. vertieft. Sollte eine Interaktionssequenz im Text mit dieser Hypothese unvereinbar sein, wird sie verworfen und der Interpretationsvorgang beginnt „von vorne".

3.7. Elemente der Analyse von Fernsehsendungen

Eine Ergänzung zu der von Oevermann (1983) nur auf den Textteil bezogenen, ideologiekritischen Analyse von Fernsehsendungen haben Lenssen und Aufenanger (1986) vorgenommen und zwar insofern, als sie über die Interpretation von sprachlichem Material in Form protokollierter Texte hinaus auch die Handlungskonstellationen und filmische Gestaltung von Fernsehsendungen einer Strukturanalyse im Sinne der objektiven Hermeneutik unterzogen haben. Bei der Anwendung der Methode der objektiven Hermeneutik für die Fernsehanalyse sind Lenssen/Aufenanger am Beispiel der Serie „Neues aus Uhlenbusch" wie folgt vorgegangen: Als erstes haben sie die Interaktion im Film analysiert, d. h. eine „Feinanalyse des Textes" (transkribierte Filmdialoge) so vorgenommen, „als seien es Handlungen in alltäglichen Situationen" (S. 131). Einzelne Interakte werden mit unterschiedlichen Kontexten (man erfindet Geschichten) konfrontiert; die verschiedenen „Kontexte der Handlung selbst geben den Interaktionen verschiedene Bedeutungen, die solange als sinnvoll angesehen werden, wie sie, dem Alltagsverständnis nach angemessen, sozial akzeptabel oder vernünftig sind" (ebd.). Als nächstes werden Handlung und Gestaltungselemente des Films analysiert — analog zur extensiven Sinnauslegung der sprachlichen Sequenzen.

Das von Lenssen/Aufenanger entwickelte Schema (Partitur) zur Fernseh-/Filmanalyse enthält folgende Kategorien:

„**Handlung:** Die Handlung schildert die Art und Weise, wie die Akteure sich verhalten, was sie tun, wie sie miteinander umgehen etc. Für die Interpretation werden, ohne Kenntnisse der vorangegangenen oder folgenden Handlungen und des Textes, Situationen vorgestellt, in denen die dargestellte Handlung als normal gelten kann. Diese konstruierte Situation wird mit der tatsächlichen Filmsituation konfrontiert.

Text: Der Text umfaßt alle verbalen Äußerungen der Akteure und, falls vorhanden, eines Off-Sprechers. Die Interpretation der Sprache bildet das Kernstück der Filmanalyse und wird als bedeutungsstrukturierendstes Moment als erstes analysiert. Die tatsächlichen Sprechakte werden hierbei in Konfrontation mit gedankenexperimentell erstellten Kontexten auf ihren ‚objektiven Bedeutungsinhalt' hin analysiert (d.h. unabhängig von den Intentionen der handelnden Subjekte). Hier soll sich zeigen, inwieweit die Bedeutungen der Interaktion dem Alltagsverständnis nach angemessen, sowie akzeptabel oder vernünftig sind, d.h. als sinnvoll angesehen werden können. Die in jeder Interaktion vorhandenen prinzipiell darlegbaren Regeln des Handelns sollen zur Darstellung gebracht werden.

Intonation: Auffällige Veränderungen der Stimmtonhöhe oder Lautgebung beim Sprechen werden in dieser Kategorie erfaßt; meist dient die Intonation dem Ausdruck emotioneller Reaktionen. Die durch den Text hervorgebrachten Primärassoziationen können durch Intonationskonturen moduliert oder verändert werden.

Para-linguistische Merkmale: Darunter werden diejenigen Äußerungen der Handelnden verstanden, die keine direkte sprachliche Funktion ausüben, aber dennoch die Kommunikationsteilnehmer über Befindlichkeiten des Sprechers informieren oder einfach nur Geräusche wiedergeben (z.B. Verzögerungen, Unterbrechungen, Laute wie ,,äh" oder ,,hmm"). Diese Merkmale werden auf ihren Bedeutungszusammenhang mit der Handlung (dem Gesagten) hin untersucht.

Mimik, Gestik: Feinmotorische Bewegungen werden hier aufgeschlüsselt. Sprache, Intonation, para-linguistische Merkmale können durch die Mimik und die Gesten der Handelnden unterstützt werden oder Widersprüche erzeugen.

Stellung der Personen zueinander: Die Positionen der Handelnden zueinander werden hier bestimmt. Es ist bedeutungsvoll, bei welchem Sprechakt Personen wie zueinander stehen, und was die jeweiligen Positionen ausdrücken.

Take: Die Einstellung des Films wurde in Takes, d.h. Einstellungen vorgenommen. Es ist die kleinste Einheit des Films und bezeichnet ‚eine einzige, ununterbrochene Kameraaufnahme'.

Ein Take setzt sich aus den folgenden Bildelementen zusammen:

- Bildaufbau: Erfassung der Proportionen der handelnden Personen zueinander oder zu Objekten im Bildrahmen
- Kameraperspektive: z.B. Normalsicht, Vogelperspektive
- Kameraeinstellung (Einstellungsgrößen): z.B. Totale, Halbnah, Nah, Großaufnahme
- Kamerabewegung: z.B. starr, Zoom
- Musik" (S. 131/132).

Diese bildlichen Gestaltungselemente werden — so Lenssen/ Aufenanger — ebenso wie die sprachlichen Äußerungen in ,,gedankenexperimentelle Kontexte gestellt und auf ihre Sinnhaftigkeit hin überprüft. Ihre Beziehung zur durch den Text herausgearbeiteten Bedeutung (syntaktisches Element der Analyse) wird auf Widersprüche oder Unterstützung, d.h. Stimmigkeit hin untersucht" (S. 133).

Ergänzend zu den von Wember (vgl. 3.5.) angeführten bildlichen Gestaltungsmittel sei noch auf das von Lenssen/Aufenanger genannte Element des *Bildaufbaus* verwiesen. „Hier werden Proportionen der Personen oder von Objekten zum Bildrahmen erfaßt.

– Bildfüllende Motive: ,Stößt' eine Person mit dem Kopf an die obere Bildkante, vermittelt sie einen größeren Eindruck, sie wirkt gewichtiger.

– Motive, die die Abbildungsfläche nur zum Teil beanspruchen sowie Personen, die nur an der unteren Bildkante abgebildet sind und nach oben genug Freiraum haben, wirken kleiner.

– Motive in Bildmitte und am Bildrand; ist die Objektmasse am Bildrand, vermittelt sie Dynamik, in der Bildmitte mehr Statik" (S. 133).

Im folgenden soll beispielhaft die Interpretation in den jeweiligen Kategorien veranschaulicht werden. Dazu sollen Lenssen/Aufenanger ausführlich zitiert werden.

Rekonstruktionsbeispiel: Sprache und Bild

„Exemplarisch wurde willkürlich ein Satz aus der Mutter-Kind-Interaktion des Fernsehfilms herausgenommen.

Bevor wir das reale Fallwissen hinzugezogen haben, wurde die jeweilige Äußerung paraphrasiert, d.h. ausgeführt was die alltags- und umgangssprachliche Verkürzung für den Hörer bedeutet. Außerdem konstruierten wir gedankenexperimentell Kontexte, die den System-Zustand unmittelbar vor und während der Äußerung kennzeichnen und das Gesagte, dem Alltagsverständnis nach, sinnvoll machen. Das wirkliche Wissen um die Situation versuchten wir dabei gänzlich auszuschalten – erst zu einem späteren Zeitpunkt der Analyse kontrastierten wir die Gedankenkonstruktionen mit dem wirklichen Geschehen.

Text: „Natürlich selbst Geld verdienen möcht' ich schon auch."

Der hier explizierte Sprechakt beginnt mit einem Adjektiv, das das Nachfolgende über jeden Zweifel erhaben darstellt: Die auf das Einleitungswort folgende Aussage trägt aus der Sicht des Sprechers eine objektive Wesenseigenschaft, die naturwüchsig, ,so und nicht anders' dargestellt wird. Der

Sprecher knüpft hiermit an einen gemeinsamen Kontext an, in dem es selbstverständlich ist, daß die Meinung oder ein Tatbestand in dieser Weise gesehen wird. Gleichzeitig unterstellt der Sprecher auch durch den affirmativen Charakter des Wortes, daß das Anschließende nicht weiter begründet werden muß, da es ursprünglich ‚so ist'. Besonders stark wirkt ein solcher ‚Appell' immer dann, wenn er, wie hier, an den Anfang des Satzes gestellt wird: der Rest wird dadurch besonders hervorgehoben.

Die Anwendung des Adjektives „natürlich" ist auch eine Möglichkeit, ein vorgegebenes Argument nochmals für sich in Anspruch zu nehmen. In diesem Sprechakt bezieht sich „natürlich" auf den Wunsch, selbst Geld zu verdienen. Dem Ansprechpartner soll eindeutig klar gemacht werden, daß der Sprecher ein eigenes Einkommen haben möchte. Man kann sich vorstellen, daß diese Äußerung beispielsweise *von einem Jugendlichen stammt, der nach* seinen zukünftigen (Berufs-)plänen gefragt wurde (etwa in dem Sinne: „Natürlich selbst Geld verdienen möchte ich schon auch, aber im Moment ist mir meine Ausbildung wichtiger"). Auf jeden Fall gilt für die Aussage, die allerdings nicht in Form eines Affirmativsatzes gehalten ist, daß *sie aufgrund ihres Rückbezugs* auf die Selbstverständlichkeit des Geldverdienens in einem größeren kontextuellen Zusammenhang stehen muß, der andere Pläne in dieser Hinsicht miteinbezieht.

Dem gegenüber wird der Wunsch nach selbst erarbeitetem Geld aufgezeigt und damit gleichzeitig, daß dieser Zustand noch nicht erreicht ist. Es handelt sich also um die Vorstellung einer eventuellen Ausgestaltung von Zukunft.

Die am Ende des Satzes stehenden Adverben „schon auch" schwächen in dieser Kombination Gesagtes tendenziell ab und bezeichnen eher unwesentliche Aspekte, an die das Eigentliche noch anschließt. Die Äußerung produziert eine Erwartungshaltung, denn es müßte etwas folgen, was zu der Inklusion „auch" in Beziehung gesetzt, bzw. davon abgesetzt werden kann (z.B. wird diese Wendung in dem Sinne gebraucht: „Das mag ich schon auch, aber etwas anderes ist mir wichtiger."). Nach dem hier vorliegenden Sprechakt erfolgt jedoch keine Weiterführung, die etwas Höherwertiges als den ‚natürlichen' Wunsch, selbst Geld zu verdienen, begründet.

Eine derartige Satzkonstellation wie in dieser Äußerung wäre auch *dann einsichtig, wenn die erforderliche* Begründung vor diesem Sprechakt erfolgt wäre. Ist dies jedoch nicht der Fall, kann in dem Sprechakt ein Widerspruch aufgezeigt werden, der sich festmacht an dem Appell an die objektive, quasi zwangsläufige Gegebenheit des Wunsches („natürlich, selbst Geld verdienen") und der Widerlegung dieses Argumentes durch die nicht vervollständigte Adverbkombination „schon auch".

Der Sprechakt muß von einer Person stammen, die von einer anderen *materiell abhängig ist, da sie selbst* Geld verdienen will. Aber scheinbar ist dies nicht der Hauptgrund. Sie wird durch andere materiell abgesichert, so daß sie nicht aus einer Notlage heraus Geld verdienen muß (es wird ja als Wunsch, nicht als Zwang dargestellt).

Da aber hierzu keine weiteren Erläuterungen folgen, ist der Hörer hin- und hergerissen zwischen dem thematisierten finanziellen Argument als Begründung des Sprechers und dem nicht ausgeführten Thema, daß durch „schon auch" eingeleitet wurde. Die so zu Tage tretende Widersprüchlichkeit könnte nur unter Einbeziehung des vorangegangenen Textes gelöst werden, wenn dort sinnlogisch ein Anknüpfungspunkt für diese Formulierung zu finden ist.

Intonation

Der Sprechakt wird mit trauriger, tonloser Stimme geäußert, ohne auffällige Hervorhebung bestimmter Wörter. Da inhaltlich ein Wunsch formuliert wird, kann vermutet werden, daß mit dieser Stimmung, die im Satz mitschwingt, gleichzeitig die Unerfüllbarkeit des Wunsches miteinbezogen wird.

Ebenso wie in der vorangegangenen Analyse des sprachlichen Teils, soll nun im folgenden ein Ausschnitt einer Handlungsszene beispielhaft interpretiert werden.

Stellung; Bildaufbau; Kameraperspektive; Kameraeinstellung; Kamerabewegung; Musik

In diesem Take sitzen zwei Agierende auf einem Sofa, ein Mädchen schräg seitlich zu einer Frau, die sich mit angewinkelten Knien vor dem Kind befindet. Die Stellung der Personen zueinander ist fast auf der gleichen Ebene, jedoch scheint das Kind ein wenig tiefer zu sitzen; dieser Eindruck wird dadurch geweckt, daß die Kamera ihm quasi „über die Schulter schaut". Durch die nahe Kameraeinstellung beschränkt sich das Bild hauptsächlich auf das Gesicht der Frau (vom Kind ist nur der Hinterkopf sichtbar). Durch die Dominanz des Gesichts der Erwachsenen stehen deren psychische Befindlichkeiten für den Zuschauer im Mittelpunkt. Ihre Emotionen können stark miterlebt werden, vom Bild her sind kaum Entzugsmöglichkeiten gegeben. Das bedeutet, daß eine so nahe Kamera, die nicht mehr den normalen Gesprächsabstand darstellt, dem Zuschauer wenig Distanzierungsmöglichkeiten von dem, was die Frau bewegt, einräumt; deren intime Regungen werden durch die Kamera charakterisiert und erforschbar. Die Möglichkeit größerer Betroffenheit des Zuschauers wird durch die bildbestimmende Frontalaufnahme der Erwachsenen bestärkt und weiterhin unterstützt durch die starre Kamera, die sich auf sie ‚konzentriert'.

Da die genannten Faktoren nicht nur die Perspektive des Zuschauers bestimmen, sondern auch die des Kindes im Film, lassen sich für dessen Situation die gleichen Kriterien festmachen: Die geringe Distanz zur Frau lenkt die Konzentration des Kindes rein auf deren Gefühle, die für das Kind sich als analysierbar fast aufdrängen. Verstärkt wird diese Deutung, wenn man sich Bildaufbau und Stellung der beiden Personen zueinander ansieht. Das Mädchen sitzt der Frau schräg zugewandt, die leicht verzweifelt, sinnend ins Leere spricht — die Agierenden verkörpern so ein Äquivalent zu einem Psychiater (Therapeut)-Patienten-Modell: ebenso wie bei diesem gibt es hier *einen geduldigen Zuhörer und eine Person, die über* Probleme (erkennbar an ihrem Gesichtsausdruck) berichtet.

Für das Verstehen der Interaktion von Frau und Kind muß man sich nun vergegenwärtigen, was dieses Modell oder Sinnbild impliziert: Auf der einen Seite ist eine Person, die einen Teil ihrer Lebenspraxis nicht autonom bewältigt und sich deshalb — auf der anderen Seite — an jemanden wendet, der ihr helfen soll, diese Autonomie wieder zu erlangen und zwar dadurch, daß in der Therapie bzw. Analysesituation der Patient von den Zwängen des nicht bewältigten Alltags freigestellt wird.

Kontrastiert man diese Überlegungen zur Situation mit realen Mutter-Kind-Interaktionen, wie im Film, so stellt dies nicht nur eine Umkehrung alltagsüblicher Familienbeziehungen dar, sondern auch eine illegitime Überhöhung, mehr noch Überforderung der Fähigkeiten eines Kindes. — An dieser Stelle erkennt man auch, daß es nicht von Belang ist, ob es sich um eine tatsächliche Mutter-Tochter-Beziehung handelt oder nur um eine Erwachsenen-Kind-Beziehung. Die Struktur bleibt in beiden Situationen gleich.

Abgesehen von anderen ‚normalen Erwartungen' an eine Mutter-Kind-Beziehung ist gerade das Therapeut-Patient-Modell eine besonders gravierende Verdrehung der Verhältnisse, denn der Therapeut führt für seinen Patienten stellvertretende Deutungen von dessen Handlungen aus; diese Leistung kann aber von einem Kind, das selbst noch *eine eingeschränkte* Sinninterpretationskapazität hat, gerade nicht erbracht werden.

Als Ergänzung zur Interpretation des Bildes kann als weiteres nonverbales Element die an dieser Stelle einsetzende Musik miteinbezogen werden: Eine schwere langsame Melodie beginnt und unterlegt die Szene. Da die Melodie ohne große Dynamik gespielt wird, vermittelt sie große Ruhe der Situation. Das getragene Motiv läßt vermuten, daß es hier um ‚ernste' Dinge geht. Keinesfalls ist es eine Melodie, die zum spielerischen Tun von Kindern passen würde. Die Musik unterstützt also den Eindruck, daß es um ‚wichtige' Angelegenheiten geht, die eher Erwachsene betreffen" (S. 136—140).

Take	10. 10 sec
Handlungsablauf	T schaut T schlägt die Augen nieder die M an und schaut nach unten
Text	M: ,,Was mir Spaß macht, gefällt, was'n Sinn hat." (Off-Ton)
Intonation	
Gestik/Mimik	T blickt ernst
Paralinguistische Merkmale	
Stellung der Personen zueinander	
Bildaufbau	T's Gesicht bildfüllend
Kameraperspektive	Leicht von oben (M's Perspektive) frontal
Kameraeinstellung	Groß
Kamerabewegung	Starr
Musik	Motiv: schwer, langsam

(Lenssen/Aufenanger 1986, S. 204)

4. Filmanalyse[21]

Ein praktisch erprobtes Instrumentarium zur ideologiekritischen Analyse von AV-Informationen hat B. Wember (1972) vorgelegt. Da sich Wember an den hier angesprochenen Theorien orientiert, soll sein Analyseverfahren abschließend referiert werden. Wember expliziert seine Analysemethode am Beispiel des im Auftrage des „Instituts für Film und Bild in Wissenschaft und Unterricht"[22] hergestellten Dokumentarfilms „Bergarbeiter im Hochland von Bolivien"[23]. Er begründet seine Auswahl damit, daß dieser Film zu den „kritischsten" des Instituts gezählt werde, „filmisch gut gemacht" sei und von Lehrern und (Film-)Fachleuten sehr viel Beifall bekommen habe (Wember 1972, S. 17).

Diese positive Bewertung und die Kennzeichnung „Dokumentarfilm" haben Wember zu dem Versuch provoziert, den Anspruch „reiner Objektivität" ad absurdum zu führen und den Nachweis dafür zu erbringen, „daß jeder Gebrauch des Mediums Film notwendig Manipulation voraussetzt"[24].

Da es kein unmanipuliertes Filmen gebe, bringe es nichts ein zu fragen, ob manipuliert werde oder nicht, sondern man müsse Antworten verlangen auf Fragen wie die folgenden:
— Wer manipuliert und nach welchen Maßstäben?
— Welchen ideologischen Standort nimmt der ein, der das Medium benutzt?
— Ist ihm selbst dieser Standort bewußt?
— Klärt er den Zuschauer über seinen Standort auf?
Wie relevant diese Fragen gerade im Hinblick auf Unterrichtsfilme sind, liegt auf der Hand: Da Manipulation — im Sinne der „versteckten Steuerung von Menschen" — die Selbstbestimmung der Betroffenen „umgeht oder verhindert", besteht gerade bei solchen Medien, die innerhalb des institutionellen Rahmens der Schule mit dem Anspruch der Dokumentation oder Objektivität präsentiert werden, die Gefahr der unreflektierten Übernahme ideologischer Wertungen unterschiedlicher Provenienz.

Deshalb muß die wichtigste Forderung, die an alle Medienproduzenten — vor allem aber an Produzenten von Unterrichtsmedien — zu richten ist, lauten:

Gebt euch als „Manipulierende" zu erkennen und beschreibt den Standort, von dem aus ihr die „Fakten" darstellt!

Wember versucht, diesem Anspruch für seine eigene Arbeit

gerecht zu werden, indem er seinen Standort als den eines „demokratischen Sozialismus" charakterisiert (Wember 1972, S. 16).

Erst aus der Perspektive dieser Position gewinnen die an positivistische Verfahren erinnernde Analysemethoden Wembers ihre inhaltlich-wertende, ideologiekritische Bedeutung.

Er bemüht sich, empirische Belege dafür zu erbringen,

„daß der Film nicht neutral ist, sondern ganz eindeutig eine bestimmte Ideologie vertritt,

daß die ideologischen Wertungen als unreflektierte Implikationen verarbeitet worden sind,

daß der Film allein innerhalb seines Verständnishorizontes voller Widersprüche steckt und nicht dem von ihm selber postulierten Anspruch einer ‚reinen Dokumentation' entspricht,

daß der Film von seinem ideologischen Hintergrund her gewisse Zusammenhänge nicht zugeben will und sie deshalb mit einer nur schwer durchschaubaren manipulativen Taktik umgeht" (Wember 1972, S. 16).

Zur Klärung des Kontextes sei hier zunächst der Inhalt des Films wiedergegeben, wie er in dem ebenfalls vom FWU herausgegebenen Begleitmaterial, das Wember in seine kritische Analyse einbezieht, dargestellt ist[25]:

„Der Film bringt zunächst einige Aufnahmen vom Hochland am Titicacasee mit Lamas und Indios, zeigt La Paz und wendet sich dann dem eigentlichen Thema zu, den Grubenarbeitern in den Zinnminen.

Einige Indios waschen auf primitive Weise Erz aus dem Flußsand. Mit dieser alten Methode fördert man auch heute noch genausoviel wie alle industrialisierten Bergwerke Boliviens zusammen. Der ausgewaschene Metallsand wird dann zu der Straße getragen, wo die Lastwagen der Minengesellschaften ihn aufnehmen. Oft allerdings ist keine Straße in der Nähe, dann wird das Erz auf dem Rücken von Lamas über weite Strecken transportiert.

Wir sehen nun Potosi und den Silberberg. Heute noch wird in dem alten Stollen aus der Kolonialzeit gearbeitet, nur sucht man heute nach Zinn. Der Film zeigt uns Bilder von der harten Arbeit der Indios, die in der dünnen Luft doppelt beschwerlich ist. Kaum einer der Männer wird älter als dreißig Jahre, und man sieht den zerfurchten Gesichtern die unmenschlichen Strapazen an. Nur durch die anregende Wirkung der Kokablätter, die die Männer ununterbrochen kauen, können sie diese schwere Arbeit leisten. Der Verdienst beträgt nur etwa 20—30 Pfennig in der Stunde, und so müssen auch die Frauen arbeiten, die in den Schutthalden aus der Kolonialzeit nach Zinn suchen, und die Kinder, die die Anstrengungen ebenfalls nur durch das Kauen von Kokablättern aushalten.

Über unsichere und halsbrecherische Gebirgsstraßen werden die Bergwerke versorgt, und der abgestürzte Lastwagen, den wir im Film sehen, zeigt die Gefährlichkeit der schlecht ausgebauten Straßen.

Schichtwechsel − die Frauen holen für ihre Männer das Geld ab.

In der nächsten Szene beobachten wir, wie ein junger Mann sich um eine Stelle als Mechaniker bewirbt − er hat gute Chancen, denn er besuchte eine Schule.

Rund 2/3 der Bevölkerung Boliviens sind Analphabeten.

Die Krankenversorgung ist sehr gut, wie uns die nächste Szene des Films zeigt. Jeder Arbeiter wird regelmäßig ärztlich untersucht, und die Krankenstationen sind mit modernsten Sauerstoffgeräten ausgerüstet, deren rascher Einsatz bei Unfällen in der dünnen Luft entscheidend sein kann für die Rettung der Verletzten.

Zum Schluß zeigt der Film, wie die Frauen ihren Männern das Essen zur Mine bringen.

In den tiefen Stollen sind Hitze und Feuchtigkeit fast unerträglich, doch für den Indio gibt es nur die eine Wahl zwischen einem Leben in Armut und Hunger auf den kargen Feldern und der Existenz als Bergarbeiter in der Mine.“

Der erste Schritt, den Wember in Richtung auf eine intersubjektive Überprüfbarkeit seiner kritischen Hypothesen unternimmt, besteht darin, daß er die scheinbare Ganzheit des Films als „gemachte“ dekouvriert, indem er die zugrunde liegenden Strukturen und Elemente in eine analysefähige, lesbare Form bringt.

Das geschieht durch die Anlage eines exakten „Filmprotokolls“, anhand dessen die spezifischen Verknüpfungsweisen durchschaubar werden, die der „Textur des filmischen Ton-Bild-Teppichs“ (Heimann) zugrundeliegen.

Wember schlägt vor, den Film in einer Art Umkehrung des Produktionsprozesses zunächst in seine Grobstrukturen, dann in „kleinste Einheiten“ zu zerlegen; eine synchrone Darstellung soll das Erkennen der zwischen den Einzelteilen bestehenden Zusammenhänge, Divergenzen und Konvergenzen erleichtern.

Die − jedem Ton-Film zugrunde liegende − Formalstruktur läßt sich so schematisieren:

Einstellungen

Film				Sequenzen		optische Ebene
						zeitliche Dimension
						akustische Ebene

Grobstrukturen sind: die optische Ebene, die akustische Ebene und die zeitliche Dimension.

Als Strukturelemente bzw. „kleinste Einheiten" wählt Wember solche − vermutlich aufgrund didaktischer Überlegungen −, über die die „Filmemacher" bewußt verfügen können und von denen er annimmt, daß sie auch vom Zuschauer bewußt herausgefunden werden können (Wember 1972, S. 22). Auf der optischen Ebene sind das die „Einstellungen" der Kamera, auf der akustischen die Sätze des Kommentars.

Im Gegensatz zu den genannten Einzelheiten (Einstellungen/Sätze), für die es „objektive" Kriterien gibt, handelt es sich bei der Einteilung des Films in Sequenzen um ein interpretatives Verfahren.

Der folgende Ausschnitt soll verdeutlichen, wie ein auf die beschriebene Weise strukturiertes „Filmprotokoll" aussieht.

Sequenzen	Zeit	Einstellung	Kamera	Kommentar A	Kommentar B
10. Kinder- arbeit	06'15	79 Ein Junge kommt aus dem Stollen	N	44 Auch Kinder arbei- ten schon in der Mine	60 Die Minengesellschaf- ten lassen sogar Kinder für sich arbeiten
	06'20	80 Gesicht eines kauenden Jungen	G	45 Mir erscheint rätsel- haft, wie sie trotz dauernder Unterer- nährung durchhalten	61 Es scheint niemanden zu kümmern, daß sie ihren Hunger mit Coca- Blättern betäuben und ihre Gesundheit ruinie- ren
	06'22	81 Zerschundene Hän- de nehmen Coca- Blätter aus einem Beutel	G	46 Wie die Erwachsenen überwinden sie ihre Schwächezustände durch Kauen von Coca-Blättern	—
	06'28	82 Gesicht eines kauenden Jungen	G		

Abb.: „Filmprotokoll"

Erläuterungen

Zu Spalte 1: *Sequenzen*

Die Einteilung richtet sich „nach den thematischen Abschnitten des Kommentars und gibt ... die filmisch klar voneinander abgegrenzten Komplexe an" (S. 21).

Zu Spalte 2: *Zeit*

Hier ist jeweils der genaue Zeitpunkt angegeben (Minuten, Sekunden), an dem die nebenstehende Einstellung beginnt.

Zu Spalte 3: *Einstellung*

Eine Einstellung wird definiert als „die ohne Unterbrechung gefilmte Aufnahme, die durch zwei Schnitte begrenzt ist."

Zu Spalte 4: *Kamera*

Hier sind die Größe des jeweils gewählten Bildausschnitts bzw. der Abstand der Kamera vom jeweiligen Gegenstand und die Kamerabewegungen angegeben. Dabei bedeutet — in einer aus didaktischen Gründen relativ groben Klassifizierung —:

G = Großaufnahme

N = Normalaufnahme

Einige andere Kennzeichnungen der Kamerafunktionen, die im übrigen Verlauf des Protokolls vorkommen.

T = Totale

F = Freie Fahrt

S = Schwenk

Zu Spalte 5: *Kommentar A*

Die durchnumerierten Sätze des Originalkommentars sind so angeordnet, daß ihre Zuordnung zu den einzelnen Einstellungen erkennbar wird.

Zu Spalte 6: *Kommentar B*

Hier handelt es sich um einen von Wember u.a. verfaßten Alternativkommentar für 13—15jährige Schüler, der „gezielte kritische Hinweise" geben will, „die in einer verständlichen Form den isolierten bolivianischen Rahmen sprengen sollen" und zugleich als Beispiel dafür dienen könnte, wie die Bilder eines Films durch die Veränderung des Textes einen neuen Sinn bekommen. Durch „offene Fragen" sollen die Schüler zur Problematisierung des Gesehenen und zum Weiterdenken angeregt werden.

Auf der Grundlage des so strukturierten Gesamtprotokolls versucht Wember, mit Hilfe einer Kombination von inhaltsanalytischen und ideologiekritischen Verfahren (Ermittlung von Divergenzen und Konvergenzen zwischen Bild und Sprache; Aufzeigen von zeitlichen und optischen Proportionsverzerrungen etc.) den Nachweis dafür zu erbringen, daß es sich bei dem „Bolivienfilm" eben nicht um „wertfreie" und „objektive" Dokumentation handelt, sondern eher um ein Dokument ideologiebedingter — wenn auch womöglich unbewußter — filmisch objektivierter Wertungen.

Den Kern der Wemberschen Argumentation bildet seine Hypothese, daß die Hersteller des Films ihr Unbehagen und die Ahnung einer potentiellen Mitverantwortung an den bedrückenden sozialen Verhältnissen in Bolivien durch „Verdrängung" und „Rationalisierung" im psychoanalytischen Sinne bewältigt hätten (Wember 1972, S. 19 f.).

Der „Zwang der Fakten", vorgegebene Naturgesetzlichkeiten, das „unverfügbare Schicksal" werden für das unmenschliche Dasein der bolivianischen Bergarbeiter verantwortlich gemacht und nicht etwa politische, gesellschaftliche oder ökonomische Bedingungen; daraus folgt die „tragische" Unveränderbarkeit der Verhältnisse, womit der Betrachter aus der peinlichen Vorstellung entlassen ist, er oder die Gesellschaft, in der er lebt, könnten in irgendeiner Weise mitschuldig sein.

Hervorzuheben ist, daß — laut Wembers zentraler Hypothese — dieser Prozeß der Verdrängung durch Rationalisierung

- den Filmemachern nicht bewußt ist[26];
- nicht ausschließlich individualpsychologisch zu erklären, sondern weitgehend Ergebnis eines gesellschaftlich bedingten Reinwaschungsmechanismus ist (S. 20);
- von den Produzenten über die Objektivation des Films auf die Rezipienten übertragen und von ihnen nachvollzogen wird (S. 15).

Die wichtigste Aufgabe ideologiekritischer Medien-(Film)Analyse sieht Wember darin, mit Hilfe von — zunächst rein werkimmanenten — Decodierungsverfahren auf die den ineinander verwobenen Bildern und Sätzen zugrunde liegenden Selektionsprinzipien zu schließen, d.h. in diesem Fall vor allem danach zu fragen, an welchen — beobachtbaren und möglichst quantitativ belegbaren — filmischen Phänomenen die beschriebenen, unbewußt wirksamen Mechanismen zu erkennen sind.

Wember versucht, den Zusammenhang zwischen seiner über-
geordneten „Verdrängungshypothese" und der Detailanalyse
der Protokollelemente herzustellen, indem er den zur Diskussion stehenden Film nach zwei Aussageschwerpunkten aufglie-
dert:

a) Aussagen über das soziale Elend der Bergarbeiter und ihrer Familien
(unmenschliche Arbeitsbedingungen, Hunger, geringe Lebenserwar-
tung etc.)
b) Aussagen über relativen sozialen Fortschritt (Technisierung, ärztliche
Überwachung etc.) (S. 22).

Mit dieser Zweiteilung ist der entscheidende Schritt zur kritisch-
vergleichenden Analyse getan: Durch Auszählen und Gegen-
überstellen von Filmelementen und -sequenzen, anhand von
Aussagevergleichen unter Berücksichtigung der optischen und
akustischen Ebene sowie Verkoppelungen beider, schließlich
mittels einer semantischen Analyse der Sätze des Kommentars
versucht Wember, weitgehend quantitativ belegte Einseitigkei-
ten, Widersprüche und Proportionsverzerrungen aufzuzeigen,
die seine Kernhypothese stützen sollen[27].

Wember stellt fest, daß Dauer und Darstellungsintensität
der im Film zu den beiden Aussageschwerpunkten gezeigten
Fakten proportional verzerrt sind, vergleicht man sie mit den
tatsächlichen in Bolivien gegebenen Verhältnissen, die der Film
selbst oder das Begleitmaterial benennen.

Beispielsweise gibt es in Bolivien nach den Angaben des
Begleitheftes 3 große, hochtechnisierte Minen, 16 mittlere und
etwa 1 000 kleine Minen, d. h., die großen und mittleren Be-
triebe machen weniger als 2 % aller bolivianischen Bergwerks-
einrichtungen aus; im Film dagegen nimmt die Darstellung dieser „besseren" Minen — wie Wember durch Auszählen feststellt — etwa 40 % der Gesamtvorführdauer ein.

Zwischen Realität und Darstellung besteht hier ein eindeu-
tiges Mißverhältnis, das allerdings beim einmaligen und unkri-
tischen Ansehen des Films niemandem auffällt. Dies hat seine
Ursache vor allem auch darin, daß man an diese „Machart"
gewöhnt ist, da es kaum abweichende Darstellungen gibt. Rea-
litätsverschleiernde Proportionsverzerrungen dieser Art kommen — laut Wember — auch durch die unterschiedlichen Wir-
kungsweisen von Kameraeinstellungen zustande.

Aufgrund einer Analyse der einschlägigen Literatur[28] zur Wirkung von „Großaufnahme" und „Totale" in Dokumentarfilmen faßt er — mit einigen Vorbehalten — zusammen:

— „Die *Großaufnahme* wirk intensiv,
   aber oft suggestiv.
— Die *Totale* wirkt langweilig,
   möglicherweise aber sachlich.
— Die *Großaufnahme* bringt wirkungsvolle Details,
   aber auf Kosten des Zusammenhangs.
— Die *Totale* zeigt klar Zusammenhänge,
   kann sich aber unangenehme Details vom Leib halten" (S. 36).

An der Anzahl des zur Darstellung des einen oder des anderen Aussageschwerpunktes eingesetzten Aufnahmetyps lassen sich Proportionsverzerrungen im oben skizzierten Sinn nachweisen; sie verstärken und bestätigen die bei der Analyse der Vorführdauer entstandene Vermutung, daß die Hersteller des Films die negativen Realitäten Boliviens durch irreführende Gewichtung ihrer dramaturgischen und technischen Mittel verschleiern; das geschieht hier, indem sie die (intensiven, wirkungsvollen) „Großaufnahmen für den Fortschritt" und die (langweiligen, distanzierten) „Totalen für das Elend" verwenden (S. 39).

So wird z.B. die sorgfältige ärztliche Behandlung eines Bergarbeiters in einer der hochtechnisierten Minen sehr ausführlich und mit überwiegendem Einsatz von Großaufnahmen dargestellt: Die entsprechende Sequenz enthält 51 % mehr Großaufnahmen als alle Sequenzen des Films durchschnittlich haben.

Andererseits werden die Bilder der Sequenz über Catavi, die größte Minenstadt Boliviens — einer Sequenz, die dazu beitragen könnte, die katastrophalen sozialen Bedingungen zu verdeutlichen, unter denen die meisten bolivianischen Bergarbeiter leben müssen — überwiegend aus der Totalperspektive gezeigt: Die Sequenz enthält 40 % mehr Totalen als durchschnittlich.

In dieser im umgekehrten Verhältnis zur Realität stehenden Gewichtung filmischer Mittel sieht Wember ein weiteres Indiz für seine Verdrängungshypothese: „An Dinge, die einem sympathisch sind, geht man automatisch näher heran, unangenehme Dinge hält man sich spontan vom Leib" (S. 40).

Besonders eindrucksvoll sind die von Wember angeführten Beispiele für „heterogene Überlagerungen" von Bild und Ton (S. 43 f.); gemeint sind solche Passagen, in denen der Film „zu einem brutalen Text ein milderndes Bild" oder zu einem „schockierenden Bild" einen „beruhigenden oder ablenkenden Text" bringt.

Zum Beispiel nennt der Kommentar zwar den Sachverhalt: „Jedes zweite Kind stirbt im ersten Lebensjahr an Unterernährung". Diese erschütternde Aussage wird aber durch das synchrone Bild entscheidend abgeschwächt und beinahe in ihr Gegenteil verkehrt: Zu sehen ist eine Bergstraße mit Jeep, ein Kind bekommt ein Stück Brot.

Lassen sich bei heutigem Filmmaterial wesentliche Unterschiede zu dem 1966 produzierten Film feststellen? Dieser Frage soll am Beispiel der Fernsehsendung „Mülldeponie-Mechernich" (3. Programm, WDR, 24.10.1985) nachgegangen werden. Dieser Beitrag bietet sich an, weil es sich um einen kritischen Bericht handelt, bei dem das menschliche Elend weniger direkt filmbar war als in dem von Wember zitierten Bolivien-Film. So gibt es in dem Bericht über die Mülldeponie Großaufnahmen nur für die zahlreichen Gesprächssituationen mit Vertretern der Stadtverwaltung etc. Die Totalen sind zugleich Ausdruck von Fortschrittsgläubigkeit (in dem Sinne, daß er nicht aufzuhalten ist), wie auch eine Form der Anklage: Gezeigt werden Lagergruben für Müll, die unzureichend abgedichtet sind und daher eine Bedrohung für das Grundwasser darstellen. Die Phänomene, die gezeigt werden sollen, sind nicht sichtbar, dem Kommentar kommt deshalb eine besonders große Bedeutung zu. Hier nun einige Beobachtungen (so gut dies beim einmaligen Sehen möglich ist):

Kommentar: „Über die Deponie in Mechernich wird inzwischen laut gedacht." (Zunächst handelte es sich um ein inoffizielles Projekt, Müll aus den Großstädten Düsseldorf und Köln in eine Kreismülldeponie zu transportieren, deren Kapazität nur für den Kreis Mechernich ausreicht.) Bild: Der Regierungspräsident von Köln spricht: „Der Bürger produziert den Müll. Wir müssen ihn entsorgen".

Solche Aussagen sprechen für sich, sie werden jedoch durch die rasche Abfolge der folgenden Bilder relativiert. Es werden anschließend Lastwagen auf ihrem Weg zur Mülldeponie gezeigt, die unaufhaltsam rollen.

209

Der Zwang der Fakten, wie Wember es nennt, hält sich auch im Kommentar: „Es *muß* nun ein Containerbahnhof gebaut werden". Und als bestimmendes und nicht zu widerlegendes Argument für die Haltung der Gemeinde Mechernich: „Jeder Lastwagen bringt Geld".

Dem Team wird die Dreherlaubnis für das Innere der Deponie nicht zuteil, da es sich nicht um eine Live-Sendung handelt (auf den Aspekt der trügerischen Glaubwürdigkeit durch Direktschaltung wurde verschiedentlich verwiesen. Der Verantwortliche in diesem Beispiel weist darauf hin, daß heutzutage der „Dialog gefragt" sei, wobei es sich offensichtlich immer nur um einen Scheindialog handeln kann, von dem die Zuschauer ausgeschlossen sind).

Kommentar: „Wir mußten einen Hubschrauber mieten". Bild: Nahaufnahme auf einen sich drehenden Propeller. Es folgen Aufnahmen aus der Vogelperspektive, die den Eindruck vermitteln, als wäre alles zu sehen, bzw. als lägen die Mißstände offen zutage. Zwischen den Interviews sind immer wieder rollende Lastwagen zu sehen. Dann wird eine Versammlung einer Bürgerinitiative in einer bürgerlichen Gaststätte gezeigt. Während über die Gefährlichkeit des Geländes Aussagen gemacht werden, kommt die Wirtin ins Bild und serviert Bier. Die Akustik ist während dieser Szene verändert, da es sich um einen Innenraum handelt. Damit korrespondiert der eher private Ton, das große Engagement und die innere Berührtheit der Sprecher: „Ich wage nicht mir vorzustellen..." „Ich vermag kaum mir vorzustellen, was passiert, wenn das Erdreich nachgibt". Es besteht ein starker Kontrast zwischen den Außenaufnahmen mit der großen Betriebsamkeit und dem ohnmächtigen, kaum hörbaren Widerspruch der Bürgerinitiative. Diesen Kontrast, d.h. die Rücksichtslosigkeit der Verantwortlichen, deutlich zu machen, ist ein Hauptanliegen des Films.

Der Regierungspräsident von Köln zu der Verzögerung aufgrund verschiedener Einwände und Bedenken: „Das Planfeststellungsverfahren kann *ich* einleiten — notfalls über ein Ersatzverfahren". Mit anderen Worten: Über die Nutzung der Mülldeponie wird allen Bedenken zum Trotz entschieden.

Gegen Schluß des Beitrags wird ein Bauer aus der näheren Umgebung der Deponie befragt, der darauf hinweist, daß der „eigene Müll", für den die Deponie zunächst geplant war, bald teuer verkauft werden muß an andere auswärtige Deponien.

Die Kamera zeigt ein altes Fachwerkhaus, vor dem ein alter Mann eine Katze krault, eine Frau Wäsche aufhängt. Der dazu gesprochene Text ist mit dem Glockengeläut der ländlichen Idylle unterlegt.

Es kann nicht die Absicht sein, den Verantwortlichen mangelndes kritisches Interesse vorzuwerfen. Es soll vielmehr klargemacht werden, wie schwer es ist, einen kritischen Beitrag zu produzieren. Dieser Meinung ist auch Wember, wenn er darauf hinweist, daß der Filmregisseur bestimmte Aufnahmen ganz unwillkürlich auswählt und so oft ungewollt eine bestimmte Sicht der Dinge vermittelt. Im Beispiel der Mülldeponie überwiegt der Eindruck von Tragik, wenngleich die Autoren bemüht sind, politische Hintergründe aufzudecken und sachverständige Urteile einzuholen.

Ein weiteres Beispiel für „heterogene Überlagerung" (Wember) ist das folgende:

In den Nachrichten vom 15.10.1985 wurde über den Besuch des Bundespräsidenten in Israel berichtet. Das synchron gezeigte Bild zum Thema Waffenhandel offenbarte ein Konzertpublikum in aufwendiger Abendgarderobe, das applaudierte. Der Kommentar: „Keinen Beifall wird Weizsäcker für die jüngsten Verhandlungen über Waffenlieferungen mit Saudi-Arabien erhalten".

III. (Fall-)Studien zur popular culture

1. Zum Stand der Forschung

Nimmt man die kritischen Analysen der in dieser Arbeit referierten Medientheoretiker ernst, so verweigert sich die Gesamtwirkung der Medien auf ihre Konsumenten der empirischen Einzelanalyse. Wie Möller[29] richtig bemerkt, schlägt die quantitative Dominanz der Massenmedien in eine qualitative um (Möller 1970, S. 13). Er wiederholt damit Adornos frühe Einsicht, daß Medienwirkung die Wirkung des Ganzen, nicht seiner isolierten Teile sei (Adorno 1963). Nur um diese Teile aber vermag empirische Sozialforschung sich zu kümmern. Die quantifizierbaren Einzeldaten sind allerdings eindrucksvoll genug. Einige Beispiele mögen dies belegen.

„Im Durchschnitt nutzt der Bundesbürger die Medien etwa 5 3/4 Std. pro Tag; während etwa 2 1/2 Std. begleiten sie ihn bei irgendeiner Tätigkeit, davon etwa 2 Stunden bei der Arbeit. Die restlichen 3 1/4 Std. beschäftigt er sich ausschließlich mit den Medien, oft — nämlich etwa 1 Std. pro Tag — nutzt er sogar zwei oder mehr Medien gleichzeitig" (Schrape 1986, S. 381). Betrachtet man die drei tagesaktuellen Medien, so liegt die durchschnittliche tägliche Nutzungsdauer pro Kopf der Bevölkerung derzeit für das Fernsehen bei 137 Min., für den Hörfunk bei 153 Min. und für Zeitungen bei 38 Min. (ebd.).

Fragt man — so Ronge 1987 — nach der Nutzung der Massenmedien in der Bevölkerung, und erst recht nach der Prägung des „Alltagslebens" der Bevölkerung durch Massenmedien, „sind natürlich Differenzierungen angebracht, denn selbstverständlich ist der Bevölkerungsdurchschnitt ein gefährliches Datum, das mindestens so viel verbirgt, wie es erhellt" (S. 462). So sei eine Differenzierung in „Viel-" und „Wenignutzer" der Medien vonnöten. In seiner qualitativen, empirischen Untersuchung über „alternatives Kommunikationsverhalten" hat Ronge eine Polarisierung von Verhaltenstypen in „alternative" und „konventionelle" Kommunikation identifiziert, insofern nämlich, „als alternatives Kommunikationsverhalten stark durch personale Kommunikation, konventionelles Kommunikationsverhalten stark durch Mediennutzung geprägt wird" (S. 476). Absicht der empirischen Untersuchung von Ronge ist der Nachweis, „daß die Medien das Alltagsleben nicht etwa durch und durch beherrschen" (ebd.).

Wenn man den seit Beginn der achtziger Jahre zunehmenden kulturpessimistischen Studien Glauben schenken soll, so sind insbesondere Kinder und Jugendliche durch die totale Präsenz des Fernsehens gefährdet (vgl. Postman 1983). „Amerikanische Kinder und Jugendliche wenden für keine Beschäftigung, vom Schlafen abgesehen, mehr Zeit auf als für das Fernsehen" (Postman 1985, S. 181).

Und in der BRD? Läßt sich hier ein ähnliches Fazit ziehen? J. Zinnecker ist in der im Auftrag des Jugendwerks der Deutschen Shell durchgeführten Studie „Jugendliche und Erwachsene 85" der Frage nach der Lesekultur und dem Medienkonsum im Jugendalter 1954–1984 nachgegangen. Seine Ergebnisse (Zinnecker 1985, S. 189–209) basieren vorwiegend auf der Auswertung von Umfragestudien, nur am Rande auf der von ihm mitverantworteten Shell-Jugendstudie.

Für unsere Fragestellung sind die folgenden Aussagen von Zinnecker bedeutsam: „Ein Ende der Lesekultur läßt sich, was die Bundesrepublik Deutschland angeht, gegenwärtig bei Jüngeren nicht konstatieren... Trotz einer erheblichen Ausdifferenzierung des Medienangebotes und der Konkurrenz von Bild- und Tonmedien (Fernsehen, Video, Tonkassetten) ist der Anteil der Jugendlichen, die viel und/oder gern lesen, annähernd gleich geblieben. Das historische Massenmedium Buch/Zeitschrift wurde durch die neu entwickelten Medien nicht verdrängt, wie Kulturkritiker gelegentlich unterstellen. Mit den Mitteln der Umfrageforschung läßt sich eine andere Entwicklungsrichtung bestimmen. Die Ausweitung der Palette der Medienangebote führte individuell, also beim einzelnen Jugendlichen, zu einer Erweiterung der Skala rezipierter Medien. Tonkassetten, Fernsehen und Video kommen ergänzend zum Lesen hinzu. Auf das gesamte Zeitbudget der Freizeit bezogen, ist die Freizeit der Jugendlichen der 80er Jahre mehr durch Medienkonsum bestimmt als in den Jahrzehnten davor. Nur handelt es sich hierbei nicht um die einsinnige Zunahme der audiovisuellen Medien — der zeitliche Anteil des Fernsehkonsums von Jugendlichen ist im letzten Jahrzehnt (1974–1980) sogar leicht rückläufig und liegt zudem unter den Zeiten, die Erwachsene und Ältere vor dem Gerät zubringen... Den größten Bedeutungsgewinn können die auditiven Medien bei Jugendlichen verbuchen. Charakteristikum für diese Lebensphase sind Ende der 70er/ Anfang der 80er Jahre Tonkassetten, Schallplatten und Radio. Die Hörmedien sind als Lieferanten generationsspezifischer Musik fest in den Lebensrhythmus der Jüngeren eingebaut; darüber hinaus fungiert der Rundfunk als Hauptübermittler von Nachrichten für die Altersgruppe" (Zinnecker 1985, S. 189/190). Weitere wichtige Daten sind:

– Bücher (inklusive Schulbücher) erreichen mit 80 Prozent ebenso wie das Fernsehen täglich die 6- bis 17jährigen (S. 198).

– Jugendliche zwischen 14 und 19 Jahren verwenden 11 Prozent ihrer gesamten freien Zeit an Werktagen für *Bücherlesen*. In der durchschnittlichen Bevölkerung sind dies 5 Prozent (S. 200).

– Im Gegensatz zu den Jugendlichen ist das Medium Fernsehen bei den 6- bis 9jährigen im Hinblick auf die Reichweite konkurrenzlos (S. 198).

– „14–19jährige verfügen über das größte Freizeitbudget aller Altersgruppen, der Anteil der für die Mediennutzung aufgewendeten Zeit fällt jedoch geringer als bei Erwachsenen aus. So sieht ein 14–19jähriger im Tagesschnitt *75 Minuten*, ein durchschnittlicher Erwachsener aber *114 Minuten* pro Werktag" fern (S. 200).

– „Das Massenmedium der jungen Generation ist der Hörfunk, am ausgeprägtesten ist diese Stellung des Hörfunks in der Gruppe der 20–29jährigen" (ebd.).

Festzuhalten ist, daß die kulturkritische Vorstellung einer besonders fernseh- bzw. medienabhängigen und -gefährdeten Jugend nicht tragfähig ist. Ebenfalls in Frage zu stellen ist Postmans (1985) These von der „Beschädigung des Geistes" unserer Kultur durch die totale Präsenz des Fernsehens, oder anders ausgedrückt: Die amerikanische Medienszene läßt sich (noch) nicht auf die Bundesrepublik Deutschland übertragen. Zu prüfen ist ebenfalls die von Postman und ansatzweise von einigen Autoren hier vorgetragene These, wonach Bildmedien – insbesondere das Fernsehen – Kommunikation monopolisieren und Schreib- sowie Lesekultur verdrängen. Zinnecker hat diese Monopolisierungsthese *empirisch* und (sozialisations-)

theoretisch widerlegt (S. 208/9). „Richtig ist das Ausdifferenzierungsmodell: Bildmedien führen zu einer Erweiterung und Neubewertung der Schreib- und Lesekultur... Elektronisch rationalisierte Kommunikation setzt Schreibkultur für Zwecke der Subjektivität frei" (S. 208).

Empirische Untersuchungen, die sich konzeptionell und methodologisch der Kritischen Theorie verpflichtet fühlen, spielen in der Kommunikations- und Fernsehforschung erst seit Beginn der siebziger Jahre eine „bescheidene" Rolle.

„Einhergehend mit einer steigenden Zeitungs- und Zeitschriftenproduktion, mit der Relevanz des Hörfunks und der Verbreitung des Fernsehens waren Leser-, Hörer- und Zuschaueranalysen erforderlich und nachgefragt. Aber nicht die Lazarsfeld, Lewin, Adorno, Horkheimer, Löwenthal oder Marcuse mitsamt ihrer sozialwissenschaftlichen Methoden wurden richtungsweisend, sondern jene positivistischen und demoskopischen Ansätze der Umfrageforschung, die in den USA seit den zwanziger Jahren gang und gäbe waren und die u.a. mit der Entnazifizierungskampagne ihren Weg in die westlichen Besatzungszonen fanden. Medienkommunikation wurde mit theoretischen Konzepten der Verhaltensänderungen, des Einflusses, des Einstellungswechsels oder der Überredung angegangen; Begriffe wie Masse, Wirkung und Funktion machten die Runde und prägten die Beschreibungen; Methoden mit hohem Herstellungsanteil (z.B. Experimente) waren favorisiert und die Forschungsgegenstände ergaben sich aus (medien-)politischen oder kommerziellen Notwendigkeiten... Erst Ende der sechziger Jahre wurden in der Bundesrepublik Bezüge zur kritischen Sozialforschung, Phänomenologie, Wissenssoziologie, Gestaltpsychologie oder Psychoanalyse und ihren Methoden deutlicher sichtbar, deren kritische Aneignung Naziterror und Krieg verhindert und unmöglich gemacht hatten (Rogge 1986, S. 97).

Einige Beispiele mögen diese Bezüge belegen.

U. Oevermann hat anläßlich des ersten Symposiums über das wissenschaftliche Werk Adornos am 9. und 10. September 1983 in der Universität Frankfurt einen viel beachteten Vortrag über „Die Bedeutung von Adornos methodologischem Selbstverständnis für die Begründung einer materialen soziologischen Strukturanalyse" gehalten. In Form einer „einzelrekonstruktiven" Analyse der „Fernsehkommunikation in der BRD" identifiziert Oevermann die Strukturlogik der „Verblendung" und „Entfremdung" an Hand der „Begrüßungsäußerung zu Beginn der Abendansage im ersten Fernsehprogramm". Er bestätigt mit seiner Rekonstruktion den im Zentrum von Adornos These von der Kulturindustrie diagnostizierten „Typ entfremdender und verblendender Massenkommunikation" (Oevermann 1983, S. 252)[30].

Als Quintessenz seiner Analyse stellt Oevermann fest: „Damit hat sich die Fernsehkommunikation … strukturell als monologische Destruktion von Sozialität mit den Folgen von Entfremdung, Verblendung und Entmündigung erwiesen, sowohl im Hinblick auf die Einrichtung der einbettenden und rahmenden Interaktion zwischen Fernsehen als Anstalt oder Institution und Fernsehpublikum, die durch Zerstörung der Reziprozität gekennzeichnet ist, als auch im Hinblick auf eine der individuellen Autonomie entsprechende sachbestimmte Auseinandersetzung mit der Realität der Außenwelt in ihrer Eigengesetzlichkeit, der durch Selbstinszenierung des Fernsehens von vornherein der Boden entzogen wurde" (S. 266). Oevermanns bisherige Analysen der Anfänge inhaltlich verschiedener, heterogener Sendungen weisen ebenfalls in diese Richtung der Strukturgesetzlichkeit von Entfremdung und Entmündigung. „Jenseits der heterogenen Inhalte von Fernsehsendungen reproduzieren sie auf der Ebene der Strukturiertheit ihres Handlungsprotokolls erstaunlich einheitlich jenen in der Abendansage gewissermaßen vor die Klammer gezogenen, die Sendungen insgesamt einbettenden allgemeinen Typus der Entmündigung, Bevormundung und ungefragten Vergemeinschaftung, des Mißbrauchs des Zuschauers als Staffage des Fernsehens als Selbstinszenierung. Es kommt ausdruckslogisch als typisches Gestaltungsmittel bei Dokumentarspielen, nachgestellten Alltagsszenen von aufklärerisch intendierten Lebensberatungs-Sendungen, Kinderserien, Familienserien, Fernsehspielen und dergleichen hinzu, daß die konstruierten Einzelfiguren nicht als authentische, in sich stimmige *Ausdrucksgestalten* geschaffen, also rekonstruiert sind, sondern subsumtionslogisch als Behälter von jeweils zu vermittelnden *Aussagen* gewissermaßen wie Sprechblasen von Erkenntnissen aus Sozialkundebüchern und einer dem pseudokritischen Habitus von Fernseh-Machern affinen Sozialwissenschaft durch die Handlung stelzen. Diese Figuren sind von vornherein als bloßes Transportmittel für vorgefaßte Inhalte *comic-*

strip-artig eingesetzt und nicht offen gestaltet. Auch in dieser Hinsicht reproduziert also das Fernsehen Scheinlebendigkeit und erzeugt das Gegenteil von lebendiger Erfahrung: subsumtionslogische Affirmation" (Oevermann 1983, S. 267). Bei der Auslegung des Protokolls der Fernsehkommunikation dränge sich zunehmend das „Absurde" und „Groteske der Sache" auf und nach der Analyse rufe die Vorführung des Video-Protokolls nur noch „stürmische Erheiterung" hervor. Ebenso ergehe es einem regelmäßig, wenn man die *Bedeutungsstruktur* der Sendungen selbst rekonstruiert. „Ein kurzes Beispiel dafür: In einer renommierten Kinder-Sendung wird im Zusammenhang des Themas: Berufstätigkeit von Müttern, gezeigt, wie ein ca. zehnjähriges Mädchen seiner Mutter, die sich in Geldsorgen wegen der Finanzierung eines Hauses befindet, durch Sparen von Taschengeld und Gelegenheitsentlohnungen beispringen will. Indem es sich der auf dem Sofa ruhenden Mutter nähert, schüttelt es auf dem Tisch eine Spardose in Gestalt eines Schwarzwaldhäuschens aus und verkündet sogleich, ohne auch nur hinzuschauen: „Das sind 19,20 DM". Was da gezeigt wird, ist schlicht falsch, ein Retorten-Produkt, es könnte weder in der naturwüchsigen regelgeleiteten sozialen Realität noch in gelungenen Kunstwerken oder Ausdrucksgestalten so vorkommen. Entweder hat das Kind wirklich mit Hilfe der Spardose gespart, dann muß es den ausgeschütteten Betrag erst zählen, zumal bei einer so präzisen Mengenangabe, oder aber es hat beim Sparen ohnehin schon immer eine Liste der angesparten Beiträge geführt, weiß also das Ergebnis schon, dann wäre die Benutzung einer Spardose als bloßer Aufbewahrungsort absurd. Es geht nur eines von beiden, beides zugleich ist ein schlechter Widerspruch. Man kann sich leicht vorstellen, wie Fehler dieser Art in solchen Sendungen zustande kommen: Hätte das Kind im Film abgezählt, hätte das zuviel Zeit verbraucht, hätte es nur das Geld abgezählt auf den Tisch gelegt, wäre die Sparleistung nicht so schön anschaulich geworden, wie es sich der Regisseur vorstellte. Da es aber nicht primär auf authentische Gestaltung, sondern die Übermittlung von kritischen Botschaften im Fernsehen ankommt, wird unbedenklich eine fehlerhafte Verdichtung in Kauf genommen, vielleicht noch nicht einmal bemerkt. Solche Fehler sind keine Ausnahmen, man stößt auf sie auf Schritt und Tritt. Sie wirken nur noch komisch, wenn man den Film-Ausschnitt nach der Analyse sich anschaut. Zugespitzt könnte man also sagen: Das einzig Gültige an der Struktur von Fernsehsendungen besteht darin, daß sie strukturell der gültige Ausdruck des Mißlingens sind" (Oevermann 1983, S. 281).

Zur Analyse der „Wirkungen" des Fernsehens auf den Zuschauer empfiehlt Adorno „weitschichtige" qualitative Forschungen:

„Worin die Reaktionen der Betrachter aufs gegenwärtige Fernsehen bestehen, ließe sich bündig nur durch weitschichtige Forschungen ausmachen. Da das Material aufs Unbewußte spekuliert, hülfe direkte Befragung nicht. Vorbewußte oder unbewußte Wirkungen entziehen sich der unmittelbaren sprachlichen Kundgabe durch die Befragten. Diese werden entweder Rationalisierungen oder abstrakte Aussagen vorbringen wie die, daß der Fernsehapparat sie ‚unterhalte'. Was sich eigentlich in ihnen ereignet, könnte nur umständlich ermittelt werden; (etwa indem man Fernsehbilder ohne Worte als projektive Tests verwendet und die Assoziationen der Versuchspersonen studiert. Volle Einsicht wäre wohl erst durch zahlreiche psychoanalytisch orientierte Individualstudien an Gewohnheitsfernsehern zu gewinnen") (*Prolog*, S. 75/76).

Eine weitgehend im Sinne Adornos konzipierte Pilot-Studie hat H. Herzog (1986) mit „Dallas in Deutschland" vorgelegt. Die Wahrnehmung der Serie durch die befragten deutschen Zuschauer wurde in drei Schritten erfaßt:

„Einer ersten kurzen Beschreibung dessen, worum es geht, folgte die spontane Nennung und Beschreibung der Personen und Episoden der jeweiligen Serie, an die sich der Befragte erinnerte. Es folgten Fragen nach der Botschaft der Serie, nach der erwarteten weiteren Entwicklung der Geschichte und schließlich nach der Bedeutung der Serie für den Befragten, d.h. nach Anknüpfungspunkten an sein eigenes Leben. Zusätzliche Fragen danach, inwiefern die Serie den Vorstellungen von Amerika entspricht und ob die Geschichte auch in Deutschland spielen könnte, sollen Aufschluß darüber geben, als wie realistisch die Serie erlebt wird. Zur Erhärtung der Interpretation der Antworten, besonders der auf die persönliche Situation bezogenen, wurde am Ende der Befragung ein non-verbaler projektiver Test vorgegeben, der einen Einblick in relevante Aspekte der Persönlichkeitsstruktur des Befragten und damit auch seiner weniger bewußten Tendenzen ermöglichen sollte" (Herzog 1986, S. 352).

Herzog hat im Kontext der Auswertung der Antworten der befragten Zuschauer festgestellt, daß die Interpretation einer solchen Serie ein „vielschichtiger Prozeß zwischen Bildschirm-Geschehen und Zuschauer" ist.

„Idiosynkratische Elemente der Wahrnehmung des Zuschauers verbinden sich mit Tendenzen, die durch seine Stellung in der Gesellschaft bestimmt werden (zum Beispiel seine demographische Zugehörigkeit), wie auch mit ‚Inter-Text'-Erfahrungen mit ähnlichen Versionen des gleichen Genres. Die Tatsache, daß auch das soziale Umfeld — die Menschen, mit denen man über Dallas spricht — und die Situation des Zuschauers im Tagesablauf die Interpretation bestimmen, wird eher die Wahrnehmung einzelner Folgen und deren Episoden beeinflussen als die Wahrnehmung der Serie insgesamt" (S. 353).

2. Zum Typus der soap opera

Die ökonomische Krise der industriekapitalistischen Länder als Folge der Nahostkrise der 70er Jahre und die darauffolgende Weltrezession haben — so Uhde 1984 — wieder einmal eine Funktion der Massenunterhaltung bestätigt:

„Ähnlich wie in der Zeit der wirtschaftlichen Krise der 30er Jahre sucht der Durchschnittszuschauer im illusionären Reichtum ein Mittel, das ihm seine eigenen Sorgen wenigstens kurzfristig zu vergessen hilft, eine ... Scheinbefriedigung, nach der wieder der graue Alltag mit denselben Problemen folgen wird" (S. 134).

Die Kulturindustrie (Popmusik, Fernsehen, Film, Trivialliteratur, Comics und Schlager) präsentiert in einer Epoche zunehmender „Armut" (Arbeitslosigkeit) den „beschädigten" Individuen mit ihren auf den Massengeschmack ausgerichteten Produkten Entlastung und Ablenkung. Ihre Leistungen sind Angebote zu Amüsement und Entspannung, Projektion und Identifikation. Der internationale Erfolg der „soap operas" („soaps" bzw. „prime-time soaps") wie *Dallas* und *Dynasty* (*Denver Clan*) — *Dallas* wurde schon zwei Jahre nach seiner Uraufführung in den USA in 57 Ländern gezeigt, mit einem Publikum, das auf 300 Millionen geschätzt wurde (Uhde 1986, S. 134) — beruht auf diesen Leistungen bzw. Effekten, die im folgenden näher analysiert werden sollen.

2.1. *Dallas* und *Denver Clan*

Die in intellektuellen Kreisen zuweilen als „schlimme" Beispiele „amerikanischen Kulturimperialismus" stigmatisierten Serien Dallas und Denver-Clan wurden populär in Staaten mit verschiedenen politischen Regimen, Zivilisationen und großen kulturellen und ethnischen Unterschieden: in Großbritannien, Deutschland, Südafrika, Hong-Kong, Türkei, Australien, Naher Osten u.a. (Uhde 1984, S. 134). In der BRD wurde *Dallas* erstmals am 30. Juni 1981 in der ARD (mit einer Beteiligung von 40% der Fernsehhaushalte), *Denver-Clan* am 24. April 1983 im ZDF ausgestrahlt. Empirische Forschungen und theoretische Untersuchungen zu diesen „soap operas" folgten unmittelbar: so die empirischen Studien von Herzog (1986) und

Schenk/Rössler (1987), die theoretisch-systematisierenden Analysen von Fuchs (1984), Stocker (1984), Uhde (1984), Mikos/Moeller (1985 a, b), um nur einige Beispiele zu nennen. Während die quantitativ ausgerichtete Studie von Schenk/Rössler das Profil von *Dallas* und *Schwarzwald-Klinik* durch eine vergleichende Analyse herausarbeitet, in der Beurteilung von *Dallas* zu den von den genannten Untersuchungen abweichenden, allerdings recht „banalen" Erkenntnissen gelangt, analysiert Herzog in ihrer qualitativen Pilot-Studie die Reaktionen von bundesdeutschen und amerikanischen Zuschauern auf *Dallas*. Darüber hinaus kontrastiert sie *Dallas* mit *Denver-Clan* auf der Basis der von ihr untersuchten bundesdeutschen Interviewpersonen. Die Studie beeindruckt durch ihre methodische Ausrichtung und detaillierten Erkenntnisse.

Die theoretisch-systematisierenden Untersuchungen von Uhde und Mikos/Moeller thematisieren Faszination und Vermarktung von *Dallas*, während Fuchs und Stocker die sozialisatorischen Wirkungen von *Dallas* im Vergleich mit dem *Denver-Clan* beschreiben.

Dallas erlaubt − so Herzog (1986) − eine „offene Lesung". Seine Struktur als Fortsetzungsgeschichte ohne voraussehbaren Schluß, verbunden mit einer Vielzahl von Personen, Beziehungen und Ereignissen innerhalb der einzelnen Folgen, bedeute, daß verschiedene Zuschauer Unterschiedliches heraus- und hineinlesen können. Die Vielfalt der möglichen Interpretationen dürfte auch für die jahrelange Popularität bei sehr unterschiedlichen Zuschauergruppen verantwortlich sein (S. 352/3).

Dallas sei eine Fernsehsendung, die „man nicht alle Tage sieht", kein Krimi, aber auch „ohne das ewige Happy End", so der Tenor bundesdeutscher Zuschauer. Diese „soap opera" erfordere „kein Nachdenken", man könne „sich abreagieren". *Dallas* sei „gekonnte Massenkultur" (S. 358), für die Zuschauer gelte, daß sie sich nicht „zu Tode langweilen". Sie werden konfrontiert mit „Liebe und Haß, psychischen und physischen Krankheiten, Machtkämpfen, Schicksalsschlägen und Katastrophen. Das Angebot ist breit gefächert. Dallas bietet Probleme jeder Spielart, und diese Probleme kennt jeder" (Mikos/Moeller 1985a, S. 59).

Die *Dallas*-Mythologie reflektiert − so Uhde 1984 − „kollektive Vorstellungen, Wünsche und Phantasien des Massenzuschauers sowie manche Ideen des ökonomischen Establishments der USA" (S. 132).

Dallas und auch *Denver-Clan* können als Zeichen und Signale einer „besser situierten" Welt gesehen werden, die zwar nicht „heiler" als die der Zuschauer, aber doch „besser" sei (Stocker 1984, S. 144).

Das „Geheimnis" von *Dallas* liegt darin, daß diese Serie „einerseits für einen großen Teil des Publikums Identifikationsangebote" bietet, andererseits gewährleistet, daß jeder, „indem er sich nicht mit Personen, sondern mit Rollen identifiziert", sich in „fast jede Situation hineinversetzen" kann. „So haben die Zuschauer Gelegenheit, lebensgeschichtliche Erfahrungen, die für sie emotional bedeutsam sind, bei der Rezeption von *Dallas* zu wiederholen" (Mikos/Moeller 1985a, S. 60). Stocker (1984) spricht von einem „Schwebezustand", in dem sich der Betrachter befindet, „hin- und hergerissen zwischen Identifikation und Distanz" (S. 144). Das Publikum ist emotional angesprochen und psychisch bewegt.

Es „kann seine Gefühlswelt ausagieren − in der Phantasie. Es liebt, leidet und intrigiert mit. Oftmals kann dies zu allerlei Erkenntnissen über das eigene Leben führen. Wie sonst sind Zuschauerreaktionen zu erklären wie „So hätte ich mich aber nicht verhalten!" (Mikos/Moeller 1985a, S. 60).

Daß dies insbesondere bei *Dallas* so einfach möglich sei, führen Mikos/Moeller darauf zurück, daß hier Menschen authentisch, „in sich brüchig und durchaus auch widersprüchlich" auftreten. Es handelt sich um „Persönlichkeiten, deren Handeln in ihrer eigenen Lebensgeschichte begründet ist. Diese Lebensgeschichte ist dem (regelmäßigen) Zuschauer bekannt, ein gutes nachbarschaftliches Verhältnis hat sich eingestellt" (ebd.).

Die „Helden" sind zwar „angesiedelt in der gehobenen Mittelklasse des Jet-Set, aber es ergeht ihnen gar nicht so übermenschlich gut, sondern recht irdisch, schlecht-und-recht. Viel Erfolg ... gibt es da, aber auch viele Rückschläge" (Stocker 1984, S. 144). Herzog (1986) hat in ihrer Studie als Funktionen von *Dallas* Entlastung, Tagträumen, Flucht aus dem Alltag identifiziert. Für Menschen, die „Schwierigkeiten mit der Kontrolle von unerfüllbaren oder destruktiven Wünschen haben, bietet *Dallas* mit der Vielfalt der Konflikte und der damit verbundenen Emotionen die Chance, sich einmal selbst gehen zu lassen" (S. 357). Die Funktion des Tagträumens teile *Dallas* mit der Unterhaltungskultur schlechthin.

„Es macht Spaß, den Alltag über der luxuriösen Welt der ‚Ewings' zu vergessen. Gern sieht man die schönen Frauen, ihre Kleider und Aufmachung, die luxuriösen Wohnungen, den opulenten Lebensstil". Darüber hinaus versetzen sich die Zuschauer selbst in diese Situation. Man „könnte über die Felder reiten, ein schnelles Auto fahren und fliegen", oder es heißt einfach: „Ich denke, wie es wäre, wenn ich ihr Geld und ihren Erfolg hätte" (S. 357).

„Die Flucht aus dem Alltag mit Hilfe der Ewings" habe eine positive Note: „Denn die ‚Ewings' haben trotz ihres Reichtums viele Probleme, sie sind nicht glücklich, sie leben nicht in einer ‚heilen Welt'. Im Vergleich, meint der Zuschauer, sei der eigene Alltag gar nicht so schlecht, man sehe ja, daß Geld allein auch nicht glücklich mache.

Das gesellschaftskritische Argument, daß die Flucht aus dem Alltag, die die Resignation beheben soll, letztlich erst recht zur Resignation führt, wird zumindest im Falle der *Dallas*-Zuschauer durch die besondere Situation der ‚Ewings' umgangen. Die Traumfahrt mit den ‚Ewings' bringt kein böses Erwachen, denn sie enthält die Rückfahrkarte in einen Alltag, der durch den Vergleich nicht verloren hat" (S. 358).

Eine „Lehre" vermittelt *Dallas*: „Geld allein macht nicht glücklich". Dies ist — so Herzog — eine Bestätigung geltender bürgerlicher Vorstellungen (S. 358). Stocker (1984) betont besonders die „Lebenshilfe-Funktion" von *Dallas*. Diese werde erfahren als Genugtuung, daß auch „in besseren Familien", dort, „wo man es eigentlich nicht vermuten möchte, weil das Geld doch in allen Lebenslagen Schützenhilfe leistet" (S. 148), es „drunter und drüber gehen kann".

Eine zentrale Frage in den zitierten Untersuchungen ist: „Erleben die Zuschauer ein Programm wie *Dallas* als Geschichte oder als Abbild der Wirklichkeit"? (Herzog 1986, S. 361). Diese Frage sei für die Beurteilung möglicher Wirkungen entscheidend. Als Ergebnis ihrer Studie konstatiert Herzog, daß keine der beiden Alternativen *eindeutig* zutreffe. *Dallas* sei für die Mehrzahl der befragten deutschen Zuschauer sowohl eine Geschichte als auch eine Aussage über Amerika, wobei der Anteil des Fiktiven für die jüngeren Befragten höher als für die älteren zu sein scheint. Festgehalten werden kann der Gegensatz „zwischen dem Realismus des Milieus und der Fiktion, was das Familienleben betrifft" (S. 361).

Dallas könne auch in Deutschland spielen, nur der Rahmen sei typisch amerikanisch. Das unrealistische Element des Familienlebens wird auch von Uhde (1984) betont. Die traditionsbildenden Werte wie die Familie würden in *Dallas* so herausgehoben, daß sie zu einer unrealistischen Situation führen: „Die Großfamilie, um welche sich die Serie dreht, ist heutzutage in Nordamerika eine Anomalie; wenn sie doch existiert, dann vor allem bei ethnischen Minderheiten wie bei den Schwarzen, und auch dort vorwiegend bei sozial schwachen Schichten" (S. 134).

Die amerikanischen Zuschauer, die in der Regel große Erfahrung mit dem Genre „soap-opera" haben, erleben *Dallas* „konsequenter als Geschichte, als Fiktion" (Herzog 1986, S. 363).

Die emotionale Bedeutung, die *Dallas* für die bundesdeutschen Zuschauer erhalte, werde durch die „Verschmelzung von Fiktion und Realität noch verstärkt. Unterstützt wird dieser Effekt durch einen Medienverbund aus Regenbogenpresse und Verlagen sowie der Marketing-Strategie der Lorimar-Productions, die in trauter Gemeinsamkeit bemüht sind, die ‚Ewings' in unser aller Leben zu befördern" (Mikos/Moeller 1985a, S. 60). Als Quintessenz ihrer Einschätzung der Sozialisationswirkung dieses Produkts der „popular culture" vermuten Mikos/Moeller:

„*Dallas* wird ... zu einer Art Realität für das Publikum. Es ist weder nur Massenprodukt noch nur (psychische) Realität der Zuschauer, sondern liegt irgendwo dazwischen, als eine Art Fernsehrealität, die Einfluß auf das Leben der Zuschauer nimmt. In der klischeehaften Konzentration auf emotionale Effekte erscheint es dem Publikum vielleicht genau so wirklich wie das Leben. Und Wirklichkeit läßt sich nicht abschalten. *Dallas* lebt weiter wie sein Publikum" (S. 60).

Im Vergleich zum *Denver-Clan* wird *Dallas* als realistischer bezeichnet und auch mehr „Qualität" bescheinigt (Herzog 1986, Fuchs 1984), „weil im großen und ganzen die Figuren eine gewisse Glaubwürdigkeit haben und die Handlung mit einem Hauch von Realität umgeben ist" (Fuchs 1984, S. 138). „*Dallas* bietet dem deutschen Zuschauer realistische Informationen über das dargestellte Milieu, während *Denver Clan* eine Geschichte im maßlosen Luxus der Superreichen mit ebenso maßlosen Verwicklungen ist" (Herzog 1986, S. 365). Echte Projektionen seien seltener als bei *Dallas*. Die Möglichkeit zum „Tagträumen" biete auch *Denver Clan*, das als spannendere Unterhaltungsserie betrachtet werde, weil in der Regel unerwartete Ereignisse eintreten und die Einfälle extremer seien.

Die „Botschaft" bzw. „Lehre" von *Denver Clan* übertrifft die von *Dallas*. „Hier gilt nicht nur die Lehre von *Dallas*, daß Reichtum allein nicht glücklich macht. *Denver Clan* bestätigt zusätzlich in starkem Maße verbreitete und nicht gerade beruhigende Anschauungen wie ‚Geld regiert die Welt', ‚Wer das Geld hat, hat die Macht' oder ‚Wer genug Geld hat, kann sich alles und jeden kaufen'" (Herzog 1986, S. 365).

2.2. Das Erbe der Guldenburgs

Das Grundraster, dem die Serie folgt, hat eine gewisse Ähnlichkeit mit den amerikanischen Produktionen *Dallas* und *Denver*. Allerdings besitzt diese Serie noch nicht den Endloscharakter der amerikanischen Vorbilder. Während diese auf lange Produktionszeiträume mit Staffeln von ungefähr 30 Folgen pro Jahr eingerichtet sind, sieht sich die für die Guldenburgserie verantwortliche deutsche Fernsehanstalt vorerst nicht in der Lage, die Dreharbeiten fortzusetzen. Das läßt den Schluß zu, daß zwar am Ende der Serie an den Einbau von Anknüpfungspunkten für eine zukünftige Produktion gedacht wurde, insgesamt jedoch die gesamte Staffel als geschlossene Einheit gesehen werden muß.

Obwohl dadurch bei dieser deutschen Produktion noch nicht die Abnutzungserscheinungen der Drehbucheinfälle wie bei den amerikanischen Endlos-Serien auftraten, sind ähnliche „Schwächen" im Ideenmuster — möglicherweise gerade aufgrund der Orientierung am *Dallas*- und *Denver*-Vorbild — beobachtbar. Analogien zur *Dallas*-Serie weist das Personenschema sowie der Ort auf, an dem die Handlung stattfindet: eine alte Dame mit zwei Söhnen; ein großes Anwesen außerhalb von Ballungsgebieten mit Gutsbetrieb und Pferdezucht.

Die vornehme Innenausstattung des Gebäudes sowie die aufwendigen Kostümkreationen ähneln *Denver*.

Bei der Gestaltung des Vorspannes zur *Guldenburg*-Serie ist die Anlehnung an das amerikanische Vorbild besonders deutlich erkennbar: Luftaufnahmen – mit Zoomeffekt gefilmt – finden sich hier ebenso wie bei *Dallas* und *Denver*, und die Kennmelodie ist im gleichen Stil wie jene der *Denver*-Serie komponiert worden.

Auch die in der Spielhandlung verarbeiteten Themenschwerpunkte sind bei der deutschen Serie keineswegs neu: Liebe, Haß, Neid, geschäftlicher Mißerfolg sowie Streben nach unermeßlichem Vermögen.

Die Methoden, welche die Figuren der Serie zur Erreichung ihrer Handlungsziele anwenden, wirken – ähnlich wie beim *Denver Clan* – rigoros, aber zugleich unrealistisch. Dem Zuschauer wird suggeriert, es könne jemand, der durch Spielleidenschaft sein Vermögen verloren hat, dieses ohne größere Probleme durch neuerliches Spielen wieder zurückgewinnen.

Ein weiteres Beispiel für irreale Situationen ist die Inszenierung der durch Intrigen hervorgerufenen Vermögensverschiebung von der als sympathisch dargestellten Partei (= *Guldenburg*) zu der unsympathischen Partei (= *Balbeck*). Dabei soll die Glaubhaftigkeit dieser Aktion auch noch durch Wiederholung der gleichen Machenschaften – diesmal allerdings in umgekehrter Richtung – von „Böse" nach „Gut" – untermauert werden.

Wenig echt wirkt auch die im Verlauf der Serie immer wieder dargestellte Benutzung eines Hubschraubers als Auto-Ersatz. Da die „Einsätze" im vorliegenden Fall lediglich der Teilnahme einer Privatperson an einer Gartenparty oder dem Besuch eines Stadtcafés dienen, kommen sie als Gründe für die Erteilung einer Ausnahme-Genehmigung kaum in Betracht. Auch hier wird also eine unecht wirkende Szenerie zugunsten eines spektakulären Show-Effektes in Kauf genommen. Bis der Zuschauer die Hubschrauber-Manöver „verarbeiten" kann, hat er die Banalität des dargebotenen Dialoges aus der vorigen Szenen-Einstellung ohnehin wieder vergessen.

Hier bestätigen sich die Thesen von Anders, daß der Zuschauer der Erfahrung und der Fähigkeit zur Stellungnahme beraubt wird, sowie der Fähigkeit, Realität und Schein zu unterscheiden. Dem Fernseh-Konsumenten bleibt wegen der fortlaufend einwirkenden Sinneseindrücke keine Gelegenheit, sich mit dem Gesehenen auseinanderzusetzen. Unrealistische Darstellungen werden eingebettet in einen der Wirklichkeit in etwa entsprechenden Gesamtzusammenhang, so daß sie zwar zunächst verschleiert werden, in der Folge aber eine Vermischung von Realität und Schein bewirken, welche sich in der Alltagswelt des Zuschauers fortsetzt. Zudem verdrängt die Bildinformation immer mehr die verbale Erklärung, die für den Zuschauer eine Hilfestellung zur geistigen Verarbeitung der Information wäre. Postman (1985) sieht in diesem Effekt sogar eine eindeutige Tendenz: „Die neuen Bildformen traten nicht als bloße Ergänzung von Sprache auf, sie waren vielmehr bestrebt, die Sprache als unser wichtigstes Instrument zur Deutung, zum Begreifen und Prüfen der Realität zu ersetzen" (S. 95).

Die Sprachlosigkeit erfüllt im Laufe der Serie *Das Erbe der Guldenburgs* nicht nur den Zweck, der Bildinformation einen möglichst unreflektierbaren Zugang zum Zuschauer zu verschaffen, sondern auch, die Dramatik des Geschehens mit Hilfe von Mißverständnissen zwischen den agierenden Personen zu steigern. Wohl werden im Text der Schauspieler einige wortreiche Deklamationen eingebaut, diese liefern jedoch wenig Informationen. Es geschieht eher, daß sich die Schauspieler im Verlauf des Handlungsgeschehens vorwurfsvoll und wütend anblicken, als daß es zu einer Aussprache kommt. Hier offenbart sich die entscheidende Schwäche des Drehbuches dieser deutschen Produktion: Um einen kontinuierlichen Handlungsverlauf über *viele* Folgen sicherzustellen, muß der Interaktionszusammenhang gedehnt werden. Würden die Personen in der Serie so handeln wie es im Alltagsleben üblich ist, wäre das Geschehen innerhalb weniger Folgen beendet. Die Tatsache, daß „konsequentes Handeln" selten stattfindet, verhilft aber andererseits auch dazu, den von Anders beschriebenen Effekt der Vermischung von Realität und Schein hintanzuhalten: Die Verschleierung des Unrealistischen im echt wirkenden Gesamtzusammenhang ist nur so lange möglich, wie nicht eine ganze Kette von Unglaubwürdigkeiten eine deutliche Abgrenzung zur Realität schafft. Die Überwindung realer Hindernisse tritt zugunsten illusionärer Bewältigungsstrategien in den Hintergrund. Dazu zählt zum Beispiel, daß zur Führung eines in wirtschaftliche Schwierigkeiten geratenen Unternehmens fachliche Vorkenntnisse erforderlich sind, die nicht durch die „Do it yourself"-Vorgehensweise einer plötzlich in die Rolle der Erbin gedrängten Grafen-Witwe zu ersetzen sind. Eine Frau, die sich selbst nie um landwirtschaftliche Angelegenheiten gekümmert hat, „studiert" nach der Drehbuch-Vorstellung einfach einige Bücher und übernimmt plötzlich die Verwaltung des Gutsbetriebes ohne Hinzuziehung eines Experten. Selbstverständlich gereicht dieses Verhalten schließlich ganz zum Wohle des betroffenen Unternehmens. Die Frage, inwieweit der Zuschauer in der Lage ist, Wirklichkeit und Schein zu unterscheiden, stellt sich schon bei der Betrachtung der Art und Weise, wie die Sendeanstalt die *Guldenburg*-Serie in der Programmansage ankündigt. Es wird dabei ein vermeintlicher „Gag" verwendet, der ganz bewußt eingesetzt ist: Einer der Hauptdarsteller begrüßt den Zuschauer „ganz persönlich" zur Fortsetzung der Serie, erzählt ihm kurz zusammengefaßt die vorangegangene Handlung, behandelt aber die im Anschluß an die Ansage gesendete Serienfolge so, als hätte er vom weiteren Verlauf selbst keine Ahnung und würde die Folge darum gemeinsam mit dem Zuschauer ansehen. Schon diese „Begrüßung" birgt eine Problematik in sich, die Oevermann (1983) in seiner Analyse der „Fernsehkommunikation in der BRD" beschreibt:

„Die Begrüßung, mit der die Abendansage beginnt, konstituiert also eine durch die objektiven Bedingungen nicht gedeckte Interaktions-Reziprozität und erzeugt den Schein einer personalisierten Sozialbeziehung zwischen Sprecher und Auditorium" (S. 250).

Mit Sicherheit trifft Oevermanns Feststellung auf die von der Sendeanstalt beabsichtigte Wirkung zu, eine scheinbare soziale Beziehung zwischen Zuschauer und einem der Hauptdarsteller aufzubauen, indem dieser als „Gastansager" fungiert. Es kommt in diesem Fall nicht so sehr auf den Wortlaut des Willkommenheißens als vielmehr auf den Effekt an, den die bloße Anwesenheit des zu seinem Publikum sprechenden Schauspielers im Sinne einer Begrüßung erzielt.

Ob der Fernsehzuschauer in der Lage ist, zu erkennen, „… daß nicht einmal ansatzweise die Bedingungen für Realisierung der Reziprozität der Begrüßungs-Interaktion erfüllt sind" (Oevermann 1983), ist eine entscheidende Frage.

Obwohl der Zeitpunkt, an dem die Ansage vorgenommen wurde, nicht mit Sicherheit bestimmt werden kann, muß beim Zuschauer zwangsläufig der Eindruck entstehen, der Schauspieler sei extra für die Live-Begrüßung angereist.

2.3. Vermarktung der soap opera

Die sog. „soap operas" wurden in den USA ursprünglich direkt von den Werbeagenturen produziert. Auch heute habe sich – so Uhde 1984 – an der Art der Kontrolle nicht viel geändert: Die direkte Kontrolle der Tagesserien bleibe bei den Werbetreibenden oder beim Sender. Die Produktionsgemeinschaften und der Sender kontrollieren gemeinsam die „prime time" (S. 131).

„Es ist also unausweislich, daß Interessen der amerikanischen Industrie sich in den inhaltlichen und ästhetischen Strukturen der erwähnten Werke direkt oder indirekt widerspiegeln" (ebd.). In den meisten westeuropäischen Systemen stellt sich diese Situation anders dar.

Im Zusammenhang mit Serienproduktionen treten in der BRD vor allem zwei Formen der Werbung auf: Zum einen jene Werbung, die unmittelbar im Film eingebaut wird, zum anderen jene Werbung, die die Serie als „Werbemittel" zum Absatz von Produkten verwendet, die erst aufgrund derselben hergestellt werden.

Die erste Variante ist besonders mit dem Kennzeichen der Undurchschaubarkeit behaftet, was seinen Grund darin hat, daß offiziell Werbung außerhalb der dafür vorgesehenen Sendeplätze untersagt ist.

In der *Guldenburg*-Serie z.B. ist es jedoch den Produzenten gelungen, Werbung mit einzubringen, ohne daß sie vom Zuschauer bewußt als solche wahrgenommen oder eine Werbebeschränkungsvorschrift übertreten wird. Dazu zählt die Präsentation eines Bieres, das in Flaschenform und Etikettdesign einer bereits existierenden Biermarke ähnelt, ebenso wie die in Großaufnahme gezeigten Konsumartikel aus Haushalt und Garten (z.B. ein Schlauchboot, dessen Typennummer deutlich erkennbar ist). Die Werbung ist dabei so angelegt, daß sie ihre stärkste Wirksamkeit bei jenen Konsumenten entfaltet, die als Interessenten an einer bestimmten Produktgruppe schon Vorkenntnisse haben und denen ein leichtes Wiedererkennen der nur scheinbar unkenntlich gemachten Konsumartikel möglich ist.

Die Verflechtungen zwischen der produzierenden Fernsehanstalt und den in das Werbegeschäft involvierten Wirtschaftsunternehmen lassen sich allerdings nur mühsam aufzeigen.

Schon wesentlich leichter erkennbar sind die Folgen, die sich aus der Vermarktung der Serie unmittelbar nach der Ausstrahlung ergeben. So wurde u.a. ein „Balbeck"-Bier angeboten, ebenso ein „Guldenburg"-Bier, was wiederum eine andere Brauerei veranlaßte, ein Gerichtsverfahren anzustrengen. Als Anekdote interessant ist, daß die Werbebranche selbst sehr empfindlich reagierte, als in der Serie ein Schauspieler auftrat, der einen zwielichtigen Werbemanager verkörperte. Fachleute aus dieser Branche forderten ihre Organisation, den Gesamtverband der Werbeagenturen (GWA), zu Protestaktionen gegen die „Verunglimpfungsserie" auf. Einige Überschriften verschiedener Zeitungsartikel (Feb./März 1987) mögen dies verdeutlichen: „Die Guldenburgs sorgen für neue Aufregung. Der GWA fühlt sich verhohnepiepelt" oder: „Dieser Werbefritze ist doch eine Schießbudenfigur", und es sei zu erwarten, daß dieser „Miesmacher" von Folge zu Folge zum deutschen J.R. Ewing ausgebaut werde.

Fest mit der „integrierenden Funktion" der Massenmedien verknüpft sind Produkte wie „Jeans, Hollywood-Filme, der Big-Mac oder Michael Jackson" (Uhde 1984, S. 136). Im Kontext der Vermarktung von *Dallas* konstatieren Mikos/Moeller (1985a):

„Zeitungs- und Zeitschriftenartikel, Dallas-Bücher und Dallas-Poster lachen uns täglich an. Ein paar clevere Geschäftsleute liefern die übrigen Accessoires: Dallas-Oil, Dallas-Burger, Dallas-Snacks, Dallas-Imbißstuben, Dallas-Mode inklusive Dallas-Frisuren. Von den Autos der Ewings ganz zu schweigen, von denen sollen wir ja ohnehin schon träumen. Afton Cooper macht im Fernsehen Reklame für ihre neue Schallplatte, und Pamela wirbt für Lux-Seife" (S. 60).

Der „symbolische Gebrauchswert" von *Dallas* scheint − so Mikos/Moeller (1985b) − gegenüber dem „praktischen Gebrauchswert", der in der Rezeption dieser Serie bestehe, gestiegen zu sein, wie auch der „soziale Gebrauchswert" an Bedeutung gewinne.

„Der Medienverbund greift hier auf real vorhandene Bedürfnisse zurück, um sie dann in seinem Sinn verwerten zu können, und dies all-sinnumfassend. Kein Sinn, ob Seh-, Hör-, Geruchs-, Geschmacks- oder Tastsinn, der nicht mit Dallas- und Denver-Produkten angesprochen wird. Sinnliche Erlebnisse schärfen das Bewußtsein und geben Dallas und Denver erst symbolischen und sozialen Sinn. Auf diese Weise sind die beiden Serien zum Bestandteil unserer Kultur geworden, denn ohne sie wäre die Kulturlandschaft der Bundesrepublik um einiges ärmer. Gesprächsthemen am Arbeitsplatz würden fehlen, das Fernsehen wäre um genüßliche Unterhaltung ärmer, die Werbung hätte ein paar Stars weniger für ihre Vermarktungsstrategien, und die Intellektuellen müßten sich auf andere Dinge stürzen, um sich über den Verfall unserer Kultur aufzuregen" (S. 25).

3. Psychoanalyse der BILD-Zeitung

Die psychoanalytisch fundierte Analyse der Massenmedien ist kein Privileg Kritischer Theorie. Bedarf an solchen Tiefenkenntnissen besteht gerade auch bei den Produzenten der Kulturindustrie. In welchem Ausmaß psychoanalytische Einsichten in diesem Bereich in den USA benutzt werden (ein eigener kommerzialisierter Wissenschaftszweig lebt von entsprechenden Studien), hat vor allem V. Packard ins allgemeine Bewußtsein gehoben[31]. Ein beeindruckendes Beispiel für die Bewußtheit der Triebmodellierung seitens der Produzenten ist die „qualitative Analyse der BILD-Zeitung", die vom Springer-Konzern in Auftrag gegeben und von den Marktforschungsinstituten infratest, contest und DIVO unter Mitwirkung des Marketing-Leiters im Springer-Konzern, des Diplompsychologen Günther Knuth, hergestellt wurde. Sie wurde hergestellt für zwei Zwekke, die sich schließlich als identisch erweisen:

„Sie kann für den schöpferischen Prozeß der redaktionellen Gestaltung dieser Zeitung bestimmte Dinge bewußt machen, mithelfen, diese Zeitung bewußter zu konzipieren, Fehler zu vermeiden" (S. 9);

„Sie soll aber vor allem auch etwas über den Werbeträger BILD-Zeitung aussagen" (S. 9) und soll „eine Hilfe sein, den Werbeträger BILD erfolgreicher zu nutzen" (S. 14).

Die Analyse ist 1965 erschienen und in öffentlichen Bibliotheken zugänglich[32] (*Untergang*, S. 88).

Die Psychoanalyse der BILD-Zeitung analysiert den Erfolg der Zeitung bei ihren Konsumenten — Erfolg wird definiert als die Herstellung alltäglicher emotionaler Abhängigkeit der Leser vom Angebot — unter der Kategorie: Verlegerische Ausbeutung der massenhaften Disposition zum autoritären Charakter. Für den autoritär strukturierten Leser („Der engagierte BILD-Leser") übernimmt danach BILD „in gewissen Bereichen eine Elternrolle: Man beugt sich nicht nur einer festen Autorität, sondern findet eine verständnisvolle Instanz, der man sich unbesorgt anvertrauen kann" (*Untergang*, S. 102).

Als „männliche Autorität" verkörpert BILD „für die Leser eine Instanz, die dafür sorgt, daß alles mit rechten Dingen zugeht und der einzelne gegenüber der gesellschaftlichen Apparatur nicht den kürzeren zieht" (*Untergang*, S. 93).

„Einfluß und Macht der Zeitung, Mut und Entschlossenheit, die teilweise als rücksichtslos und brutal erlebte Härte und Durchschlagskraft, geben dem Leser die Möglichkeit, sich mit diesem überlegenen Angreifer zu identifizieren, in BILD die Realisierung dessen zu erleben, was ihm selbst immer unmöglich sein wird zu verwirklichen" (*Untergang*, S. 97). Darüber hinaus „bedeutet das informative Angebot der Zeitung einen festen Punkt in einer Welt, die sich dem verstehenden Zugriff und der sinnvollen Interpretation entzieht" (*Untergang*, S. 92).

„BILD-Reporter enthüllten: Riesenbetrug mit 8-Minuten-Takt. Die Bundespost kassiert Millionen Mark zuviel Gebühren! Denn: in 65 000 veralteten Telefonzellen zahlt der Kunde den vollen Preis für den Acht-Minuten-Takt — In Wirklichkeit kann er dafür aber nur 5 Minuten und 40 Sekunden sprechen" (BILD, 18.9.1985). Vielleicht entgeht dem Leser die Tragweite des geschilderten „Skandals", aber gemessen an einer Sprechzeit von zwei Minuten und 20 Sekunden, um die der telefonierende Bundesbürger „betrogen" wird, erscheint die Überschrift zu reißerisch. Es ist nicht nachzuvollziehen, daß mit dieser „Enthüllung" die Rechte und Interessen der Bundesbürger in einer wesentlichen Angelegenheit wahrgenommen werden.

Das Image der „mütterlichen Fürsorge" wird dadurch erzeugt, daß BILD scheinbar „unmittelbar" auf die Bedürfnisse und Probleme, Sorgen und Nöte, Verhaltensweisen und Erwartungen ihrer Leser eingeht, sich „des Wohlergehens einzelner annimmt und sich dabei Gehör zu verschaffen weiß" (*Untergang*, S. 93). Ein Beispiel dafür:

„Neun Jahre lang hatten Landwirt Vincenzo Arena (31) und seine Frau Rosetta (35) ... um dieses Kind gebetet: Am letzten Donnerstag kam der kleine Mario (...) zur Welt, zwei Monate zu früh, nur 900 Gramm schwer, 37 cm lang. Das Baby kam sofort in den Brutkasten, vier Elektroden überprüften Atmung und Pulsschlag, ein Schlauch in der Nase tröpfelte Traubenzucker in den kleinen Körper. Die Ärzte machten den Eltern Mut. Dann die Krise: Die Atmung versagte, um 16,30 Uhr hörte das kleine Herz auf zu schlagen. (...) Der kleine Mario kam im Kindersarg in die Leichenhalle, bis neun Uhr abends hielt Vincenzo weinend Totenwache bei seinem Sohn. Am nächsten Mittag schrie eine Klinikschwester: ‚Das Baby da drin wimmert!' (...) Der Vater jubelte: ‚Ein Wunder, ich habe darum gebetet!' Die Ärzte: ,Das Baby war scheintot. Wir bringen es durch'" (BILD, 18.9.1985).

Die scheinbare Genauigkeit der Berichterstattung (Angabe von Uhrzeit etc.) und der dramatische Nachvollzug der Ereignisse fördert die Glaubwürdigkeit des Falles bzw. die emotionale Verwicklung des Lesers. Dies sind immer wiederkehrende Strukturmerkmale der BILD-Reportagen. Daß das Leiden, die Sorgen und schließlich die Dankbarkeit der betroffenen Familie im Mittelpunkt stehen, macht diesen Artikel zu einem passenden Beispiel für die „mütterliche Fürsorge", die in der Zeitung tragend wird.

Ein weniger dramatischer Fall, der aber gleichwohl „das Interesse am kleinen Mann" ausdrückt, ist die Bekanntgabe irgendwelcher Gewinner eines von BILD veranstalteten Preisrätsels: „Gewinner kauft neue Gartenstühle. Auf dem Campingplatz Wilsumer Berge ging Gerhard Zimmer (59, Foto) von seinem Wohnmobil zum Kiosk und kaufte BILD: Gewonnen! Der Ex-Bergmann aus Dortmund, der Urlaub macht, will von den 400 Mark Gartenstühle kaufen" (BILD, 18.9.1985).

Die Bearbeitung der individuellen Triebansprüche durch BILD wird wie folgt charakterisiert: „BILD geht auf die verborgenen Wünsche und Antriebe der Leser ein, indem ein gewisses Maß an Sensationen und Sex, an Berichten von Unglücksfällen und Verbrechen vorgestellt wird. Der Leser hat so die Möglichkeit, seine Es-Ansprüche ersatzweise zu befriedigen, ohne daß er damit den eigenen Bestand und das gesellschaftliche Gefüge gefährdet.

In diesem Zusammenhang ist auch der Mechanismus von provozierter und zugleich aufgefangener Angst einzuordnen: Zwangsläufig wird durch die Berichterstattung über aktuelle Ereignisse Angst vor der undurchschaubaren gesellschaftlichen Situation provoziert. Aber gleichzeitig werden auch die Entlastungsmechanismen geliefert, die das Ausmaß der auftretenden Spannungen reduzieren" (*Untergang*, S. 103).

Ein Beispiel für die Interdependenz von Angsterzeugung und Entlastung, die in BILD angeboten wird:

„Thema des Tages: Kohls Sekretärin: unauffällig, fleißig – und sonntags im Garten".

„Die Willners, seit 1974 verheiratet, lebten unauffällig. Er ein Buchhaltertyp, sie die fleißige Sekretärin, die sich kaum eine freie Minute gönnte. Sie gingen weder auf Partys noch zu Nachbarschaftsfesten.

Ihr einziges Hobby: Tiefseetauchen und Surfen. Sie fuhren regelmäßig nach Spanien in Urlaub, besaßen ein großes Schlauchboot mit zwei Außenbordmotoren. Seit 1968 gehörte Herbert Willner der Taucherabteilung der Bonner Schwimm- und Sportfreunde (SSF) an. Seit elf Jahren war er Ausbilder für Tiefseetauchen.

In ihrem eingeschossigen Reihenflachbau (100 Quadratmeter, 1000 Mark Miete im Monat) lebte das Angestelltenpaar seit 1. Juli 81 besonders sicher: Vor allem Polizisten, Bundeswehrsoldaten und Grenzschützer haben hier ihr Eigenheim. Eine Nachbarin: ‚Das einzig Auffällige: Frau Willner arbeitete schon mal sonntags im Garten.'

Fahndungsbeamte vor dem Haus
Seit gestern früh um acht standen Fahndungsbeamte des BKA vor dem Haus. Als sich nichts rührte, ließen sie durch einen Schlüsseldienst die schwarze holzvertäfelte Tür öffnen.

In einer der beiden Garagen steht noch Frau Willners betagter, beigefarbener VW-Käfer (Kennzeichen SU—HA 348).

Markus und Michael (beide 13) aus der Nachbarschaft erzählen, wie sie einmal im Hobbyraum der Willners einen Urlaubsfilm mit ansehen durften: Er zeigt die Willners beim Tauchen in Ägypten.

Daß der Garten ungepflegt war und der Rasen seit Wochen nicht geschnitten wurde, erregte bei den Nachbarn keinen Verdacht. Die Willners waren am 12. August mit ihrem neugekauften, dunkelbraunen Rangerover demonstrativ in den Urlaub abgefahren. Eine Nachbarin: ‚Das war eine richtige Zeremonie. Mehrmals wurde alles kontrolliert, sie sind ein paar Mal ins Haus gegangen, um irgendwas zu überprüfen'.''

Das Problem der Spionage tritt ganz hinter den jedem nachvollziehbaren Alltag einer Durchschnittsfamilie zurück. Das politisch Bedrohliche oder Bedenkliche, vor dem Angst zu haben angebracht sei, weil es ja so gut getarnt ist, wird zugleich entschärft durch Augenzeugenberichte, deren einziger Inhalt sich auf Gartenarbeit, Urlaubsgewohnheiten u.ä. beschränkt. Das Undurchschaubare wird so zum Freizeitidyll.

Über der zynischen, psychoanalytischen Auftragsanalyse der BILD-Zeitung liegt historische Ironie. Das intellektuelle

Werkzeug, mit dessen Hilfe die Medienproduzenten über ihre eigene Arbeit aus technologischem Interesse aufklären lassen, die Kritische Theorie der autoritären Persönlichkeit, wurde von deren erbitterten Gegnern, den kritischen Theoretikern, selbst entwickelt (vgl. Adorno u. a. 1968/69).

Die total anti-aufklärerische Verwertbarkeit der Kritischen Theorie läßt sich als „Bankrott der kritischen Wissenschaft" (*Untergang*, S. 87) interpretieren. Adorno und Horkheimer würden darin wohl eine tiefe Bestätigung ihrer resignativen Annahme des totalitären Charakters der Kulturindustrie im „Spätkapitalismus" erblicken.

4. Thesen zur Funktion von Inhalten der Massenmedien

An verschiedenen Stellen dieses Buchs sind die gesellschaftspolitischen Funktionen und sozialisatorischen Effekte der
Massenmedien herausgearbeitet worden. Im folgenden sollen
– diese Überlegungen zusammenfassend – Thesen zur Sozia-
lisations-Funktion von Massenmedien formuliert und an einigen Beispielen illustriert werden. Gemäß Holzers und Schu-
lers (1971) ideologiekritischem Verständnis erfüllen die Massenmedien Rundfunk, Presse und Fernsehen im Bereich der
Information zwei objektive Funktionen:

– Massenmedien kompensieren durch *Personalisierung* gesellschaftlicher Tatbestände Abstraktheit und Anonymität,
Dichte und Unübersichtlichkeit der gesellschaftspolitischen,
betrieblichen und verwaltungstechnischen Zusammenhänge,
denen der durchschnittliche Hörer, Zuschauer, Leser täglich
ohne Möglichkeit der Mit- und Selbstbestimmung ausgesetzt
ist. Diese Personalisierungstechnik zeigt sich darin, daß nicht
nach den Bedingungen des Gesellschaftssystems, sondern nur
nach Vor- und Nachteilen von Personen gefragt wird. Dadurch
wird der Rezipient von den Massenkommunikationsmitteln
veranlaßt, die Ursachen für die Probleme der Umwelt nicht
in der allgemein als anerkannt angesehenen sozialen Ordnung,
sondern bei sich selbst zu suchen.

Diese Funktion der Personalisierung gesellschaftlicher und
politischer Probleme, der Vermischung von Privatem und Öffentlichem durch die Massenmedien sei hier an einem älteren
Beispiel demonstriert: Am 2. Mai 1972 bringt die BILD-Zeitung eine Darstellung von ,,Rainer Barzel – oder wie ein Mann
seine Hochform findet'' (Überschrift). Anlaß ist die Abstimmungsniederlage, die die CDU mit ihrem Konstruktiven Miß-
trauensantrag am 27. April im Bundestag erlitt. BILD versucht
hier, die ,,Klischees'' über Rainer Barzel zu beseitigen: Er habe
aus seinen Niederlagen gelernt, wie es der Menschenkenner
Adenauer einst prophezeit habe. Seine Selbstdisziplin lasse
ihn mit seinen Kräften haushalten. Er kenne keine Feiern bis
in den frühen Morgen. Seine Intelligenz bewahre ihn vor un-
kontrollierten Ausbrüchen. ,,Salbungsvoll'', ,,scheinheilig'' und
,,aalglatt'': Dies seien Etiketten, die die ,,gegnerische Propaganda'' seit Jahren Rainer Barzel anhänge. Auch im Bundestag

habe man in der letzten Woche einiges in dieser Preisklasse hören können. Aber dieser Barzel sei ganz anders:

„Man muß ihn einmal im kleinsten Kreise erleben, wenn er in seinem kleinen Reihenhaus in Bad Godesberg für seine Gäste scharfe Cocktails mixt, wenn er das Jackett auszieht, moderne Platten auflegt und langsam ins ‚Berlinern' kommt. Und dann muß man Kriemhild und Claudia erleben, seine Frau und seine Tochter, diese lebensfrohen Temperamentbündel, die ihm so heftig und kräftig kontra geben können und doch immer zu ihm halten. Man muß es gesehen haben, wie Kriemhild Barzel nach der Abstimmungsniederlage die Hand des ‚großen Vorsitzenden' nahm und nur fünf Worte sagte: ‚Keine Sorge, es geht weiter!' Erst dann wird man verstehen, daß es keine Phrase ist, wenn der Schlittschuhläufer pathetisch wie in einem amerikanischen Familienfilm sagt: ‚Meine Frau ist mein bester Freund.' Barzel als Mensch? Er hat Ecken und Kanten, bei allem Ehrgeiz verliert er nie den Blick fürs Ganze."

Diese Darstellung Barzels bestätigt die erste These: Ein wichtiges politisches Ereignis wird auf die personale Ebene reduziert. Über das Ereignis selbst, seine politischen und gesellschaftlichen Implikationen wird nichts oder nur wenig mitgeteilt.

Barzel wird als eine Persönlichkeit dargestellt, die das harte Geschäft der Politik mit privaten Tugenden zu meistern sucht. Dieser Eindruck muß entstehen, wenn den Etikettierungen der „gegnerischen Propaganda" der Privatmann Barzel entgegengestellt wird, der in einem Reihenhaus wohnt (was der Leser sicher mit Bescheidenheit gleichsetzt) und seinen Gästen Cocktails mixt. Das Beispiel Barzel illustriert zugleich auch die zweite These zur Funktion von Information in den Massenmedien:

— Massenmedien suggerieren durch *Intimisierung* und *Privatisierung* öffentlich relevanter Angelegenheiten persönliches Beteiligtsein und direkte Kontrolle bei gesellschaftlich wichtigen Ereignissen. Sie verniedlichen politische, ökonomische und kulturelle Probleme als dekoratives Beiwerk zum Privatleben der gesellschaftlichen Prominenz. Massenmedien verhindern dadurch, daß diese Personen von den Rezipienten als Vertreter formaldemokratischer Herrschaftsverhältnisse durchschaut werden.

Barzel, der — wie BILD dem Rezipienten durch die Darstellung der Intimsphäre „Familie" zu beweisen scheint — weder

„scheinheilig" noch „aalglatt" ist, ist offensichtlich ein Mann, dem man vertrauen kann. Die direkte Kontrolle seines politischen Verhaltens erübrigt sich damit.

Im Bereich der *Unterhaltung* (im weiteren Sinne verstanden) können die folgenden Thesen herausgearbeitet werden.

Die erste These befaßt sich mit der Ideologiefunktion der Massenmedien:

1) Scheinbar apolitische, unterhaltende Produkte der „Bewußtseinsindustrie" bewirken und verstärken die kritiklose *Verinnerlichung* von *Ideologien*. Dies geschieht u. a. durch

a) Gleichsetzung subjektiver Werturteile mit objektiven Ist-Ausagen;

b) Gleichsetzung von gesellschaftlicher Realität mit natürlichen Gegebenheiten;

c) Gleichsetzung von Normen aus verschiedenen gesellschaftlichen Bereichen.

Exemplarisch sei hier, der Kürze wegen, nur der Fall (b) belegt.

In einer Sendereihe des Werbefernsehens „Jedermannstr. 11"[33] wird die Begegnung einer Hausmeistersfrau mit einer Mulattin dargestellt. Die Reaktion der Hausmeistersfrau auf das Mädchen zeigt tiefes, natürliches Entsetzen. Dieser Eindruck wird noch verstärkt durch den zähnefletschenden, bellenden Hund August. Das entsetzte Gesicht der Hausmeistersfrau wirkt auf den Rezipienten ideologisierend: Die schwarze Rasse — so wird dem Zuschauer nahegelegt — ruft als spontane und ursprüngliche Reaktion Angst und Entsetzen hervor. Rassismus wird als natürliches Phänomen erklärt und ist damit entschuldbar (Paech 1971, S. 29 f.).

Die nächsten beiden Thesen befassen sich mit der Darstellung und Regelung von Konflikten in Massenmedien und der oftmals damit angestrebten Verschleierung gesellschaftlicher Realität.

2) Die in unterhaltenden Produkten der Massenkommunikationsmittel, meist in Stories verpackt, dargestellten Konflikte bieten dem Rezipienten eine Möglichkeit, seine eigenen Probleme bewußt oder unbewußt — auf jeden Fall aber systemgerecht — zu „bewältigen".

Da die Ursachen der dargestellten Konflikte meist auf die Schuld des einzelnen oder auf Schicksalsfügungen zurückgeführt werden, die Konflikte aber von allgemeiner Bedeutung für die Rezipienten sind, werden ihr gesellschaftspolitischer Bezug und ihre gesellschaftspolitischen Ursachen verschleiert. Diese Verschleierung der Ursachen von Konflikten wird geradezu vollkommen praktiziert von den „Briefkasten-Tanten" und „-Onkels" und von Autoren, die in den Massenmedien Lebenshilfe für sogenannte allgemein-menschliche Probleme anbieten.

Als Beispiel sei hier erwähnt die Artikelserie „Liebe ohne Angst", geschrieben von „Dr. Korff" in der Jugendzeitschrift „Bravo".

Hier wird von dem Mädchen Veronika berichtet[34], das davor Angst hatte, daß der Freund einmal nicht aufpassen und sie gegen ihren Willen schwanger werden könnte. Es habe sich nämlich eine frühere Freundin des jungen Mannes gemeldet, die von ihm ein Kind erwarte und die genau wie Veronika von ihm ein Heiratsversprechen erhalten habe. Die Antwort Dr. Korffs bestätigt die oben formulierte These: Wenn sie ihrem Freund glaube, dann habe sie bald ein Kind, aber keinen Mann. Der Freund sei ein Verführer, der alles verspreche und nichts halte. Sie müsse schon selbst für ein Verhütungsmittel sorgen. „Dein Freund will weder Ehe noch Liebe, sondern mit einem Mädchen schlafen, das ist alles." Dr. Korff erklärt seine Antwort damit, daß zwar „Erfahrungen" in der Liebe Männer interessant machen, Mädchen aber „dadurch" mehr und mehr ihren „guten Ruf" verlieren. Diese Meinung sei nun einmal eingebürgert, „und deshalb muß ein Mädchen bei Intimitäten vorsichtiger sein als ein Junge." In dieser Antwort wurden eine Reihe von Setzungen vorgenommen bzw. wieder einmal unreflektiert reproduziert:

— Ein Kind zu gebären ist nur erlaubt, wenn man auch einen Ehemann hat.

— Die Frau muß selbst Vorsorge treffen, denn sie ist es schließlich, die dann auch die Folgen tragen darf.

— Ein Mann, der weder Ehe noch Liebe, sondern nur mit einem Mädchen schlafen will, ist ein ganz böser Mensch.

— Erfahrungen in der Liebe machen Männer interessant und bringen Mädchen einen schlechten Ruf ein.

— Die Meinung der Gesellschaft ist nun mal so und braucht nicht hinterfragt zu werden.

— Konflikte entstehen, wenn man sich nicht dieser Meinung entsprechend verhält.

— Konflikte werden vermieden, wenn man sich so verhält, daß die Umwelt (Gesellschaft) annimmt, man verhalte sich entsprechend der allgemein anerkannten Meinung (also: selbst für Verhütungsmittel sorgen; bei Intimitäten vorsichtig sein, damit niemand etwas merkt).

Hier zeigt sich: Zwar wird der Konflikt des Mädchens als selbstverschuldet dargestellt, die Ursachen sind aber auf die ideologischen Setzungen der Gesellschaft zurückzuführen, die die Rolle der Frau geschlechtsspezifisch und für sie nachteilig definiert hat.

Die hier angebotene Konfliktregelung, Anpassung und Arrangement mit der gesellschaftlichen Situation, illustriert die nächste These:

3) Massenmedien bieten dem Rezipienten in erster Linie solche Möglichkeiten zur *Konfliktregelung* an, die die bestehenden Verhältnisse zementieren. Da ihm bereits nahegelegt wurde, die Konfliktursachen bei sich selbst zu suchen, werden ihm nun auch individuelle Lösungen abverlangt. Da es für gesellschaftlich bedingte Konflikte aber nur Lösungen geben kann, die die gesellschaftliche Situation ändern, sind diese Lösungen nichts anderes als Scheinlösungen.

Die nächsten beiden Thesen zur Funktion der Massenmedien beziehen sich auf die Verknüpfung der „Bewußtseinsindustrie" mit den Interessen der Wirtschaft:

4) Massenmedien treiben durch *Vorgaukelung* einer *illustren Konsumwelt* den Rezipienten auf den Markt. Durch ihre massenmedialen Angebote, die weitgehend Statussymbole für die kleinbürgerliche Karriere enthalten, suggerieren sie dem Rezipienten Aufstiegsorientierung und gleiche Aufstiegschancen (Holzer/Schuler 1971, S. 404/5).

In der Boulevard-Presse, in illustrierten Zeitschriften, Rundfunk und Fernsehen ergänzen sich Unterhaltungs- und Werbeteil bestens. Inhaltlich und tendenziell sind sie kaum zu unterscheiden.

In einer Sendung des Werbefernsehens („Meine Schwiegersöhne und ich"; ZDF) wird die brave Tochter kleinbürgerlicher Eltern mit Konsum dafür entschädigt, daß sie den unerwünschten — weil Konsumverzicht leistenden — Hippie-Freund aufgibt. Sie kehrt zurück zu den Eltern in „eine harmonische Warenwelt", denn konfliktfreie Figuren in solchen Serien des Werbefernsehens sind offensichtlich nur die ernstzunehmenden Konsumenten, die mit Statussymbolen ihren Wert innerhalb der Gesellschaft unwidersprochen demonstrieren können (Knilli 1971, S. 27).

In der Werbung, in Stories, in Shows und in Berichten über prominente Persönlichkeiten wird eine „Mixtur aus Wunschwelt und Alltäglichkeit, Traumwelt und gesellschaftlicher Realität" gezeigt (Holzer 1971, S. 171).

Durch die gleichzeitige Darstellung erscheint die massenmediale Traumwelt „fast stets immanent relativiert" (ebd.). Dem Rezipienten wird damit suggeriert, daß jegliche Veränderung der objektiven gesellschaftlichen Bedingungen im Interesse seiner durch die Massenmedien produzierten Bedürfnisse zwar möglich, aber auch gefährlich und deshalb unsinnig ist.

In diesem Zusammenhang muß die letzte These zur Funktion von Massenmedien gesehen werden.

5) Massenmedien geben den Rezipienten die Gelegenheit, ihre *gesellschaftliche* Lage durchaus *akzeptabel* zu finden: Durch angstprovozierenden und angstbetäubenden Unterhaltungsstoff wird dem Rezipienten zwar seine Lage als punktuell verbesserungswürdig, jedoch jedes Bemühen um Veränderung dieser Lage als überflüssig, illusorisch oder gar existenzgefährdend hingestellt.

Am besten zeigt sich dies an der in den Massenmedien dargestellten Prominenz. In einer Analyse amerikanischer Populärmagazine wurde festgestellt, daß die von den Massenmedien bevorzugte Prominenz in erster Linie aus der Konsumsphäre kommt (Holzer 1971, S. 173) und weniger aus den Bereichen Produktion, Verwaltung und Politik.

Diese Konsum-Prominenz eignet sich „auf Grund ihres zu affektivem Engagement provozierenden Charakters und ihres Auftretens als Quasi-Autoritäten hervorragend als Projektionsund Identifikationsidole" (S. 174).

Dies ist jedoch nur möglich, wenn die Position der Prominenten, bezogen auf die Alltagssituation der Rezipienten, durch die Massenmedien relativiert wird. Holzer nennt drei Möglichkeiten, durch die diese Bedingung erfüllt werden kann:

– Der Prominenz wird die Aura von Alltagsmenschen verliehen; dies ist mühelos möglich, da die sie auszeichnenden Qualitäten nicht unerreichbar sind. Sie dürfen es nicht sein, denn das würde sich auf das Konsumverhalten hemmend auswirken. Eine Identifikation mit einem Menschen ohne exklu-

242

sive Eigenschaften (d.h. tatsächlich individuierende Qualitäten) kann umstandslos vollzogen werden;

— der politische „Sturz vom Gipfel des Ruhms in den Abgrund der Anonymität, ja des Todes" einer prominenten Persönlichkeit, wird auf das eindrucksvollste demonstriert;

— Prominente werden zu „Objekten der öffentlichen Lustbarkeit" degradiert (ebd.).

Dem Rezipienten wird damit deutlich gemacht, wie gefährlich der Wunsch nach einem im Sinne der Massenmedien schönen Leben sein kann. Folglich findet er sich mit seiner Situation ab.

Der Zwang zu einer verbindlichen Definition von sozialer Realität wird damit übermächtig. Überkommene Herrschaftsstrukturen und -positionen, die ihre historische Legitimität längst eingebüßt haben, werden aufrechterhalten und können weiter ausgebaut werden.

Ausblick

Im Editorial der Zeitschrift „Ästhetik und Kommunikation"
(67/68—1987) zum Thema „Kulturgesellschaft" werden die
(medientheoretischen) Überlegungen der Kritischen Theorie
als „merkwürdig veraltet" vor dem Hintergrund der „universellen Entwicklung einer industrialisierten Kultur" bezeichnet.
Zu weit gegriffen sei die „Vision eines totalen Verblendungs-
zusammenhangs", zu kurz gegriffen sei die „Analyse einer
industriellen Dynamik von Kultur und Gesellschaft", die sich
aus der „Logik des Kapitals nicht mehr zureichend" (S. 21)
beschreiben lasse. Ebenfalls entspreche die „Dialektik von
autonomem Subjekt und verdinglichtem Ganzen, von authentischer ästhetischer Erfahrung und massenkulturellem Konsum"
nicht mehr der heutigen Problemlage. „Die Spirale der Ver-
gesellschaftung hat sich weitergedreht, ohne daß die Subjekte
im falschen Ganzen vollends verdinglicht wären" (S. 22). Da
die Dynamik der Kultur sich entgrenzt habe und selbst zur
Struktur von Gesellschaft geworden sei, sei es schwierig, die
gegenwärtige Situation auf ein „kohärentes Gesellschaftsmo-
dell" zu beziehen, wie dies in den Ansätzen der Kritischen
Theorie mit Konzepten wie Massenkultur oder Kulturindustrie noch möglich gewesen wäre. Mit der Einführung des Begriffs „Kulturgesellschaft" glaubt man, der neuen Entwicklung Rechnung tragen zu können. Kulturgesellschaft sei die
„Perspektive einer hochindustrialisierten Gesellschaft, die sich
anschickt, ihre vorindustriellen, traditionalen Voraussetzungen
abzustreifen und ihre eigenen Bedingungen selbst zu generie-
ren. Kulturgesellschaft als These behauptet ... nicht, daß die
Gesellschaft sich zu Kultur, schon gar als etwas Wertvollerem,
gewandelt hätte. Aber sie besteht darauf, daß die Aneignung
von Gesellschaft als Kultur zu einem strukturierenden Faktor
der sozialen Entwicklung geworden ist" (ebd.). Die Kultur über-
nehme immer mehr Funktionen, die früher in anderen sozialen
Bereichen angelegt waren, sie sei zu einer zentralen gesellschaftlichen Ebene geworden, das einzige Terrain, „auf dem man
Identitätsentwürfe und Lebensstile noch erproben" (S. 59)
könne, so Knödler-Bunte in einer Diskussion über „Tendenzen
der Kulturgesellschaft". Ohne auf einzelne Aspekte dieser Diskussion näher einzugehen, stellt sich doch die Frage, ob mit
der Einführung eines „neuen" Begriffs „Kulturgesellschaft"

tatsächlich die technologischen Veränderungen im Kulturbereich ebenso wie die „Akzentverschiebungen der gesellschaftlichen und wissenschaftlichen Erfahrungsverarbeitung" (Bonß/
Honneth 1982, S. 7) angemessen berücksichtigt werden. Selbst
wenn die phänomenologischen Beschreibungen über Entwicklungstendenzen der Kultur von Knödler-Bunte u.a. prinzipiell
zutreffen, sind damit die substantiellen Analysen der Kritischen Theorie nicht widerlegt oder „veraltet", im Gegenteil.
Ganz im Sinne der Theorie der „Kulturindustrie" kann heute
z.B. eine zunehmende „ästhetische Problembewältigung vom
Ladentisch" (Kupffer 1987, S. 121) diagnostiziert werden.
Die „chronische Visualisierung" aller Lebensbereiche macht
— so Kupffer — den Gebrauch der Vernunft und die Bildung
einer eigenen Meinung äußerst schwierig. Es sei kaum noch
möglich, „authentisch zu sprechen und zu empfinden, denn
alle denkbaren Ausdrucksformen und Gefühle sind bereits vor-
geformt und als Massenartikel vom Ladentisch zu haben"
(ebd.). Sprache und Gefühle seien standardisiert: Man wisse
immer schon, wie man in bestimmten Situationen fühlen und
sprechen müsse. Auch der Widerstand gegen solche „Ladentische" pflege dialektisch in neue Konformität umzuschlagen.
„Immer wieder entstehen zwar Bewegungen, die sich um kritische Aufklärung bemühen und neue Formen des Handelns
und Denkens etablieren wollen; aber keine von ihnen hält
durch, sondern sie alle gerinnen nach kurzer Zeit in Program-
men und Verbandsstrukturen. So wird alles, was gestern noch
Aufruhr, Kritik und Widerstand gegen alte Ladentische war,
selbst zum neuen Ladentisch. Dies zeigt sich an den sterilen,
eingespielten Riten und Sprechblasen aufmüpfiger Bewegungen,
sobald sie sich in der Öffentlichkeit als Gruppen konsolidieren"
(ebd.). Vor allem in der Politik werde mit solchen Ladentisch-
Produkten gearbeitet. Überall — so resümiert Kupffer — lauert
die Gefahr des „dialektischen Umschlags von rationaler kritischer Haltung zum ästhetischen Eintauchen in die konsumierende Masse" (S. 122/3).
  Eine Medienanalyse, die sich als Kultur- und Gesellschaftskritik versteht, darf deshalb nicht den *multivalenten* Verwendungszusammenhang der aus wissenschaftlichen Erkenntnissen
hervorgegangenen Techniken der „Massenkommunikation" aus
dem Blick verlieren. Diese Techniken können zur fremdge-
steuerten Beeinflussung menschlichen Verhaltens — also zur

Ausweitung des Herrschaftsbereichs des Menschen über den Menschen — eingesetzt werden, aber auch als Mittel der Aufklärung und „Daseinsbewältigung", z. b. zur Rationalisierung von Informationsbeschaffung und -verarbeitung, zum Durchschauen „sekundärer Abhängigkeiten" und damit zur Ausweitung der Herrschaft des Menschen über sich selbst. Zwischen diesen Extremen ließen sich beliebig viele Abstufungen bzw. Kombinationen ermitteln bzw. vorstellen. Die systematische Aufklärung über die Wirkungsweise von Massenmedien und Massenkultur war Ziel der in dieser Arbeit versammelten kritischen Medien- und Decodierungstheorien sowie der Fallstudien zu Produkten der „popular culture". Es sollte deutlich werden, daß die Synchronisation von Inhalten und Mechanismen der Massenmedien und die soziale Lage und Bedürfnisdisposition des „Publikums" von den Produzenten wirksam hergestellt wird. Es sollte bewußt gemacht werden, daß damit die realiter zunehmende Entfremdung der Rezipienten gegenüber der gesellschaftlichen Produktions- und Administrationsapparatur kompensiert wird und wirklichkeitsverändernde Aktionen verhindert werden. Darüber hinausgehend ist es notwendig, die Zusammenhänge zwischen den sozialen und psychischen Befindlichkeiten des Publikums einerseits und bestimmten massenmedialen Angeboten andererseits empirisch zu erforschen. Eine diesem Erkenntnisinteresse folgende *Medienforschung* hat von der Lebenswelt der Rezipienten auszugehen und zu versuchen, deren lebensweltliche Bedürfnisse und Erfahrungen zu rekonstruieren (vgl. dazu Charlton/Neumann 1982/1986; Heinze 1987).

Die derart qualitative Medienforschung müßte mit „neuen" Methoden arbeiten: „denen des narrativen Interviews, des Tiefen-Interviews, der Aktionsforschung, der teilnehmenden Beobachtung — alles Zugänge, die die Konstitution bundesrepublikanischen Alltags als psychische und soziale Wirklichkeit möglichst kontextgenau zu erfassen erlauben" (Baacke 1978, S. 637). Gefragt ist also eine Medienforschung, die eine interaktionistisch orientierte Medientheorie in Ergänzung zu Ansätzen der Kritischen Theorie voraussetzt.

Anmerkungen

1 Empirischer Indikator für diese Entwicklung ist die Kürzung des Bibliotheksbudgets bei gleichzeitigem Milliardenaufwand für die Verkabelung (Fetscher 1985, S. 14).

2 Die „neuen" Medien implizieren nicht nur eine quantitative Erweiterung der bekannten Massenmedien, sondern vor allem die qualitativ neue Verknüpfung der vormals getrennten technologischen Entwicklungslinien von Nachrichtentechnik, Massenmedien und Datenverarbeitung (vgl. Beyer 1985, S. 208).

3 Den Leser, der sich mit den „neuen" Medien näher befassen will, verweise ich auf die informativen Beiträge der Zeitschrift ZSE, 2/1985, Thema: „Informationstechnik und Sozialisation", sowie das Jahresheft Kunst und Unterricht, III/1985, Thema: „Bildschirm. Faszination oder Information".

4 Teile dieses Literaturberichts entnehme ich dem von mir als Koautor mitverfaßten Projektheft: „Kritische Medientheorien und empirische Analysen als Grundlage einer kritisch-emanzipatorischen Mediendidaktik", Wiesbaden o. J.

5 Vgl. zur Darstellung und Kritik der funktionalistischen Medientheorie z. B. H. Holzer: Gescheiterte Aufklärung? Politik, Ökonomie und Kommunikation in der BRD. München 1971

6 Dem Literaturbericht liegen folgende Texte zugrunde: M. Horkheimer/Th. W. Adorno: Dialektik der Aufklärung (1947), (zit. als: *Dialektik*); Frankfurt 1969, Kulturindustrie, S. 108—150, (zit. als: *Kulturindustrie*); Th. W. Adorno: „Prolog zum Fernsehen" (1952/53 in: Th. W. Adorno: Eingriffe. Neun kritische Modelle, Frankfurt 1963, S. 69—80), (zit. als; *Prolog*); Th. W. Adorno: „Résumé über Kulturindustrie" in Th. W. Adorno: Ohne Leitbild. Frankfurt/Main 1967, S. 60—70. Zitate und Textverweise werden im folgenden durch das kursive Stichwort (z. B. *Kulturindustrie*) gekennzeichnet.

7 Text in G. Anders: Die Antiquiertheit des Menschen. München 1956, S. 97—211 (zitiert als: *Welt* bzw. *Antiquiertheit*).

8 Weiterhin lassen sich in den Schriften wechselseitige theoretische Übernahmen nachweisen. Vgl. vor allem *Prolog* und *Welt* (1952/53 bzw. 1956).

9 Anders, G.: Die Antiquiertheit des Menschen. Zweiter Band: Über die Zerstörung des Lebens im Zeitalter der dritten industriellen Revolution. München 1980

10 Die Tatsache, daß sein zweiter Band erst nach beinahe einem Vierteljahrhundert dem ersten gefolgt sei, obwohl zahlreiche der im zweiten
Band versammelten Essays schon vor 1960 (z.T. veröffentlicht) vor-
gelegen haben, begründet Anders wie folgt: „Wenn mich etwas zum
philosophischen Verstummen gebracht hat, so die Einsicht und das
Gefühl, daß vis-a-vis der Gefahr des wirklichen Untergangs der Menschheit nicht allein die Beschäftigung mit deren ‚bloßer Dehumanisierung‘
ein Luxus war, sondern daß selbst die ausschließliche Beschäftigung
mit der Gefahr eines effektiven Untergangs, sofern sie sich auf eine
nur philosophisch-theoretische beschränkte, wertlos blieb. Vielmehr
empfand ich es als unabweisbar, so weit das in meiner Macht stand,
wirklich teilzunehmen an dem von Tausenden geführten Kampf gegen die Bedrohung. Wenn ich meinen ersten Band im Stich gelassen
habe, so also deshalb, weil ich nicht gewillt war, die in diesem vertre-
tene Sache im Stich zu lassen“ (S. 11/12). Zurück desertiert sei er,
weil er für Praxis inzwischen zu alt sei.

11 Treffen diese 1958 von Anders formulierten Überlegungen heute noch
zu? Durch die Erfindung des „Mitschneidens“ und des „Video-Re-
corders“ habe der Konsument – so Anders – die Möglichkeit, das
einmal liquide Konsumierte von neuem, und zwar wo und wann immer zu konsumieren. Dem Konsumenten sei es möglich, das zeitlich
Einmalige zu reproduzieren und das „flüssige“ zu „verdinglichen“.
Anders' These, daß es im höchsten Interesse der Produktion liege,
ihre Produkte liquide und für einmaligen Sofortgebrauch herzustellen,
ist dadurch allerdings nicht widerlegt. Bei diesen neuen Erfindungen
handele es sich – so Anders – nicht um Erfindungen, die im Interesse
der Produktion gemacht worden seien, sondern umgekehrt um Pro-
teste der Konsumenten gegen ihre liquide Belieferung: Diese sträuben
sich nämlich dagegen, „zum einmaligen, unwiderruflichen und eigen-
tumslosen Konsum verurteilt zu bleiben – und wünschen es, ihre
Sendung in so solidem Zustand wie Bücher oder Bilder zu besitzen“
(S. 56). Am Beispiel der Herstellung von Video-Recordern werde deutlich, daß die Industrie die Chance zur Erzeugung einer neuen Ware
wahrnehme, sie nehme sie auch dann wahr, wenn dieses neue Produkt ihren Grundsätzen eigentlich widerspreche. Die Erzeugung der
z.B. für das Do-it-yourself erforderlichen Konstruktionsteile habe
dies ebenfalls bewiesen.

12 W. Benjamin: Das Kunstwerk im Zeitalter seiner technischen Reproduzierbarkeit. Drei Studien zur Kunstsoziologie. Frankfurt/M. 1963,
S. 7–63 (zit. als: *Kunstwerk*).

13 Die folgenden Ausführungen über Kracauers „Theorie des Films“
hat B. Räderscheidt konzipiert.

14 Text in: H.M. Enzensberger: Einzelheiten I. Frankfurt/M. 1962, S.
7–17 (zit. als: *Bewußtseins-Industrie*).

15 Text in: Kursbuch 1970, H. 20, S. 159–186 (zit. als: *Baukasten*).

16 B. Brecht: Radiotheorie. In: Ders.; Gesammelte Werke in acht Bänden. Band VIII. Frankfurt 1967 – „Der Rundfunk wäre der denkbar großartigste Kommunikationsapparat des öffentlichen Lebens, ein ungeheures Kanalsystem, das heißt, er wäre es, wenn er es verstünde, nicht nur auszusenden, sondern auch zu empfangen, also den Zuhörer nicht nur hören, sondern auch sprechen zu machen und ihn nicht zu isolieren, sondern ihn in Beziehung zu setzen. Der Rundfunk müßte demnach aus dem Lieferantentum herausgehen und den Hörer als Lieferanten organisieren" (S. 129).

17 Unter das Verdikt fallen monolithische Theorien, Manipulationsthesen der Neuen Linken, Theoreme von der repressiven Toleranz (Marcuse) und der Ausbeutung falscher Bedürfnisse sowie die Kritik der Medien vom Standpunkt der bürgerlichen Kunst (Lukács).

18 Baukasten, S. 159. Interessant ist die umgekehrte Einschätzung des Stellenwerts der Medienindustrie als abhängigem Industriezweig, von der Horkheimer und Adorno noch ausgingen (vgl. *Kulturindustrie*, S. 108).

19 Vgl. Ästhetik und Kommunikation (1971); Kürbiskern (2/1971)

20 M. McLuhan: Die Gutenberg-Galaxis. Das Ende des Buchzeitalters. Düsseldorf/Wien 1968. M. McLuhan: Die magischen Kanäle – Understanding Media. Düsseldorf/Wien 1968

21 Diesen Beitrag habe ich entnommen aus: Heinze, Th./Schulte, H.: Analyse und Veränderung der Kommunikationssituation Fernsehen. Projektheft (vergriffen) des ehem. BTZ Wiesbaden, 1973

22 Das Institut für Film und Bild in Wissenschaft und Unterricht (FWU) ist eine Einrichtung der Länder der Bundesrepublik Deutschland einschließlich West-Berlin und dient pädagogisch-wissenschaftlichen Aufgaben. Im Auftrag der Kulturminister stellt es Unterrichtsfilme, Lichtbildreihen und Tonträger her, die für Erziehung und Unterricht in Schulen aller Art, für die Lehrerbildung sowie für die Einrichtungen der Jugend- und Erwachsenenbildung gedacht sind.

23 FWU-Katalog, Nr. FT 912; Herstellungsjahr 1966

24 Wember unterscheidet in Anlehnung an H.M. Enzensberger zwischen „unvermeidlicher Manipulation" – d.i. „das mehr oder weniger bewußte Eingreifen in ein gegebenes Material " – und „gefährlicher Manipulation" , d.i. die „versteckte Steuerung von Menschen" (a.a.O., S. 15).

25 Schmid, K.: Bergarbeiter im Hochland von Bolivien, S. 27 f.

26 Wember betont: „Ich bin sicher, daß die Autoren des Films subjektiv der ehrlichen Überzeugung waren, einen neutralen, objektiven und vor allem ideologisch wertfreien Bericht über die Lage der Bergarbeiter zu liefern" (a.a.O., S. 18).

27 Wember weist ausdrücklich darauf hin, daß die von ihm vorgeschlagenen Verfahrensweisen zunächst allenfalls auf andere Dokumentarfilme übertragen werden könnten; bei anderen Filmarten habe man

zusätzliche Faktoren zu berücksichtigen; so müsse man bei Spielfilmen den jeweiligen Handlungsablauf und die Logik des dramaturgischen Gesamtkontextes in die Analyse einbeziehen (ebd., S. 24).

28 Wember bezieht sich u. a. auf Dadek, W.: Das Filmmedium. München/ Basel 1968 und Kracauer, S.: Theorie des Films. Frankfurt 1964
29 Möller, H.: Ästhetik und Kommunikation, 1/1970
30 Oevermann, U.: Zur Sache. Die Bedeutung von Adornos methodologischem Selbstverständnis für die Begründung einer materialen soziologischen Strukturanalyse. In: Friedeburg, L. v./Habermas, J.: Adorno-Konferenz 1983. Frankfurt 1983. Oevermann stellt in seinem Beitrag das Konzept und die Interpretationspraxis (am Beispiel der Begrüßungsäußerung im Fernsehen u. a.) der „objektiven Hermeneutik" als eine mögliche „Methodologie dialektischer Strukturanalyse" vor. Vgl. dazu auch Heinze 1987.
31 Vgl. V. Packard: Die geheimen Verführer. Düsseldorf 1959
32 Text in: SDS-Autorenkollektiv/Springer-Arbeitskreis der KU: Der Untergang der BILD-Zeitung (Berlin 1968) (zit. als: Untergang).
33 Die „Mulattin" in der Serie „Jedermannstr. 11", Produktion: Berliner Werbefunk GmbH, Sendetermin: SFB 8.5.1965
34 Dr. Korff, Liebe ohne Angst: Dürfen Mädchen Schmetterlinge fangen? In: Bravo, 19/1972, S. 52 f.

Literatur

Adorno, Th. W.: Über den Fetischcharakter in der Musik und die Regression des Hörens. In: Zeitschrift für Sozialforschung, VII/1938
—: Minima Moralia. Reflexionen aus dem beschädigten Leben. Frankfurt 1962 (erstmals 1951)
—: Eingriffe. Neun Kritische Modelle. Frankfurt 1963
—: Ohne Leitbild. Frankfurt 1967
—: Negative Dialektik. Frankfurt 1970 (1966)
—: Erziehung zur Mündigkeit. Frankfurt 1971 (1970)
— u. a.: Der autoritäre Charakter (1950). Bd. 1 und 2, Amsterdam 1968/ 69
—/Eisler, H.: Komposition für den Film. München 1969 (1947)
Anders, G.: Die Antiquiertheit des Menschen. München 1956
—: Die Antiquiertheit des Menschen. Zweiter Band: Über die Zerstörung des Lebens im Zeitalter der dritten industriellen Revolution. München 1980
Artaud, A.: Das Theater und sein Double. Frankfurt 1969
Aufermann, J.: Kommunikation und Modernisierung. Meinungsführer und Gemeinschaftsempfang im Kommunikationsprozeß. München-Pullach/ Berlin 1971
—: Zur Frage nach der Macht der Massenmedien — über den heuristischen Wert der Scheinalternative der sogenannten „Reflexions- und Kontrollhypothese". In: Forschung und Massenmedien. München 1972
Baacke, D.: Der traurige Schein des Glücks. Zum Typus kommerzieller Jugendzeitschriften. In: Ehmer, H. K. (Hg.): Visuelle Kommunikation. Köln 1971
—: Medientheorie, Medienpraxis, Medienpädagogik: Über einige Zusammenhänge. In: ZfP, 4/1978
Bachmair, B.: Ein Umschreibungsverfahren zur Entdeckung von Fernsehspuren im Handeln von Kindern. In: Bachmair, B./Mohn, E./Müller-Dohm, S. (Hg.): Qualitative Medien- und Kommunikationsforschung. Werkstattberichte. Gesamthochschule Kassel 1985
Benjamin, W.: Das Kunstwerk im Zeitalter seiner technischen Reproduzierbarkeit. Drei Studien zur Kunstsoziologie. Frankfurt 1963
—: Briefe. Frankfurt 1966, 2 Bde.
—: Gesammelte Schriften. Frankfurt 1972 ff.
Bisky, L./Friedrich, W.: Massenkommunikation und Jugend. Berlin 1971
Beyer, L.: Technische Kommunikation und Alltag: Qualitative und quantitative Methoden in einer Untersuchung zur partizipativen Entwicklung

neuer Telekommunikationsdienste. In: Bachmair/Mohn/Müller-Dohm, a.a.O.

Bonß, W./Honneth, A. (Hg.): Sozialforschung als Kritik. Zum sozialwissenschaftlichen Potential der Kritischen Theorie. Frankfurt 1982

Bourdieu, P.: Zur Soziologie der symbolischen Formen. Frankfurt 1970

—: Die feinen Unterschiede. Kritik der gesellschaftlichen Urteilskraft. Frankfurt 1982

— u.a.: Eine illegitime Kunst. Die sozialen Gebrauchsweisen der Photographie. Frankfurt 1981

Brauneck, M.: Theater im 20. Jahrhundert. Reinbek 1982

Brecht, B.: Gesammelte Werke in acht Bänden. Band VIII. Frankfurt 1967

Charlton, M./Neumann, K.: Fernsehen und die verborgenen Wünsche des Kindes. Weinheim 1982

—: Medienkonsum und Lebensbewältigung in der Familie. München/Weinheim 1986

Clausen, L.: Soziale Überforderung? Zur Soziologie des Schauspielerberufs in der Bundesrepublik. In: Schmollers Jahrbuch für Wirtschafts- und Sozialwissenschaften, 89. Jg., Heft 4, Berlin 1969

Dahlmüller, G./Hund, W.D./Kommer, H.: Kritik des Fernsehens. Darmstadt 1973

Dadek, W.: Das Filmmedium. München/Basel 1968

Diederichs, H.: Medienkonzentration in der BRD. In: Prokop, D. (Hg.): Massenkommunikationsforschung 1: Produktion. Frankfurt 1972

Dreitzel, H.P.: Die gesellschaftlichen Leiden und das Leiden an der Gesellschaft. Stuttgart 1968

Dubiel, H.: Die Aufhebung des Überbaus. Zur Interpretation der Kultur in der Kritischen Theorie. In: Bonß/Honneth, a.a.O.

Eco, U.: Apokalyptiker und Integrierte. Zur kritischen Kritik der Massenkultur. Frankfurt 1984

Enzensberger, H.M.: Baukasten zu einer Theorie der Medien. In: Kursbuch 20. Berlin 1970

—: Einzelheiten I. Bewußtseinsindustrie. Frankfurt 1970

—: Die vollkommene Leere. Das Nullmedium: Oder, warum alle Klagen über das Fernsehen gegenstandslos sind. In: Der Spiegel, Nr. 20/1988

Fetscher, I.: Wie das Fernsehen alles völlig verdreht. In: Die Zeit, 8.1.1985

Frisch, M.: Ausruf bei der Eröffnung der XII. Dramaturgentagung der „Dramaturgischen Gesellschaft" in Frankfurt 1964

Fuchs, W.J.: Zwei konkurrierende Fernsehserien: Dallas kontra Denver-Clan. In: medien + erziehung, 3/1984

Grotowski, J.: Das arme Theater. Hannover 1970

Habermas, J.: Technik und Wissenschaft als Ideologie. Frankfurt 1969

— (Hg.): Antworten auf Marcuse. Frankfurt 1968

Hartwig, H.: Methodologische Bemerkungen zum vorliegenden Konstruktionsvorschlag für ein Curriculum. In: Ästhetik und Kommunikation, 1/1970a

—: Zur Ideologiekritik von Sehen-Lernen. In: Ästhetik und Kommunikation, 2/1970b

Haug, W. F.: Das Ganze und das Andere. Zur Kritik der reinen revolutionären Transzendenz. In: Habermas (1968)

—: Zur Kritik der Warenästhetik. In: Kursbuch 20, 1970

—: Kritik der Warenästhetik. Frankfurt 1971

Heinze, Th.: Theater zwischen Wirklichkeit und Möglichkeit. Köln/Wien 1973

—: Qualitative Sozialforschung. Erfahrungen, Probleme und Perspektiven. Opladen 1987

—: Kulturtheorie. Studienbrief der Fernuniversität. Hagen 1989

Herzog, H.: Dallas in Deutschland. In: Rundfunk und Fernsehen, 3/1986

Hinz, L.: Meinungsmarkt und Publikationsorgane. In: Schäfer, G./Nedelmann, C. (Hg.): Der CDU-Staat. Frankfurt 1969

Holzer, H.: Gescheiterte Aufklärung? Politik, Ökonomie und Kommunikation in der BRD. München 1971

—/Schuler, C.: Presse, Funk und Fernsehen in der BRD. In: Kürbiskern, 3/1971

Horkheimer, M./Adorno, Th.W.: Dialektik der Aufklärung. Frankfurt 1969 (1947)

Hund, W.D.: Kommunikation in der Gesellschaft. Demokratische Willensbildung oder manipulierte Meinung. Frankfurt 1970

Kellner, D.: Kulturindustrie und Massenkommunikation. Die Kritische Theorie und ihre Folgen. In: Bonß/Honneth, a.a.O.

Kerbs, D.: Design, Kosmetik, Werbung — manipulierte Sinnlichkeit ohne Sinn? Zur Grundlegung einer Kritik der Warenästhetik. In: Kunst und Unterricht, Heft 15/1972

Kluge, A.: Die Macht der Bewußtseinsindustrie und das Schicksal unserer Öffentlichkeit. In: Bismarck, K.v./Gaus, G./Kluge, A./Sieger, F.: Industrialisierung des Bewußtseins. München 1985

Knilli, F.: Die heilige Fernsehfamilie: Eine Konsumgemeinschaft. In: Knilli, F. (Hg.): Die Unterhaltung der deutschen Fernsehfamilie. München 1971

Kracauer, S.: Theorie des Films. Die Errettung der äußeren Wirklichkeit. Frankfurt 1973

—: Das Ornament der Masse. Frankfurt 1977

Kübler, H.: Zum Kulturbegriff Theodor W. Adornos. Dissertation 1977 (Dortmund)

Kupffer, H.: Ästhetik und Massenkultur — Kritisch-kreativer „Diskurs" im Kraftfeld demokratischer Herrschaft. In: Paffrath, F.H. (Hg.): Kritische Theorie und Pädagogik der Gegenwart. Weinheim 1987

Lenssen, M./Aufenanger, S.: Zur Rekonstruktion von Interaktionsstrukturen. Neue Wege zur Fernsehanalyse. In: Aufenanger, S./Lenssen, M. (Hg.): Handlung und Sinnstruktur. Bedeutung und Anwendung der objektiven Hermeneutik. München 1986

Lindner, B. (Hg.): Walter Benjamin im Kontext. Frankfurt 1978

Lindner, R.: Fernsehen und Alltag der Zuschauer. Von proletarischer Öffentlichkeit zum Rückzug ins Private. In: Medium, 9/1976

McLuhan, M.: Die Gutenberg-Galaxis. Das Ende des Buchzeitalters. Düsseldorf/Wien 1968

—: Die magischen Kanäle. Understanding Media. Düsseldorf/Wien 1968

Maletzke, G.: Psychologie der Massenkommunikation. Theorie und Systematik. Hamburg: Hans-Bredow-Institut, 1963/1972

Marcuse, H.: Der eindimensionale Mensch. Studien zur Ideologie der fortgeschrittenen Industriegesellschaft. Neuwied/Berlin 1967

—: Psychoanalyse und Politik. Kritische Studien zur Philosophie. Frankfurt 1968a

—: Kultur und Gesellschaft 2. Frankfurt 1968b (1965)

—: Versuch über die Befreiung. Frankfurt 1969a

—: Triebstruktur und Gesellschaft. Frankfurt 1969b (Eros und Kultur. Stuttgart 1957)

—: Ideen zu einer kritischen Theorie der Gesellschaft. Frankfurt 1969c

Messelken, H.: Antinomien einer Soziologie der Soziologie. In: Schäfers, B. (Hg.): Thesen zur Kritik der Soziologie. Frankfurt 1969

Metzger, L.: Ein neues Medium im Griff der Konzerne. In: Prokop, D. (Hg.): Massenkommunikationsforschung 1: Produktion. Frankfurt 1972

Mikos, L.: Überlegungen zur Erforschung des Veralltäglichungsprozesses der Medien Hörfunk und Fernsehen. In: Bachmair/Mohn/Müller-Dohm, a.a.O.

—/Moeller, B.: Leben mit Dallas und Denver. In: Medium, 9/1985a

—: Für jeden eine love affair. In: Päd. extra, 7/8 1985b

Müller, C.W.: Entscheidungsspiele in der Jugendarbeit. In: Deutsche Jugend, 3/1968

Müller-Dohm, S.: Methodische Aspekte der Kultur-Industrie-Analyse für die Untersuchung psychosozialer Wirkungsdimensionen der Massenmedien. In: Bachmair/Mohn/Müller-Dohm, a.a.O.

—: Die Gewaltsamkeit des Bildschirms und die Schaulust des Betrachters. in: medien + erziehung, 2/1985a

Negt, O./Kluge, A.: Öffentlichkeit und Erfahrung. Zur Organisationsanalyse von bürgerlicher und proletarischer Öffentlichkeit. Frankfurt 1972

Oevermann, U., u.a.: Die Methodologie einer „objektiven Hermeneutik" und ihre allgemeine forschungslogische Bedeutung in den Sozialwissenschaften. In: Soeffner, H.G. (Hg.): Interpretative Verfahren in den Sozial- und Textwissenschaften. Stuttgart 1979

—: Die Bedeutung von Adornos methodologischem Selbstverständnis für die Begründung einer materialen soziologischen Strukturanalyse. In: Friedeburg, L. v./Habermas, J. (Hg.): Adorno-Konferenz 1983. Frankfurt 1983

Packard, V.: Die geheimen Verführer. Düsseldorf 1959

Paech, J.: „Jedermannstraße 11". In: Knilli, F., a.a.O.

Panofsky, E.: Aufsätze zu Grundfragen der Kunstwissenschaft. Berlin 1974[2]

Parmentier, M.: Ästhetische Bildung zwischen Avantgardekunst und Massenkultur. In: Neue Sammlung, 1/1988

Paul, A.: Zur psycho-sozialen Situation des deutschen Schauspielers heute. Arbeitspapier, Berlin 1970

—: Theaterwissenschaft als Lehre vom theatralischen Handeln. In: Kölner Zeitschrift für Soziologie und Sozialpsychologie, 1/1971

Piper, E.R.: Das Fernsehen ersetzt die Zensur. In: Die Zeit, 43/1985

Postman, N.: Das Verschwinden der Kindheit. Frankfurt 1983

—: Wir amüsieren uns zu Tode. Frankfurt 1985

Prokop, D. (Hg.): Medienforschung. Bd. 1, Konzerne, Macher, Kontrolleure. Frankfurt 1985

—: Kriterien der Kritik und der Analyse von Medienprodukten: Die Ansätze, deren Verselbständigungen und der Versuch einer Antwort auf die Frage, was Kritik ist. In: Prokop, D. (Hg.): Medienforschung. Bd. 3, Analysen, Kritiken, Ästhetik. Frankfurt 1986

Rogge, J.U.: Kultur, Medienkultur und Familien. In: medien + erziehung, 2/1986

Ronge, V.: Mediennutzung versus personale Kommunikation. In: Rundfunk und Fernsehen, 4/1987

Schenk, M./Rössler, P.: „Dallas" und „Schwarzwaldklinik". In: Rundfunk und Fernsehen, 2/1987

Schmucker, J.F.: Adorno — Logik des Zerfalls. Stuttgart-Bad Cannstatt 1977

Schramm, W.: Grundfragen der Kommunikationsforschung. München 1964

Schrape, K.: Der Bürger in der Medienwelt von morgen. In: Planung und Analyse, 1986

Schultz, K.: Ein neuer Menschentyp — Aus dem Archiv. Herbert Marcuses jüngster Essay „Versuch über die Befreiung". In: Frankfurter Rundschau, 15.11.1969

SDS-Autoren-Kollektiv/Springer Arbeitskreis der KU: Der Untergang der BILD-Zeitung. Berlin 1968

Silbermann, A.: Die soziologischen Aspekte des Theaters. In: Silbermann, A.. Militanter Humanismus. Frankfurt 1966

Sontag, S.: Kunst und Antikunst. Essays München/Wien 1980

Spitz, R.A.: NEIN und JA. Die Ursprünge der menschlichen Kommunikation. Stuttgart 1959

Stocker, K.: „Dallas" und „Denver-Clan" — ein triviales und intellektuelles Vergnügen? In: medien + erziehung, 3/1984

Uhde, J.: Zum Erfolg von „Dallas" und „Dynasty" (Denver-Clan). In: medien + erziehung, 3/1984

Wember B.: Objektiver Dokumentarfilm? Modell einer Analyse und Materialien für den Unterricht. Berlin 1972
—: Wie informiert das Fernsehen? München 1976
Wiggershaus, R.: Die Frankfurter Schule. Geschichte. Theoretische Entwicklung. Politische Bedeutung. München/Wien 1986
—: Theodor W. Adorno. München 1987
Zinnecker, J.: Literarische und ästhetische Praxen in Jugendkultur und Jugendbiografie. In: Jugendliche und Erwachsene 85. Bd. 2: Freizeit und Jugendkultur. Studie im Auftrag des Jugendwerks der Deutschen Shell. Opladen 1985

Über den Verfasser

Thomas Heinze, geboren 1942 in Berlin, Studium der Soziologie in Münster und Berlin (West), 1969 Assistent am Institut für Theaterbau der Fakultät für Architektur an der TU Berlin, 1971 Wissenschaftlicher Mitarbeiter der sozialwissenschaftlichen Arbeitsgruppe am Bildungstechnologischen Zentrum Wiesbaden, 1977 Habilitation an der Universität Marburg, 1976 Akademischer Oberrat an der Fernuniversität Hagen, 1981 Außerplanmäßiger Professor, 1982 Universitätsprofessor im Fachbereich Erziehungs-, Sozial- und Geisteswissenschaften der Fernuniversität Hagen.

Buch-Veröffentlichungen: *Theater zwischen Wirklichkeit und Möglichkeit,* Köln/Wien 1973. Mitautor von *Handlungsforschung im pädagogischen Feld,* München 1975, und *Praxis von Handlungsforschung,* München 1975. *Unterricht als soziale Situation. Zur Interaktion von Schülern und Lehrern,* München 1976 (1878[2]). *Schülertaktiken,* München 1980. Mitherausgeber von *Interpretationen einer Bildungsgeschichte,* Bensheim 1980. Mitautor von *Praxisforschung,* München 1981. *Qualitative Sozialforschung. Erfahrungen, Probleme und Perspektiven,* Opladen 1987.

MIX
Papier aus verantwortungsvollen Quellen
Paper from responsible sources
FSC® C105338

If you have any concerns about our products,
you can contact us on
ProductSafety@springernature.com

In case Publisher is established outside the EU,
the EU authorized representative is:
**Springer Nature Customer Service Center GmbH
Europaplatz 3, 69115 Heidelberg, Germany**

Printed by Libri Plureos GmbH
in Hamburg, Germany